国家文化遗产保护领域科学和技术研究课题
《基于WebGIS的文化遗产信息展示与管理系统研究
——以京杭大运河临清段为例（2013-YB-HT-007）》
研究成果

临清运河遗产健康监测及保护

赵庆双 著

科 学 出 版 社
北 京

内 容 简 介

中国大运河是世界上运行最为悠久、规模最为宏大的水利工程体系，具有重要历史文化价值。大运河临清段文物丰富，既有原貌保存完好的元代运河，又有古代运河税收机构中唯一的典型遗存、位居古代八大钞关之首的临清运河钞关。大运河临清段是中国大运河的重要组成部分，也是运河文化的重要载体。

本书以文化底蕴丰厚的大运河临清段为例，搭建TS60自动在线监测及预警系统和基于webGIS的古建筑损坏自动报警系统，基于现状调研，现场实测或实时监测的分析数据，开展运河河道本体及沿线文化遗产的实证研究，分析运河文化遗产现状，建立文物健康档案，制定维修加固或治理方案，探索运河文化遗产保护和管理的新模式。

本书资料翔实，内容丰富，适合文物保护工程、古建筑修缮以及从事运河文物保护和其他文化遗址保护的科研及管理人员阅读参考。

图书在版编目（CIP）数据

临清运河遗产健康监测及保护 / 赵庆双著. —北京：科学出版社，2018. 6
ISBN 978-7-03-057475-6

Ⅰ. ①临… Ⅱ. ①赵… Ⅲ. ①大运河–文化遗产–环境监测–临清②大运河–文化遗产–保护–临清 Ⅳ. ①K928.42

中国版本图书馆CIP数据核字（2018）第103699号

责任编辑：孙 莉 吴书雷 / 责任校对：张凤琴
责任印制：张 伟 / 封面设计：张 放

科学出版社 出版
北京东黄城根北街16号
邮政编码：100717
http://www.sciencep.com
北京教图印刷有限公司 印刷
科学出版社发行 各地新华书店经销

*

2018年6月第 一 版 开本：787×1092 1/16
2018年6月第一次印刷 印张：14 1/4
字数：330 000

定价：160.00元

（如有印装质量问题，我社负责调换）

前　言

中国大运河是世界上开凿最早、里程最长的人工运河，历经两千多年，绵延三千余里，跨越六省两市，沟通五大水系，是世界上运行最为悠久，规模最为宏大的水利工程体系，具有重要历史文化价值。目前留存的运河仍然发挥着防洪、除涝、灌溉、供水、水资源调配、区域生态环境保护、水运等水利与航运功能。2014年被联合国教科文组织第38届世界遗产大会列入世界文化遗产名录,需要对其按照更高的标准和要求进行有效保护。但长期以来，由于缺乏完整的保护方案和有效的科技支持，有些河道长年疏于修护，部分河段断流，水污染严重，河流生态系统逐渐退化；有些河道在现代文明和过度开发的冲击下，运河的航运功能发生变化以及运河沿线景观的高度趋同，其真实性和完整性正在迅速流失。运河文化遗产的保护和管理成为目前亟须关注的问题。

大运河临清段是中国大运河的重要组成部分，整个片区文物丰富，区内有原貌保存完好的元代运河，在京杭大运河全段尤为少见；有全国重点文物保护单位作为古代八大钞关之首被尊为古代运河税收机构的唯一典型遗存的临清运河钞关；清真寺、清真东寺、舍利塔、鳌头矶、问津桥、月径桥、 会通闸、砖闸及众多文保单位也是运河文化的重要载体。以文化底蕴丰厚的大运河临清段为例，开展运河文化遗产的研究、监测和治理,探讨运河文化遗产保护和管理的新模式，可以提高运河文化遗产保护管理的科学性，并为大运河其他河段的保护治理提供借鉴。这一研究获得国家文化遗产保护领域科学和技术研究课题（编号2013-YB-HT-007）的支持。课题组对大运河临清段的运河文物遗产进行了安全普查，并根据类比经验、地质条件、环境因素和建筑物稳定性等诸多因素，搭建TS60自动在线监测及预警系统和基于webGIS的古建筑损坏自动报警系统，划分项目的安全监控级别并进行安全监测及预警。课题组基于现状调研，现场实测或实时监测的分析数据，以不可移动文物保护理论为指导，开展运河河道本体及沿线文化遗产的实证研究，分析运河文物遗产现状，建立文物健康档案，制定维修加固或治理方案。并通过WebGIS技术建立运河文化展示与管理系统，以提高运河文化遗产管理的科学性和合理性。作者将课题组成果进行总结，以期取得抛砖引玉之效。

本书由赵庆双撰写，书中反映了作者及课题组全体成员的共同研究成果，感谢山东大学王广月教授、王登杰教授及聊城大学孟昭博、李希峰、马雪梅、王瑾、张晓冬、赵艳敏、张保良、董慧、张素嫣老师的鼎力支持以及学生张国伟、刘东、赵丹、鲁魏、高国强、陈俊文付出的心血。特别感谢临清市文广新局给予的大力支持，为本书提供了大量的珍贵史料、照片、图纸和保护规划文书。

本书除了引用由临清市文化广播新闻局提供的珍贵史料、照片和图纸外，还引用了《行水金鉴》等经典著作及已经出版的与运河文物遗产相关的论文、著作和调研报告等研究成果，在参考文献中均已列出，如有疏漏，敬请谅解。衷心感谢各文献的作者和出版社并致以崇高敬意。

鉴于作者水平有限，书中不足之处在所难免，敬请赐正，不胜感激。

著　者

2017年12月20日于聊城大学

目　录

第一章 概　　述

运河，按照《中国大百科全书·交通卷》的注释是“人工开凿的航运渠道”；按照联合国《保护世界文化和自然遗产公约》、《实施〈保护世界文化和自然遗产公约〉的操作指南》（后简称《操作指南》）的定义是“人类建造的水路”。

世界上有很多国家开挖运河，如苏伊士运河、巴拿马运河、米蒂运河等，来发展商贸或服务农业。中国大运河则是世界上开凿最早的人工运河。中国大运河由隋唐宋时期以洛阳为中心的隋唐大运河、元明清时期以北京至杭州的京杭大运河和从宁波入海与海上丝绸之路相连的浙东运河等三条河流组成，共涉及沿线8个省市27座城市的27段河道和58个遗产点，河道总长1011公里，是世界上里程最长的人工运河，也是世界上运行最悠久、分布区域最广、规模最宏大的水利工程体系（图1.1）。

中国大运河的开凿改造了我国的自然和地理环境，弥补了我国南北向自然河流的不足，成为贯通南北的内陆交通大动脉，解决了国家官民的粮食供给和存储，是中国历史上最大规模的南北物资大交流，在实现经济大繁荣的同时，带动了文化艺术和工艺技术的融合交流。沿岸的水路交汇点发展成人口稠密、农业经济和工商业活跃发达的商业中心，逐步成为中国历史上最密集的一条城镇带（图1.2）。中国大运河作为“大型古代水运和水利工程设施，独特的大型线型文化遗产，巨型文化景观遗产”，其历史文化价值难以估量。时至今日依然具有水上运输和南水北调的重要功能，是人类改造自然的一项壮举。

中国大运河整体于2006年被公布为全国重点文物保护单位。2014年联合国教科文组织第38届世界遗产大会将京杭大运河列入世界文化遗产名录。世界遗产是被联合国教科文组织和世界遗产委员会确认的人类罕见的、目前无法替代的财富，是全人类公认的具有突出意义和普遍价值的文物古迹及自然景观。世界遗产包括文化遗产、自然遗产、文化与自然遗产和文化景观四类。大运河成为世界文化遗产，要求对其按照更高的标准和要求进行有效保护。

一、中国大运河遗产现状

中国大运河经过多次改建变迁（图1.3），随着时代变迁各段水道兴废不一。为对运河沿线现存遗产进行保护，2005年国家文物局启动了“京杭大运河保护与申遗考

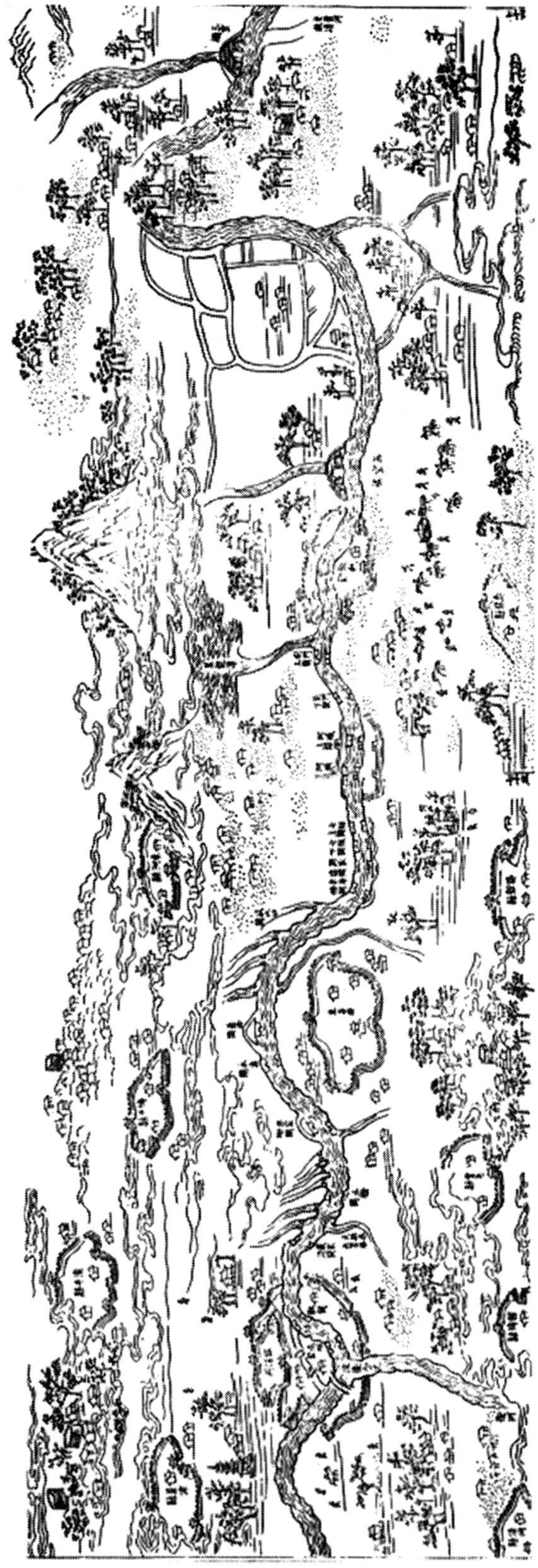

图1.1 清·行水金鉴

图1.2　清·姑苏繁华图（局部）

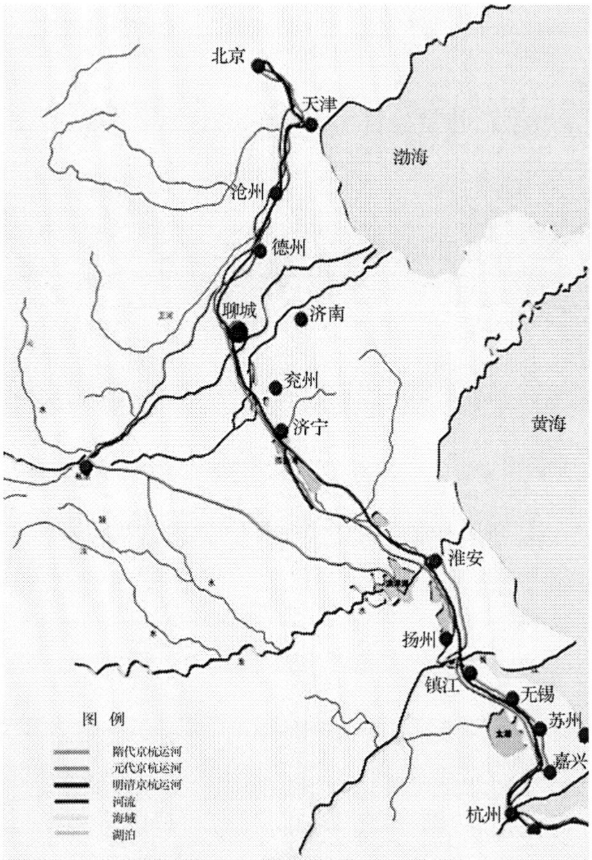

图1.3　中国大运河改迁图

察”。2006年至2008年“阮仪三城市遗产保护基金会”组织大运河沿线历史城镇调研，深入到运河沿线的114个城市及历史街区、历史村镇和重要的水利工程节点，对运河沿线遗产现状进行了清查。

（一）大运河河道现状

隋唐运河大部分为遗址，从洛阳至淮安段的隋唐通济渠为地下遗址；从洛阳至北京的隋唐永济渠，小部分为遗址，大部分为自然河道，不通航。元明清京杭大运河，济宁以南历史城区中虽保留了原有河道的风貌，但多进行了公园化改造，留存的古驳岸很少（图1.4）；城区外河道为满足航运要求进行了截弯取直绕行改造，能够通航但河道原真性差；济宁以北山东地段多为灌溉渠道，河北地段断流但河段原真性和生态保持较好。运河河水污染较为严重，甚至成为排污干渠或者完全干涸。

图1.4　大运河淮安段

（二）大运河沿线文化遗产现状

大运河沿线分布着17座国家级历史文化名城，遗产数目众多，类型多彩丰富。尤以水利设施数量及类型均居首位，其中闸、桥、坝、减河、引河、税关和漕运官署都有较为完整的遗址，保存较好；驿站、客栈和商业仓储设施数量少，多是会馆、商铺的遗址，反映地方建筑风格演变的民居保护较为薄弱；文化交流方面以宗教信仰（特别是清真寺）居多，其他有圣人故里、书院、公共园林等遗址。沿线蕴含着丰富的非物质遗产，对当地文化仍有较大影响（图1.5）。但令人担忧的是运河沿线城市，盲目挖掘旅游资源，进行了大量的重建、复建，甚至是不伦不类的仿古建筑。这些建设项目不仅没有起到保护文物的作用，反而在一定程度上破坏了当地的历史风貌，使遗产价值难以延续和展现。

图1.5 聊城山陕会馆

（三）大运河沿线历史城镇现状

随着时代变迁和现阶段盲目的重建、复建和仿建，保持完整传统风貌的历史城镇和村落数量极少。根据调研主要分为以下几类：

文化遗产保存状况完好的城镇：拥有一块以上的运河历史街区，历史空间格局和传统风貌保存基本完整。这样的城镇除了北京、扬州、苏州、镇江等少数几个国家级历史文化名城外，主要还是江南运河、里运河、中运河沿线的历史古镇，如塘栖、崇福、震泽、高邮、河下、窑湾等。这些运河古镇及运河边的历史街区大多保存较好。

文化遗产保存状况较为完好的城镇：城镇的运河街区历史空间格局整体保存较好，有少量的历史文化遗产留存。这一类城镇相对而言较少，大多因为独立而相对封闭的区位环境，运河及历史街区的空间格局没有遭到大规模破坏，但在自发建设的过程中，民居大多已经更新，一些重要公共建筑得以保留，如微山湖南阳古镇、临清中州历史街区等。

文化遗产保存状况一般的城镇：城镇的运河街区的历史空间格局保存一般，但拥有一条运河老街或一块典型的运河功能区域，老街或区域的历史风貌保存尚好。这一类历史城镇占江南运河、里运河段历史城镇的多数，如嘉兴、杭州、淮安清江浦区等。

文化遗产保存状况较差的城镇：城镇的运河街区历史空间格局部分尚存，有少量的历史文化遗产留存。这一类历史城镇在鲁运河和南运河沿岸最多，也是大多数运河城镇的真实写照。如扬州的瓜洲、聊城古城区（图1.6）。

图1.6　聊城古城区鸟瞰图

文化遗产基本无存的城镇：城镇历史空间格局和历史文化遗产基本无存。这一类历史城镇多集中在中运河、南运河南段和北运河，主要是由于运河水利治理，原有的城镇进行了搬迁或重建，因此历史风貌无存。典型的城镇有德州的渡口驿、甲马营等。

二、大运河临清段遗产现状

大运河临清段是中国大运河的重要组成部分。大运河临清段是大运河会通河最北端的河段，是京杭大运河南北交通的主干道，在元、明、清三代，为中央王朝的南粮北调、政治统一以及南北商品与文化交流方面，起着重要的作用。临清市曾因运河而兴盛（图1.7）。大运河临清段通过会通河上的节制闸调节水量和流速以降低会通河的坡降，保证了闸河与自然河道在不同时期水位变化时漕运的顺利进行。此段运河的水利工程及其规划标志着十三世纪世界水利工程技术和管理的最高水平。大运河临清段在临清城市格局发展中一直起着极为积极的作用（图1.8），是具有世界影响的中国历史文化遗产的重要传播场所之一。

（一）大运河临清段河道现状

据史料记载，元十九年十二月正式开挖济州河（济宁—安山），次年八月完工；

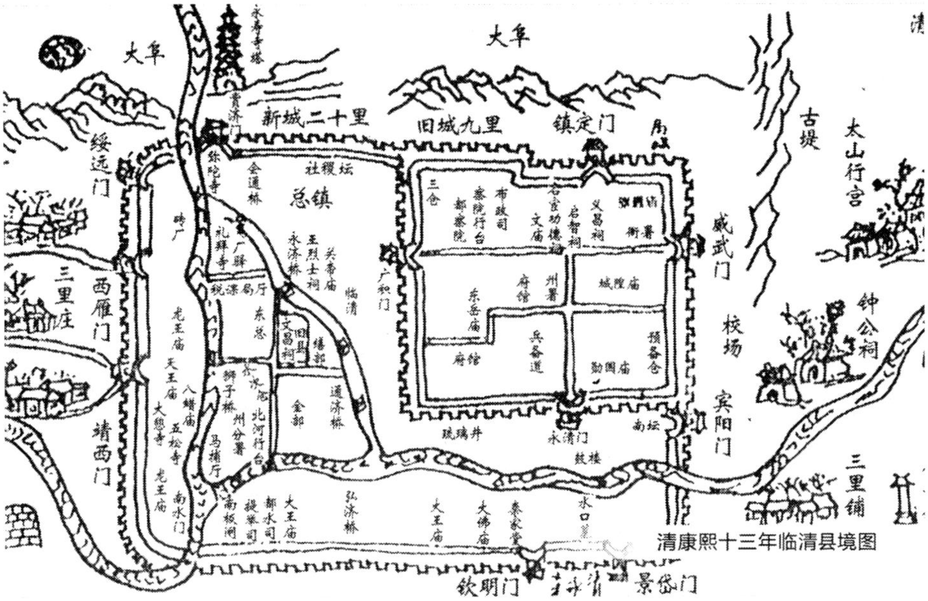

图1.7　清康熙十三年临清县境图

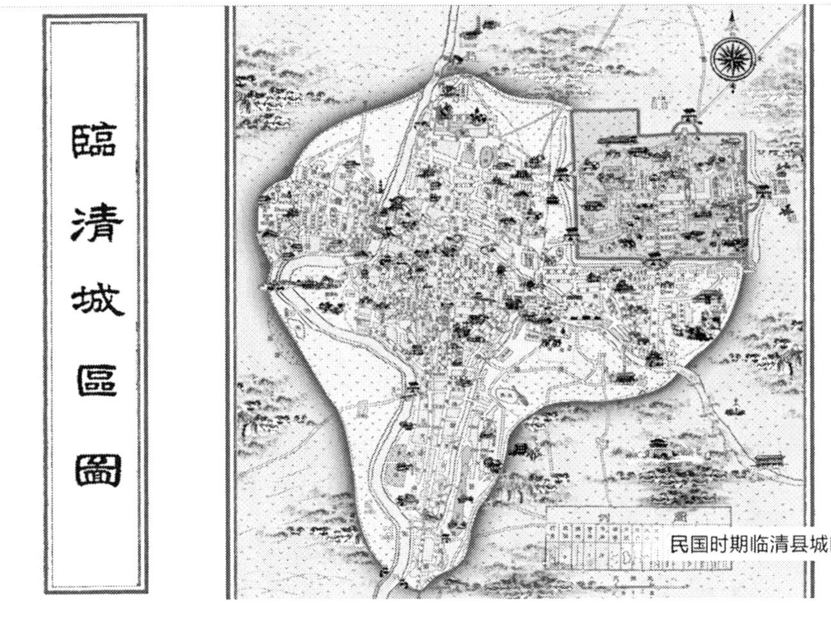

图1.8　民国时期临清县境图

元二十四年（1287年）三月开挖会通河（安山—临清），次年完工，京杭大运河全线贯通。元代以前京杭大运河各段多有旧迹可循，临清会通河全为平地新开，为前代所无。至明代，会通河与济州河统称“会通河”；明永乐十五年（1417年）又新开河道，在临清开挖南河，废除北段。故大运河临清段由两部分水道组成，北道称为元运河，南道称为小运河。其中元运河西起与卫河交汇处，东至鳌头矶；小运河西起与卫河交汇处，经过鳌头矶，东至邱屯枢纽；两部分运河总长8公里（图1.9）。

图1.9　清·行水金鉴之南运河舆图

会通河临清段——元运河，东起鳌头矶，西至临清闸入卫处，全长1.2公里，坐标范围为北至北纬 36°50′60″，东经 115°41′30″，南至北纬 36°50′30″，东经 115°41′59″，是元代至元二十六年（1289年）开凿，自须城安山至临清御河（卫河）原“会通河”（图1.8）。此河段建有隘船闸、会通闸、临清闸，三闸管控运河蓄泄、启闭船闸升降，确保漕船畅流无滞。此河段又建有鳌背桥、永济桥、月径桥，沟通两岸商贸互市、人员往来，为城市兴旺发展、空间形态及保障漕运的繁荣发挥了历史性流通枢纽作用。运河河道原始形态尚存，但已完全丧失通航能力（图1.10）。

会通河临清段——小运河，东起邱屯“引黄济津闸”，西至小运河入卫河处，全长6.8公里。坐标范围为北至北纬 36°50′30″，东经 115°41′59″，南至北纬 36°50′44″，东经 115°41′14″。此河段是明代永乐九年（1411年）工部尚书宋礼、侍郎金纯重加疏浚元代会通河中的一段。其中鳌头矶至入卫河处1.8公里为新开挖运河，永乐十五年（1417年）河成。南板闸和临清砖闸由平江伯陈瑄永乐十五年（1417年）始建，正德八年（1513年）河漕御史刘恺重建，砖闸改砌石墩台、石雁翅，上下两闸互联，前后启闭，蓄泄河水、转输漕船，是明清两代运河之上漕船转漕的管控枢纽。虽然现存大运河临清段河道淤塞，水质污染严重，但河道原始形态保存较为完好，是会通河唯一保存的原始形态河道（图1.10）。

近年来，经多次清淤疏通及堤岸维护等治理，河道生态基本得以恢复（图1.11～图1.13）。

图1.10 会通河临清段——元运河（治理前）

图1.11 会通河临清段——元运河（治理后）

图1.12 大运河临清段——小运河现状

图1.13 会通河临清段——小运河（治理后）

（二）大运河临清段水工设施现状

大运河临清段河道设施主要有会通闸、临清闸、月径桥、临清砖闸、戴湾闸和鳌头矶。

1. 会通闸

会通闸，始建于元代大德二年（1298年），是“运环闸”的船闸上闸，曾出土记有元代至顺四年（1333年）的船闸绞关石。闸由南北闸墩、雁翅、裹头、万年枋、铺底石及木桩组成。闸口宽6.2米，高6米，四向雁翅长14.5～21米不等。明代弘治三年（1490年），户部侍郎白昂治理会通河，行巡临清，曾督理闸墩、雁翅加高扩崇，大学士徐溥有《会通东闸记碑》记之。万历年间（1573～1620年）船闸改闸为单孔拱桥（图1.14）。清代维修中增砌桥栏、雁翅挡墙，“会通闸”易名“会通桥”。此建筑闸桥叠砌，元明清三代相继砌筑，结构形制保存完好（图1.14、图1.15）。

图1.14 会通闸（维修前）

图1.15 会通闸（维修后）

2. 临清闸

临清闸，始建于元代至元三十年（1293年），是会通河入卫河端始船闸，与会通闸、隘船闸三位一体，《元史》称“运环闸”。闸口宽6米，高8.2米，四向雁翅10.5～12米不等。明代弘治三年（1490年）闸墩、四向雁翅加高叠砌2.2米城砖墙，使其牢固。万历年间（1573～1620年）闸河废弃，在两闸墩间砌筑双孔拱桥，“临清闸”易名“问津桥”。此建筑闸桥叠砌，元明清三代相继砌筑，曾出土元代船闸绞关石及镇水兽等文物（图1.16、图1.17）。

图1.16 临清闸（维修前）

图1.17 临清闸（维修后）

3. 月径桥

月径桥位于临清城区会通河北支河之上，建于清顺治九年（1642年），由商人邵以枢捐资承建。砖石结构，单孔，半圆形，此桥是大运河申遗工程临清段上的重要桥涵，位于临清繁华区，是商贸、官接之要冲，是研究临清运河文化的宝贵资料。此桥又为观赏月景之处，更为禽鸟早市，三教九流四方汇聚，是研究临清市井文化，运河城市民俗文化的重要遗存。此桥由徽商邵以枢独资捐建，对研究徽商在临清经商、善举、交往等活动，以及临清与徽商之间的社交活动、商贸促动、商贸发展等都有着可资之用（图1.18）。

4. 临清砖闸

临清砖闸，始建于临清运河南支开凿的明永乐十五年（1417年）由平江伯陈瑄创建。正德八年（1513年）河漕御史刘恺重建，砖闸改砌石堰。此砖闸与入卫南板闸（头闸）上下互联、前后启闭，形成漕河前后两座船闸，是运河入御河（卫河）漕船转漕的管控枢纽，是明清两代运河转输卫河的咽喉闸涵，“千樯万艘、辐辏云集”，“八百斛之舟迅流无滞”。明嘉靖五年（1526年）督水分司裁撤后，以砖闸漕闸为务管收短裁、纸价二税，世称“工部关”，直至清乾隆元年（1736年）归并户部钞关，征税210年，具有运河水工和税关双重文化内涵，弥足珍贵（图1.19）。

图1.18　月径桥（维修后）

图1.19　临清砖闸（维修后）

5. 戴湾闸

戴湾闸于元代皇庆二年（1313年），继会通河开凿通航二十三年后始建，位于山东省临清市戴湾乡戴闸村南会通河之上，由墩台、雁翅、石防墙（已毁）组成。南北相距50米，东西相距100米（现残存雁翅相距20米），占地5000平方米。闸体由1.3×0.4米青石砌筑，条石间凿以燕尾槽铁汁浇注相牵，浑然一体。戴湾闸在380里会通河（京杭运河济宁至临清段）上属保存最为完整的闸建，有着深厚的文化内涵，是研究古代经济、文化、漕运、治水、运河变迁等珍贵的实物资料，是古代劳动人民开凿运河、治理运河的成功范例，具有较高的历史价值、科学价值和文物价值。2006年戴湾闸被国务院公布为全国重点文物保护单位（图1.20）。

6. 鳌头矶

鳌头矶是元、明会通河分流交汇之地。明永乐十五年（1417年），平江伯陈瑄因为临清会通河北支河床淤垫浅阻、漕运渐滞，开凿南支新河。三河交汇，水湍流急，常致堤坍岸崩，为绝水患筑石为堰，从此矶固河靖，舟楫安流。矶坝用大型条石砌筑，铁锔相牵，横亘数丈（矶坝掩埋地下，保存完好）。是时，矶坝雄峙，高埠宛若鳌头，北支旧河临清、会通二闸与南支新河板闸、砖闸四布左右如鳌足，广济桥尾其后势壮中洲，明朝正德初年（1505年）知州马纶题曰“鳌头矶”。几百年间矶稳地兴、舳舻鱼贯、人文荟萃、泽惠绵长（图1.21）。

图1.20　戴湾闸（维修后）

图1.21　鳌头矶

临清运河水工设施是中国大运河申遗工程临清段上的重要节点，它们均位于临清繁华区，是研究临清运河文化及中国大运河文化的宝贵资料，是研究临清市井文化，运河城市民俗文化的重要遗存。但多年来，由于保护资金缺乏，保护意识淡薄和疏于管理，这些水工设施没有得到有效保护，有些设施曾被垃圾掩埋，桥体年久失修，桥栏部分垮塌，承载能力严重下降，整体损害严重。在运河申遗期间对水工设施进行了修缮，这样才使绝大部分水工设施恢复了原貌。

（三）大运河临清段古建筑现状

中国大运河临清段沿线古建筑文物资源赋存丰度和高等级文物资源的集中度高，数量多但规模普遍偏小，是运河文化的重要载体（图1.22）。

1. 临清运河钞关（图1.23）

临清运河钞关位于山东省临清市青年办事处青年路南侧，京杭运河西岸，后关街，是明清两季朝廷派驻临清督理漕运关税的直属衙署。钞关始设于明宣德四年（1429年），十年（1435年）升为户部榷税分司，现临清钞关衙署遗址仍存有明清仪门、穿厅、舍房等古建筑86间，及明正德十五年（1810年）状元唐皋所撰《重修户部分司公堂记》碑、清乾隆十二年山东巡抚喀尔吉善所撰《重修榷关公署记》碑等明清

图1.22　临清古建筑分布图

钞关碑刻八通。临清钞关是明代沿运河著名钞关中现仅存的一处，文化内涵深厚，是研究明清漕运史、关税史、运河发展史等不可或缺的实物资料，2001年6月25日被国务院公布为国家级重点文物保护单位。2014年联合国教科文组织第38届世界遗产大会将临清运河钞关列入世界文化遗产名录。

2. 临清清真寺（图1.24）

临清清真寺位于山东省临清市先锋办事处桃园街西侧，会通河北支入卫处。明代弘治十七年（1504年）建，明代嘉靖四十三年（1564年）重修。清真寺为临清运河岸

图1.23　临清运河钞关

图1.24　临清清真寺

边回族群众进行宗教活动的场所，坐西朝东，所有建筑为砖木结构。中轴线上自东而西依次建有牌坊山门、望月楼、正殿、后殿、后门；两侧辅以南北角亭、讲经堂、沐浴房，共建有殿、楼、厅、堂九十余间。主体建筑礼拜殿面阔宽敞，进深深远。前殿廊厦彩绘斗拱，挂落、雀替雕刻剔透，彩绘精细。后殿背向麦加设壁龛，以示朝拜西方。殿内壁画、藻井、天花彩绘古朴庄重、工整雅致。殿顶前、后殿呈勾连搭式，覆绿琉璃瓦，攒尖塔楼顶饰三方鎏金葫芦，金彩烨烨，巍峨壮观。寺院内丹墀开阔，栏杆环抱，古柏参天，肃穆幽静，圣洁清灵。临清清真寺整体建筑规模宏大，形式各异，既有中国宫殿建筑特点，又包含阿拉伯建筑艺术特点，是中国古建筑的代表，更是研究运河城市回族迁徙、繁衍并与汉族团结共处的地域实物资料，具有较高的文物价值。

3. 清真东寺（图1.25）

清真东寺位于山东省临清市先锋办事处桃园街东侧，元代运河入卫（御河）处。明代成化元年（1465年）建。为临清回族穆斯林群众进行宗教活动的场所（图1.25）。占地5500平方米，建筑面积1625平方米。该寺坐北朝南，四进院落，建筑布局平面呈十字形，南北中轴线上自南而北依次为山门、垂花二门、穿厅、讲经堂，东西中轴线上自东而西为对厅、正殿、后殿、后门，殿顶四檐相结呈勾连搭式，后殿塔楼突起，攒尖顶部饰鎏金葫芦。

4. 舍利宝塔（图1.26）

临清舍利宝塔与杭州六和塔、扬州文峰塔、通州燃灯塔并称为“运河四大名塔”（图1.26）。舍利宝塔紧傍卫运河，为古运河边一处著名标志性建筑。2011年，在大运河申遗工程中，舍利宝塔被列为遗产点。舍利宝塔，位于城北卫运河东岸，为仿木构楼阁式砖塔，始建于明万历三十九年（1611年）。舍利宝塔下原有明代古建筑群永寿寺，塔随称永寿寺舍利宝塔，现永寿寺已不复存在。

图1.25　清真东寺

图1.26　临清舍利宝塔

综上所述，作为中国大运河的重要组成部分的临清片区凌驾于会通河之上，北临卫河，南临会通河，西临南运河，东占会通河北岸。整个片区文物丰富，有全国重点文物保护单位临清运河钞关、清真寺、清真东寺、舍利塔、鳌头矶、问津桥、月径桥、会通闸、砖闸及众多的省级文保单位临清民居等。片区文化底蕴丰厚，区内有保存原貌完好的元代运河，在京杭大运河全段尤为少见；临清运河钞关作为古代八大钞关之首，是古代运河税收机构的唯一典型遗存，是运河文化的重要载体。对于临清段运河文化遗产的研究能够充实中国运河文化遗产研究，丰富临清作为运河名城的历史文化元素；对大运河临清段运河遗产开展健康监测，不但可以对临清运河遗产进行实时高效的保护，还为中国大运河的其他遗产开展监测进行保护提供借鉴。

三、大运河遗产监测研究综述

监测是指采用仪器量测、现场巡查、远程视频监控等手段和方法，长期、连续地采集和收集反映文物建筑本体以及周边环境对象的状态、变化特征及其发展趋势的信息，并进行分析、反馈的活动。对历经地震、台风、洪水等自然灾害和战争等人文破坏的多重破坏和考验的文物遗产，开展监测可使其有效及时防范风险，防灾减灾，减少破坏。大运河遗产作为不可再生资源，因为各种不利因素正在逐渐受到侵蚀或破坏，但损坏防范难度较大。针对运河遗产开展的健康监测是指对运河沿岸的文物建筑、运河河道、运河水工设施进行长期、连续地采集和收集反映本体以及周边环境变化及发展趋势的信息，并进行分析、反馈以确保遗产安全的保护工作，是通过采取高效的数字化手段保护历史文化遗产，避免运河遗产的破坏。

（一）国外世界遗产监测发展与实践

1972年，为共同保护具有突出和普遍价值的文化和自然遗产，《保护世界文化和自然遗产公约》（简称《世界遗产公约》）发布，公约要求各缔约国定期向联合国教科文组织提交报告。世界遗产委员会一直致力于更全面深入地了解各缔约国为世界遗产所采取的保护管理行动及遗产保护信息。1984年世界自然保护联盟（ⅣCN）率先提出“被动式”（reactive）的世界自然遗产监测报告，1987年世界遗产委员会开始建立“系统监测与报告”机制，1990年世界遗产委员会要求缔约国提供受到威胁遗产地的监测报告，1991年国际古迹遗址理事会（ICOMOS）把受到威胁的世界遗产的监测报告及名单提交给世界遗产委员会，1996年把“系统监测与报告”与“被动反应式监测”两项监测工作写入《操作指南》，1999年又把“被动反应式监测”、“定期报告”以及“定期报告的格式与内容”纳入，2000年16个阿拉伯国家提交了46处世界遗产地的第一份定期报告，至此，世界遗产监测机制基本成熟。2002年世界遗产中心在意大利威钦察举办了首次关于“世界遗产监测”的工作会议暨国际研讨会，2005年《操作指南》把监测工作列为了最重要的管理项目，规范了监测过程，世界遗产的监测日趋成熟和完善。

但纵观世界遗产监测的发展过程，亦存在一些不足。如“被动反应式监测”是当遗产地受到威胁时，遗产地向世界遗产委员会等国际组织进行征询，要经过反馈、反复审议、裁决等多个环节后遗产地才能开展保护。这种机制过于被动，往往延误世界遗产的保护。缔约国提交的定期报告也存在基础数据信息采集困难，遗产档案及信息管理不够系统，难以作出针对性强的分析报告。国际上对监测的讨论大多停留在理论和宏观层面，关于具体操作层面研究尚待加强。

实践方面，早在1973年，“预防胜于治疗”的预防性遗产保护理念开始在欧洲盛行。荷兰等国出现了专门提供定期检查和小型维修预防古建筑损毁的非政府机构。比利时鲁汶大学的雷蒙德·勒 麦尔国际保护中心（Raymond Lemaire I ntemational Center for Conservation， RLICC）的“关于建筑遗产预防性保护、监测、日常维护的联合国教科文组织教席”（UNESCO Chair on Preventive Conservation，Monitoring and Maintenance），建立了第一个通过灾害预警、动态监控、日常维护等措施建立由内而外的监测体系；1992～1995年间，意大利保护研究中心运用GIS技术对环境因素进行监测，并基于监测数据进行文化遗产风险评估，为遗产保护提供更为科学的参考；1994年，欧盟环境部门首先凭借调查问卷、现场监测等方法采集建筑遗产的损毁数据，确定遗产的损毁类型，随后通过持续监测及实验室精确测试对建筑遗产损毁原因、过程进行分析，开发出文物古迹损毁诊断系统，这一系统通过搭建文物古迹损毁数据库，进而进行建筑遗产损毁分析，构建了预防性保护的监测系统。

通过借鉴国外世界遗产开展的研究成果和监测实践，对中国大运河临清段的监测与保护提供了理论支持，对确定监测方式、构建指标体系、进行数据分析都具有一定的指导意义。

（二）国内遗产监测发展与实践

我国的建筑等遗产大多以砖、木或夯土为建筑材料，相对于欧洲、古希腊、古罗马的石材古建筑而言，中国遗产地要脆弱得多，更加需要开展监测进行保护。1985年我国加入《世界遗产公约》，为保护世界遗产，确立每年6月的第二个星期六为我国的“文化遗产日”，先后颁发多个保护世界遗产的法规和文件。其中《世界文化遗产保护管理办法》、《关于加强世界文化遗产监测管理工作的通知》、《中国世界文化遗产监测巡视管理办法》、《中国世界文化遗产监测预警体系建设规划（2012—2020）》等规章制度和指导文件搭建了我国文化遗产监测及管理框架，使我国世界遗产监测工作逐渐科学化、制度化、规范化。国家文物局于2007年、2010年、2011年先后三次召开世界文化遗产监测工作会议，2012年，国家文物局在中国文化遗产研究院设立国家级世界文化遗产监测中心，初步建立起了我国文化遗产监测的管理框架。

相较发达国家，我国关于遗产监测的理论研究成果还不丰富。主要有东南大学吴美萍博士的学位论文《中国建筑遗产的预防性保护研究》，主张进行“建筑遗产的病害分析、基于病害分析的系统监测和日常维护”，加强了遗产保护的针对性和有效性；北京化工大学张月超硕士的学位论文《我国文化遗产地监测体系构建研究》探讨了监测系统的构建；天津大学闫金强硕士的学位论文《我国建筑遗产监测中问题与对策初探》通过分析世界遗产监测和实践，探讨建筑遗产监测技术层面面临的问题等。目前我国各世界遗产地主要针对遗产本体和周围环境开展监测实践。20世纪七八十年代开展了虎丘塔塔身沉降、裂缝、倾斜等监测；20世纪80年代末进行了莫高窟壁画病害、壁画盐分等遗产本体监测，其中关于莫高窟内外部环境的监测是我国最早的世界遗产环境监测系统；后期我国还对应县木塔、龙门石窟、苏州古典园林等多项监测，积累了丰富的经验。特别是故宫和颐和园开展的遗产监测实践，由《故宫博物院世界文化遗产监测工作报告》（2012年）、《颐和园遗产监测报告》（2013—2014）可以看出其监测指标全面，监测体系较为完善。对于大运河临清段开展遗产监测更具示范作用。

（三）中国大运河的保护理论及监测实践

我国大运河遗产保存现状差异巨大，一方面是因为我国幅员辽阔，地理环境及自然气候迥异，另一方面也是因为不同的工业化发展、城市化进程、保护技术和手段造成的。近年来，关于大运河的保护研究成果非常丰富。2005年国家文物局启动“京杭大运河保护与申遗考察”，并结合第三次文物普查，要求各省市对运河沿线的重要文物进行详细普查。2006年在申遗热潮的带动下，围绕运河的历史、发展、变迁、水利水工设施、漕运、运河文化，沿岸建筑等方面都有深入研究，形成整体保护和预防性保护相结合的保护理论。整体保护主张把与大运河所关联的领域作为整体进行综合保护和研究。主要有俞孔坚教授提出遗产廊道与大运河整体保护的理论和阮仪三教授提出的“文化线路”理论。俞孔坚教授认为遗产廊道首先是一种线性的遗产区域，即能够把单个的遗产点串联起来的具有一定历史意义的线性廊道。阮仪三教授基于对京杭大运河的历史价值评估，以“文化线路”统领大运河遗产体系，避免在大运河保护上的种种误区。重庆师范大学则提出将物质、非物质以及文化线路“三位一体”的线性文化遗产保护策略。预防性保护是指为防止大运河遗产价值丧失而开展的以预防为主的主动式保护。预防性保护反对以“修”为主的被动保护，主张防患未然的主动保护，认为通过控制引起损毁破坏遗产的不利因素来降低和消除大运河及其附属设施的损毁破坏，使大运河保护能够做到有的放矢，防患未然。针对我国大运河，阮仪三教授提出建立运河沿线遗产观察站等手段来进行文化遗产的保护，防止遗产价值丧失和建筑结构破损的所有行动。

大运河的整体保护和预防性保护的实施，必须把能够发现文物损毁、分析损毁原因及发展规律、进行风险评估和预警、实施保护的监测作为基本手段和环节。随着Internet技术、Web技术和传统的GIS技术的不断成熟，利用互联网发布地理信息，让客户通过浏览器浏览和获取地理信息系统中的数据和功能服务，已成为信息化时代的发展趋势。WebGIS是在Internet网络环境下的一种兼容、存储、处理、分析和显示与应用地理信息的计算机系统。WebGIS在传统的基于桌面的或局域网式的GIS基础上，因利用Internet优势而具有传统GIS所不具有的优势，如更简单的操作；更低的开发管理成本；更方便的信息共享；与其他Web应用的无缝集成；高效的平衡计算负载等。因此，WebGIS已经在全球变化与监测、军事、资源管理、城市规划、土地管理、环境研究、农作物估产、灾害预测、交通管理、矿产资源评价等许多领域发挥着越来越重要的作用。在文化遗产保护领域主要用于建设文物遗产信息展示与管理系统，为公众用户和相关用户提供丰富翔实的文物空间信息，实现文物的动态监测和管理，为文物保护与研究提供基础。2007年，清华大学承接了国家文物局的研究课题，开始建立中国大运河的GIS的数字化信息和管理系统。清华大学李强等开展的京杭大运河保护地理信息系统建设研究，其系统“在Windows环境下采用ESRI的ArcEngine与arcIMS进行构建，通过ArcSDE+Oracle的模式进行海量数据的管理”。这个系统“为京杭大运河的文化遗产的调查、评价、规划、管理与决策、监测和展示等提供了综合平台”，表明随着科技的进步，越来越多的前沿技术应用于大运河的保护管理中。目前借助测绘3S技术（遥感、定位系统、信息管理系统）、三维扫描技术、在线测试及预警技术为文物保护提供动态、实时、三维、互动等全方位信息服务。

上述大运河保护理论研究成果、系统平台的建设实践及技术手段为开展大运河临清段的监测和治理提供了很好的借鉴作用，具有重要的现实意义。

第二章　临清运河遗产健康监测系统设计

一、健康监测系统设计原则与基本要求

监测系统是由监测设备组成的实现一定监测功能的软件及硬件集成。临清运河遗产健康监测系统是利用传感器技术、信号传输技术，以及网络技术和软件技术，从宏观、微观相结合的全方位角度，来监测影响运河遗产建筑物安全的各种关键技术指标；记录历史、现有的数据，分析未来的走势，以便辅助企业及政府决策，提升建筑物安全保障水平，有效防范和遏制重特大事故发生。

（一）健康监测系统设计原则

临清运河遗产健康监测系统由传感器、数据采集装置、信号接收及处理装置、机房及计算机管理系统、信号传输装置、企业调度指挥中心五部分组成。为实现临清运河遗产的健康监测，在临清运河遗产健康监测系统设计时，应该遵照以下设计原则。

1. 先进性原则

要实现遗产信息实时、准确、高效地采集传输，并使监测精度必须达到国家规范要求，需要充分研究国内同类系统在某些功能上的不足，有针对性地提出新的解决方案或使用新的算法改进性能，并综合利用多种技术，选用性能先进的仪器设备和优秀的软件系统平台进行集成开发，确保在技术层面上具有一定程度的先进性。

2. 实用性原则

遗产健康监测系统设计的最终目标是更好地开展文物保护。因此系统的设计应本着“技术服务应用”的宗旨，充分考虑到用户对安全监测与信息管理的应用需求，尽可能地满足文物管理保护部门的需要，切实确保系统的实用性与可操作性。

3. 可靠性原则

遗产健康监测系统采集的原始数据必须完整、连续、正确；数据的网络传输可靠；数据处理、分析结果必须正确，具有可靠的精度与准确度。基准点必须稳定，能

够长期保存。系统的硬件设备应经久耐用，长期稳定，并具有断电保护功能，同时具有独立自动测量的人工观测接口。

4. 经济合理性原则

在确保先进、可靠的前提下，紧密结合文物特点，采取各种优化方法，力求遗产健康监测系统工效高、成本低，性价比最优。

5. 数据共享原则

由于遗产健康监测系统提供多种数据接口，能接受多种数据格式，系统完成的数据也可提供给其他系统使用，便于不同系统间的数据交换，并可通过网络实现远程传输，完成数据共享。网络平台充分考虑广域网与局域网的结合，局域网考虑无线与有线相结合的方式。

6. 模块化设计原则

采用软件工程中的结构化和原型化相结合的方法，根据不同文物的保护特点及要求，自上而下，对遗产健康监测系统进行功能解析与模块划分。在调查被保护文物的保护特点及保护需求的基础上明晰系统用户子模块，然后通过连接形成面向应用的“文物保护及管理界面”。软硬件平台和应用系统做到硬件无关性，模块提供可以变化的参数以及可供文物保护管理部门进行二次开发的良好接口。

（二）监测系统特性参数选用要求

临清运河遗产健康监测系统中，各种监测参数的测试仪器和元件设备是整个系统架构的基础，用来测量各个监测参数的实时监测数据。若要达到技术上合理和经济上节约，则必须综合多方面的影响因素来确定系统的各个特性参数选用要求，使测试仪器和元件设备的选择同时兼顾技术合理和经济节约。

1. 灵敏度

灵敏度意味着遗产健康监测系统能监测到被测物理量极微小的变化，即被测量数据稍有变化，监测系统就有较大的输出，并能实时显示出来。但灵敏度越高，往往测量范围越窄，稳定性也越差。在运河遗产文物监测中，被测物理量往往变换范围比较大，所需要的是相对精度在一定的允许值，而对其绝对精度的要求不是很高。因此，在选择仪器时，最好选择灵敏度有若干档可调的仪器，以满足在不同的测试阶段对仪器不同灵敏度的测试要求。

2. 准确度

准确度表示监测系统所获取的测量结果与真值的一致程度，并反映了测量中各类误差的综合。准确度越高，则测量结果中所包含的系统误差和随机误差就越小。但监测仪器的准确度越高，价格就越昂贵。因此，在进行运河遗产文物监测时，应该从被监测文物的实际情况和监测要求出发，选用准确度合适的仪器，以获得最佳的技术经济效益。在运河遗产文物监测中，监测仪器的综合误差为全量程的1.0%～2.5%时，这样准确度基本能满足施工监测的要求。误差理论分析表明，由若干台不同准确度组成的监测系统，其测量结果的最终准确度取决于准确度低的那一台仪器。所以，从经济方面出发，应当选择同等准确度的仪器来组成遗产健康监测系统。如果条件有限，不可能做到等准确度，则前面的环节的准确度应当高于后面的环节，而能与此相反配置。

3. 线性范围

任何监测系统都有一定的线性范围，监测系统在线性范围内工作是保证测量准确度的基本条件。在线性范围内，输出与输入成比例关系，线性范围越宽，表明监测系统的有效量程越大。然而，监测系统是不容易保证处于绝对线性的。在有些情况下，只要能满足文物测量的准确度，也可以在近似线性的区间内工作，可以在必要时进行非线性补偿或修正。非线性度是监测系统综合误差的重要组成部分。一般而言，非线性度总是要求比综合误差小。

4. 稳定性

稳定性表示在规定条件下，监测系统的输出特性随时间的推移而保持不变的能力。

影响稳定性的因素是时间、环境和监测仪器的器件状况。在输入量不变的情况下，监测系统在一定时间后其输出量发生变化，这种现象称为漂移。当输入量为零时，监测系统也会有一定的输出，这种现象称为零漂移。漂移和零漂移多半是由于系统本身对温度变化的敏感以及元件不稳定（时变）等因素所引起的，它对监测系统的准确度会产生影响。遗产健康监测系统监测的对象是在野外露天和地下环境中的岩土介质和结构，其温度、湿度变化大，持续时间长，因此对仪器和元件稳定性的要求比较高。所以，应当充分考虑到在监测的整个期间，被测物理量和漂移以及随温度、湿度等引起的变化与综合误差相比在同一数量级。

5. 各特性参数之间的配合要求

由若干环节组成一个项目的监测系统中，若使监测系统处于良好的工作状态，就应当注意各特性参数之间的恰当配合，在组成监测系统时，应当充分考虑各特征参数之间的关系。

总灵敏度与量程范围的匹配：一个多环节组成的监测系统，其总的灵敏度取决于各环节的灵敏度以及各环节之间的联接形式（串联、并联），该监测系统的灵敏度与量程范围是密切相关的。对于连续刻度的显示仪器，通常要求输出量落在接近满量程的1/3区间内，否则，即使仪器本身非常精确，测量结果的相对误差也会增大，从而影响测试的准确度；若量程小于输出量，很可能使仪器损坏。所以，在组成监测系统时，总灵敏度与量程范围匹配对监测数据的准确性及仪器保护非常重要。

阻抗匹配：当放大器的输出用来推动负载时，它应该以尽可能大的功率传给负载，只有当负载的阻抗和放大器的输出阻抗互为共轭复数时，负载才能获得最大的功率，这就是通常所说的阻抗匹配。

除上述必须考虑的因素外，还应尽量兼顾体积小、重量轻、结构简单、易于维修、价格便宜、便于安装、通用化和标准化等一系列因素。

（三）监测工作基本要求

根据临清运河所处的地质结构特征、地形地貌分析，制定如下监测工作的基本要求。

1. 监测设备要求

根据文物所处环境，选择具有较强的适应能力和抗干扰能力监测设备；根据监测方法和监测功能的要求选择安装方式，安装方式应牢固，安装完成后应及时现场标识并绘制监测设备布置图，存档备查；监测设备的安装，要遵循对文物最低限度干预、最大限度地保护其真实性和完整性的原则；在正式投入使用前应对监测设备进行校准或标定；实时监测时，传感器的采样频率应满足监测要求，还宜考虑传感器的动态特性。

2 .仪器埋设质量要求

永久性观测仪器埋设质量，是运河遗产健康监测系统观测设计和观测施工成败及能否获得有效的观测资料的关键。仪器埋设方法不当，保护措施不好，再加上仪器质量和工作环境的原因，会造成大量仪器失效，致使运河遗产监测系统捕捉不到数据，因此为了保证观测仪器长期、正常工作，必须选择性能稳定、适应恶劣工作环境的仪器，并在埋设前做好埋设设计，设计文件中应明确规定技术要求、质量要求和验收办法。施工方法要明确，保护措施应稳妥，电缆布线应合理。

3. 资料整理分析要求

要建立一套切实可行的规章制度和工作程序，对观测资料及时整理和分析。资料整理分析后应及时将信息发送给有关人员，对于变形异常者应立即报送文物保护管理人员、工程师、施工负责人和设计人员，帮助文物保护管理部门分析原因和研究保护措施。所有观测资料应按时整理归档，为正确评价工程安全程度提供依据。

4. 观测组织人员要求

建立健全的组织结构和高效的资料运行组织程序，配备专门观测人员和资料整理分析工程师，确保重要问题要有人负责处理，处理过程及数据及时备案。

5. 实时监测与阶段校核要求

运河遗产健康监测系统设计时应采取实时监测与阶段校核有机结合的监测方案。这不仅是出于经济的考虑，出于对文物保护和管理的综合考虑，更主要是可及时地对运河遗产健康监测系统实时采集的数据进行校核，保证数据准确、完整、真实，对文物遗产的安全做出的评价客观科学。

二、系统监测项目与监测功能

（一）系统监测项目

为了保障临清运河遗产监测工程安全运行，根据国家文物局《古建筑保养维护操作规程》（2015年版）、《建筑结构监测技术标准》（GB50344-2015）、《建筑变形测量规范》（JGJ8-2016），参考北京市地方标准《文物建筑安全监测技术规范》、要求和临清运河文化遗产的实际情况，经过对有关资料的详细研究和多次现场认真勘察，制定了运河遗产健康监测系统方案。

运河遗产健康监测系统的监测项目包括以下几部分：

1. 运河沿线古建筑健康监测

对建筑文物在日常使用、修缮、抢险加固、迁移、原址重建等过程中对文物建筑本体可能造成的损伤所进行的安全监测工作，主要是对影响建筑文物安全的主要因素的安全状态及动态变化进行量测、检查、监视，并进行分析反馈，预防和消除安全隐患，确保文物建筑长期安全存在而进行的活动。

根据临清运河沿线古建筑的具体情况，唯有舍利宝塔体型高耸，在运河水位较高的年份经受过洪水浸泡，因此健康监测拟采用在线实时监测，以探究舍利宝塔在各种影响因素特别是运河水位变化对其造成的损坏规律；其他古建筑多为低矮的单层建筑，且周边未见严重影响古建筑安全的不利因素，拟采用定期观测，发现各种损伤的发展规律，为有针对性地开展保护提供技术支持。

2. 运河水工设施健康监测

对可能导致水工设施本体变形、变化以及可能对监测设备监测过程造成影响的文物建筑周边气象环境、环境污染、其他环境威胁等因素进行的安全监测工作。临清运河水工设施体量较小，运河沿岸周边已采取包括禁止大型车辆通行等在内的系列保护措施，因此采用定期观测，揭示各种损伤的发展趋势，实现对水工设施的有效保护。

3. 运河河道监测与治理

对可能导致运河河道的周边气象环境、环境污染、其他环境威胁等因素进行的监测与治理工作。

4. 运河文化遗产信息管理

搭建基于WebGIS技术的B/S和C/S混合架构的运河文化遗产监测信息管理系统平台，对运河文化遗产监测信息进行多元化综合分析和应用，实现空间数据的处理、分析和可视化，实现大运河的网络管理及信息发布等功能。

（二）系统监测功能

临清运河遗产健康监测系统是利用传感器技术、信号传输技术，以及网络技术和软件技术，从宏观、微观相结合的全方位角度，对运河河道、水工设施、古建筑文物等进行动态监测，通过实时监测，获取影响运河遗产建筑物安全的各种关键技术指标，记录历史、现有的数据，分析未来的走势，防微杜渐，保证运河文物的健康与安全，并辅助企业及政府决策，提升建筑物安全保障水平，有效防范和遏制重特大事故发生。

为满足运河遗产监测系统安全运行的科学技术要求，实现信息化目标，运河遗产监测系统的主要监测功能设计如下：

1. 运河遗产日常监测功能

在运河遗产日常使用过程中，对文物建筑本体可能造成的损伤所进行的日常监测功能。

2. 运河遗产结构安全监测功能

对运河遗产变形数据能自动采集和存储；
对运河遗产进行动力特性实时监测；
对地震影响情况进行实时监测；
对地下水位对运河遗产变形影响安全实时预报和报警。

3. 运河遗产环境安全监测功能

对运河遗产周边气象环境、环境污染、其他环境威胁的实时监测及预警；
当达到不同级别预警指标时，设置不同类型警戒信号，如闪灯或鸣笛等，同时及时发送短信至管理人员手机进行报警。

4. 运河文化遗产监测信息管理功能

对运河遗产资料及数据等的文物资料管理功能；
对运河遗产维护信息、文物单体信息等文物信息查询功能；
对运河遗产的保护条例、注意事项等文物保护宣传；
能疏导人流、应对景区发生应急事件、公众实时监督及应急疏散辅助管理功能。

三、监测方法及监测仪器的选择

（一）监测方法

根据上述安全监测系统的监测项目和监测功能要求，要实现对运河遗产监测的自动化，有激光测距变形监测、传感器变形测量、全站仪变形监测和GPS（全球定位系统）变形监测等四种监测方法，这四种方法在实现运河遗产健康监测的途径、实施技术要求、运行和维护条件等方面各有特点，需进行综合分析论证及具体比选。

1. 激光准直变形监测

激光准直变形监测系统是利用激光的方向性强、亮度高、单色性和相干性好等特点和波带板激光衍射原理进行设计的。激光源和光电探测器分别安装在被测结构一侧的发射端和另一侧的接收端，波带板安装在结构变形观测点处。当需要测量结构某变形点时，调节该点的波带板在工作位置，从激光器发射出的激光束照满波带板后在接收端上形成干涉图像，按照三点准直方法，在接收端上测定图像的中心位置，从而就可求出水平位移、垂直位移（沉陷）。

激光准直监测技术的特点主要有：

（1）能够实现监测系统的全自动化观测，其发展趋势朝遥控遥测方向发展。

（2）固态激光器使用广泛，克服了原先使用的气态He—Ne激光器的寿命短、容易老化的问题。

（3）CCD激光坐标仪用于接收端测定图像的中心位置，克服了以前采用的光电管扫描法、四象限透镜式自动探测仪的激光像点因塔高、光斑弱和塔体振动而发生抖动的探测问题，为变形监测系统遥控遥测提供了条件。

（4）对监测系统进行了系列化和定型化，克服了以前真空激光准直系统的管道因塔高、位移大小不同而不同、波带板通光孔径因塔高和测点与两端距离而异的缺点，便于工厂化加工制造，安装调试方便、工期短、经济等优点。

2. 传感器变形监测

以传感器为基础的自动化变形监测通过变形特征点的水平移动曲线方程和垂直移动曲线方程，求出每个变形特征点的水平变形量和垂直变形量并据其对监测对象进行连续而又复杂的变形过程分析，获得与实际变形物体相吻合的变形曲线，实现变形监测的目的。

传感器主要有电气式传感器、光纤传感器两种类型。电气式传感器是把被变形观测的几何量或垂线法、引张线法、连通管法等人工变形监测系统观测到的几何量转换成与之成比例的电气量，转换方法有电压、电容、电感、电阻等方式。它具有容量大、测程广、精度高的特点，能够适合野外长期工作和恶劣工作条件。光纤传感器是利用变形几何量来调制光纤的光参数，然后将这些光参数变化转化成电信号进行测量，从而进行变形监测；具有防潮、不锈蚀和抗电磁干扰能力强的优点。

3. 全站仪变形监测

全站仪，即全站型电子测距仪，是一种集光、机、电为一体的高技术测量仪器，是集水平角、垂直角、距离（斜距、平距）、高差测量功能于一体的测绘仪器系统。与光学经纬仪比较，电子经纬仪将光学度盘换为光电扫描度盘，将人工光学测微读数代之以自动记录和显示读数，使测角操作简单化，且可避免读数误差的产生。因其一次安置仪器就可完成该测站上全部测量工作，所以称之为全站仪。广泛用于变形监测领域。

全站仪按测量功能分类，可分成四类：经典型全站仪、机动型全站仪、无合作目标型全站仪、智能型全站仪。

经典型全站仪也称为常规全站仪，它具备全站仪电子测角、电子测距和数据自动记录等基本功能，有的还可以运行厂家或用户自主开发的机载测量程序。机动型全站仪是在经典全站仪的基础上安装电机，可自动驱动全站仪照准部和望远镜的旋转。在计算机的在线控制下，机动型系列全站仪可按计算机给定的方向值自动照准目标，并可实现自动正、倒镜测量。无合作目标型全站仪是指在无机动型全站仪反射棱镜的条件下，可对一般的目标直接测距的全站仪。因此，对不便安置反射棱镜的目标进行测量，无合作目标型全站仪具有明显优势。智能型全站仪在自动化全站仪的基础上，仪器安装自动目标识别与照准的新功能，因此在自动化的进程中，全站仪进一步克服了需要人工照准目标的重大缺陷，实现了全站仪的智能化。在相关软件的控制下，智能型全站仪在无人干预的条件下可自动完成多个目标的识别、照准与测量。因此，智能型全站仪又称为“测量机器人”。

4. GPS变形监测

全球定位系统GPS是美国国防部研制组建的精密卫星导航定位系统，用于测定全球目标的空间三维坐标。GPS具有速度快、精度高、全天候等优点，除在飞行器导航成功应用外，还在大地测量、精密工程测量、地壳形变监测等领域得到成功应用。GPS变形监测主要用于测定水平位移、垂直位移（沉陷）。通常在不受塔体变形影响的地方设置GPS基准站（通过国家精密大地控制网和天文水准测定并转换为WGS-84参考坐标下），在塔体上合理布置几个位移观测点，然后在各点架设GPS接收机进行接受GPS卫星信号，通过传输网络把各点的GPS数据送到中心服务器结合基准站已知的坐标进行GPS网平差，得出位移观测点的空间三维坐标，两历元（周期）的空间三维坐标之差就是塔体相对水平位移、垂直位移（沉陷）。

从GPS原理可知，利用双频、差分等技术，能大大提高GPS测量点位的坐标精度。GPS适用于大范围测量，精度相对较高，但后期维护费用高。GPS和智能全站仪变形测量都需要基准点，GPS变形测量的基准点是卫星，TPS变形测量的基准点是地面固定点，可以GPS和智能全站仪联合变形测量，GPS即时测量获取地面基准点坐标，利用智能全站仪在基准点按前方交会测量的技术方式进行变形测量。但GPS附近不应该有强烈干扰卫星信号接收的物体，并应尽量避开大面积水域。同时该种方法对于遗产文物损坏部分的测量，较大程度上还需要依赖测绘者的个人临场及经验判断，测绘结果经常出现误差，准确度较低，实用性差。

通过以上各类方法的测试精度、测试距离、仪器价格、耐久性、实时性等指标进行综合分析，要实施运河遗产的健康监测，全站仪更适于小范围、高精度测量，属于一次性投入，而且易于保护，耐久性满足使用要求。

（二）监测仪器选型

1. 全站仪与GPS比较

全站仪、GPS两种仪器的优缺点对比如表2.1所示。

表2.1 莱卡TCA2003全站仪和科力达风云K9 GPS对比

仪器	莱卡TCA2003全站仪	科力达风云K9 GPS
测距精度	± 1mm + 1ppm 测角精度：0.5	± 3mm+1ppm（平面精度） ± 5mm+1ppm（高程精度）
测程	2.5 km/ 3.5 km	大面积
测试原理	距离交会法	卫星定位系统
报价	40万 棱镜：每个500元	基站：18万 接收器：300元/台
优点	精度高、测程长、适于小变形量测、易于保护、可实现数据的自动采集、无线或有线自动传输	测程长、价格适中、可实现数据的自动采集、自动传输
缺点	价格高	不易保护、测量精度一般

同时考虑到运河遗产允许变形量小，为更精确地掌握、控制运河遗产的变形情况，应选择位移测量精度高的监测方法。全站仪变形监测比GPS变形监测在实时性监测方面更具优势。

2. 各型号全站仪比较

（1）莱卡系列全站仪技术参数（表2.2、表2.3）

表2.2 莱卡TC1800和TPS1000技术参数

型号	TC1800	TPS1000
测角精度	1	1
测距精度	1mm + 2ppm	1mm + 2ppm
测量时间	3 s	3 s
机载程序	方向与高程传递、后方交会、对边测量、放样	方向与高程传递、后方交会、对边测量、放样
测程	2.5km/3.5km 单棱镜/三棱镜	2.5km/3.5km 单棱镜/三棱镜

续表

型号	TC1800	TPS1000
数据记录	PC卡/RS232输出	PC卡/RS232输出
放大倍率	30 x	30 x
电源	NiCd电池 / 外接电源	NiCd电池 / 外接电源
RTA功能	1000m/600m 单棱镜/360°棱镜	1000m/600m 单棱镜/360°棱镜

表2.3　莱卡TC2003和TCA2003技术参数

型号	TC2003	TCA2003
测角精度	0.5	0.5
测距精度	1mm + 1ppm	1mm + 1ppm
测量时间	3 s	3 s
机载程序	方向与高程传递、后方交会、对边测量、放样	方向与高程传递、后方交会、对边测量、放样
测程	2.5km/3.5km	2.5km/3.5km
数据记录	PC卡/RS232输出	PC卡/RS232输出
放大倍率	30 x	30 x
电源	NiCd电池 / 外接电源	NiCd电池 / 外接电源
RTA功能	1000m/600m 单棱镜/360° 棱镜	1000m/600m 单棱镜/360° 棱镜

（2）日本索佳（SOKKIA）10系列全站仪技术参数（表2.4）

表2.4　日本索佳（SOKKIA）10系列全站仪技术参数

型号	SET210	SET510
测角精度	2"	5"
测距精度	2mm + 2ppm	2mm + 2ppm
测程（平均大气条件）	2700m	2700m
机载程序	方向与高程传递、后方交会、对边测量、放样	

（3）日本尼康系列技术参数（表2.5）

表2.5　日本尼康系列全站仪技术参数

型号	DTM-850	DTM-830
测角精度	1"	2"
测距精度	2mm + 2ppm	2mm + 2ppm
测程（平均大气条件）	3600m	3600m
机载程序	方向与高程传递、后方交会、对边测量、放样	

（4）国产全站仪技术参数（表2.6）

表2.6 国产全站仪技术参数

类别	南方	博飞	中海达	苏一光
测角精度	1″、2″	2″	2″	2″
测量时间	0.1-0.3秒	0.4-1.8秒	0.5-1秒	1秒
免棱镜测距	1200米	800米	800米	1000米
补偿器	双轴液体光电式电子补偿	单轴补偿	光电式单轴补偿	双轴补偿
补偿范围	± 6′	± 3′	± 3′	± 3′
操作系统	Windows\Android	Windows	Windows	Windows
新技术应用	影像获取、温度气压自动改正系统、屏幕、按键节能背光技术			
便捷性测量	一键测量、蓝牙、U盘数据传输			

经以上比较，莱卡公司生产的TCA2003型全站仪具有自动监测的功能，且测量精度最高，测量范围较广，能够满足监测精度要求，适合用于监测要求高的舍利宝塔；对于体量较小的运河钞关建筑群和水工设施可采用性价比较高的国产全站仪，推荐使用南方测绘全站仪。

四、监测点布设

由于运河遗产健康监测控制网是范围小、精度高的专用控制网，在进行设计、布网和监测时应考虑下列原则：

1. 运河遗产健康监测网应为独立控制网

在测量控制网的分级布网和逐级控制中，高级控制点要作为次级控制网的起始数据，则高级网的测量误差即形成次级网的起始数据误差。一般认为起始数据误差相对于本级网的测量误差是比较小的。但是对于要求精度较高的变形监测控制网来说，对含有起始数据误差的变形监测网，即使精度监测再高、采取的平差方法再严密，也是不能达到预期的精度要求的，因此运河遗产健康监测网应是独立控制网。

2. 变形监测点的埋设

变形监测点的埋设，应以工程的地质条件为依据，因地制宜地进行。

埋设的位置最好能选在沉降影响范围之外，尤其基准点一定要这样做。对于运河遗产健康监测的工作点也应设法予以监测，应监视其位置的变动。但在布网时，又要考虑不能将基准点处于网的边缘，因为从测量的误差传播理论和点位误差椭圆的分析知道，通常是联系越直接、距离越短，则精度越高。

3. 布网图形的选择

由于运河遗产健康监测是查明运河遗产随时间变化的微小量，因此布网的图形应与工程建筑物的形状相适应。同时，由于变形监测网的测定精度要求都为毫米级。对于由等边三角形所组成的规则网形，当边长在200m以内时，测角网具有较好的点精度；对于不同的网形及不同的边长，可采用三边网或边角网。但为了提高精度，在网中可适当加测一些对角线方向，以增加其网的强度，有利于精度的改善。在变形监测中，由于边短，所以要尽可能减少测站和目标的对中误差。测站点应建造具有强制对中器的观测墩，用以安置测角仪器和测距仪。机械对中装置的形式很多，在选择使用时要优先考虑对中精度高、安置方便及稳定性能好的装置。

五、监测系统硬件集成及开发

（一）基于GeoMoS软件的在线监测系统

为了实现运河遗产舍利宝塔的实时在线监测，开发能够兼容各个型号传感器并生成监测数据的基于 GeoMoS软件的自动实时在线监测系统。

1. 在线监测系统的功能设计

（1）具有功能强大的用户操作界面，便于用户操作；

（2）通过控制TCA仪器高精度自动对准目标、自动跟踪监测目标、实时计算和存储测量监测目标位移和变形（包括位移变化的方向、速度和大小）并进行限差检核和信息报警；

（3）支持连接TCA2003仪器及数字温度气压传感器（用于自动气象改正）；

（4）能够实现各监测点的点组管理；

（5）采用SQL Server大型数据库进行数据存储和管理；

（6）能够进行自动测量周期控制；

（7）能够实时察看监测过程运行状态；

（8）具有实时监测图形查看功能；

（9）具有数据库导入、导出和备份功能；

（10）具有数据报表输出功能，可以另存为标准数据交换格式（ASCII、DGN、WMF、标准Excel格式），能够直接输出原始测量成果、直接形成图形和报表。

2. 在线监测系统的电源、通信及控制系统

（1）系统供电：为保证系统24小时无人值守不间断监测，需要不间断供电。根据现场条件需要为本系统提供专用的供电控制器，为仪器提供24小时不间断的220V市电。现场采用220VAC供电，TCA2003与温度传感器各自通过适配器提供的12VDC供电，RS232转光纤转换器使用适配器提供相应直流电源供电。

（2）数据通信系统：监测系统中通信的方式有无线电台通信、GPRS通信以及光缆通信等。根据运河遗产健康监测要求计算机控制全站仪进行无人值守的观测需要，要求有良好的数据通信系统。光缆通信能提高系统通信稳定性，能够有效地保证数据的完整性、可靠性和良好的抗干扰性能。为此，本监测系统采用有线光纤通信的方式，利用光缆连接监测中心的全站仪和控制中心的计算机软件，即采用有线光纤方式把终端的全站仪TCA2003和GeoMoS连接在一起，通过操控全站仪的监测和数据计算等，实现系统24小时无人值守不间断监测。TCA2003和温度传感器输出RS232信号，经过宽温型RS232转光纤转换器将RS232信号转换成光信号，通过多模光纤传输到中心机房，再通过宽温型RS232转光纤转换器，将光信号转换成RS232信号，直接连接到GeoMoS计算机以实现GeoMoS计算机对TCA2003的控制。

（3）现场全站仪控制箱技术规格：尺寸不小于60cm（长）×40cm（宽）×20cm（高），要求有绝缘背板，供设备安装使用。

本方案的主要通信方式为光纤有线传输，如图2.1所示。

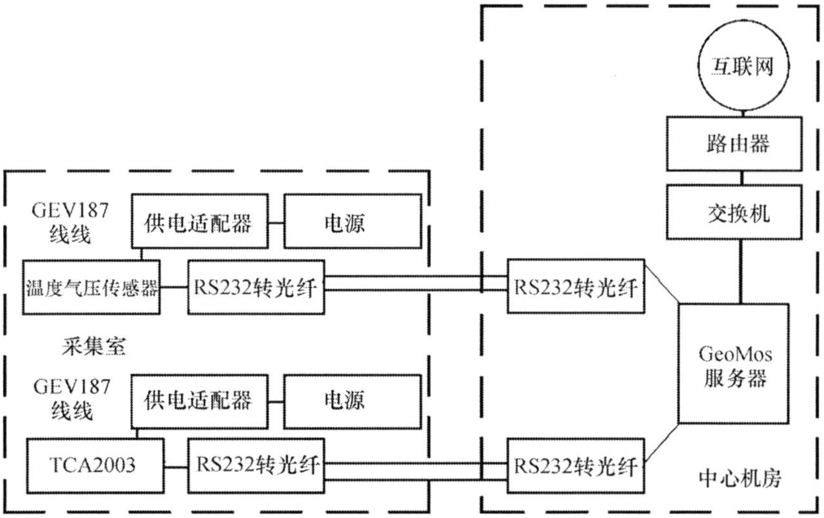

图2.1　电源通信控制图

3. 在线监测系统的控制中心的IT系统

主要由一台台式电脑和可连接到现场的无线局域网络构成，固定的IP地址。该台式电脑上只需安装Windows远程桌面控制或者PC－Anywhere等远程桌面控制软件即可通过连接和控制位于现场的GeoMoS服务器进行监测系统软件的控制、数据查看和下载。

4. 在线监测系统的远程控制

系统远程监控技术在自动化监测管理系统中显得十分重要，它使文物保护管理人员可以方便及时地通过系统对运河遗产进行监视控制。目前随着计算机的普及和应用、网络通信技术的快速发展，采用最新的计算机、通信技术，通过光缆、电话线或其他网络线路，可为联网远程监控提供了高效可行的解决方案。特别适合于技术人员及有关领导实时掌握系统的运行状况，当系统万一出现故障时，以便能迅速、及时、有效地做出相应的决策。所以为了与自动化的测量系统工程相匹配，提出远程监控方案是非常必要的。

（1）基于内部局域网的有线通信方式

在方案选择时，尽量要挖掘运河遗产文物管理单位内部系统的网络功能潜力，可以充分利用运河遗产文物局域网组成远程监控系统，使局域网内的授权计算机访问管理在舍利塔工作的计算机。局域网远程监控系统的组成框图如图2.2所示。

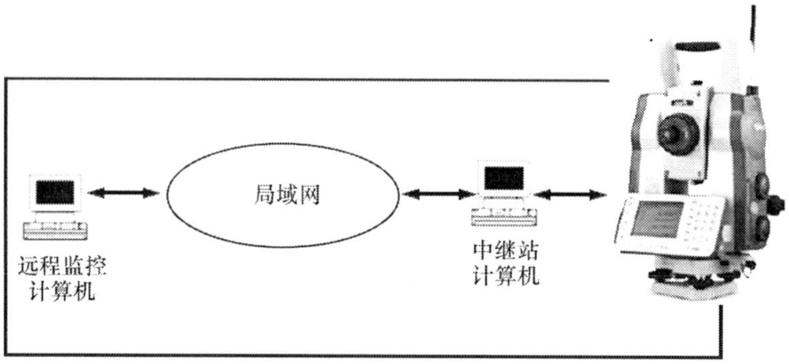

图2.2　基于舍利塔内部局域网的有线通信方式

中继站计算机在局域网中分配了一个固定的IP地址。该项目的总工程师要实时地掌握系统的运行情况及监测结果，总工室的计算机也必须在同一个局域网，该计算机当作远程监控计算机。

中继站计算机与远程计算机均安装远程监控软件“远程控制员”。在中继站计算机中启动软件中的“远程控制服务器”，设置好客户机访问的密码。将中继站计算机（即被控机）的IP地址及相应密码通知远程控制。

（2）基于ADSL的有线通信方式

ADSL（Asymmetric Digital Subscriber Line）即非对称数字信号传送，是一种通过现有普通电话线和网卡来提供宽带数据传输服务的技术，是一项将高带宽服务送到家庭和小型企业的新型运行平台。利用现有的铜双绞线（即普通电话线）就可以实现以比普通Modem快几十倍的速率上网。并且可以根据电话线质量的优劣及传输距离的远近动态地调整用户的访问速度。同时带宽的提高保证了用户能够享受真正的多媒体服务，是实现高速冲浪、视频点播等的理想技术。ADSL能够在现有的普通电话线上提供高达8Mbps的高速下行速率及2Mbps的上行速率，与Modem普通拨号的最高56kbps速率相比，提高了几十至几百倍。它支持广泛的高带宽应用服务，例如高速Internet访问、telecommuting电视会议、虚拟私有网络以及流格式多媒体应用等。ADSL的另外一个优点在于它使用了频分复用技术将语音与数据分开，使之在不同的通路上运行，上网、打电话互不干扰，不会发生上网速度慢、通话质量下降的情况。在现有的电话线上安装ADSL也极其方便快捷，除了在用户端安装专用通信终端外，不用对现有线路作任何改动。

5. 基于 GeoMoS软件的在线监测系统功能

（1）状态显示功能：包括项目状态总览、系统执行动作、系统消息和传感器状态等功能显示。系统执行动作示例（图2.3）；

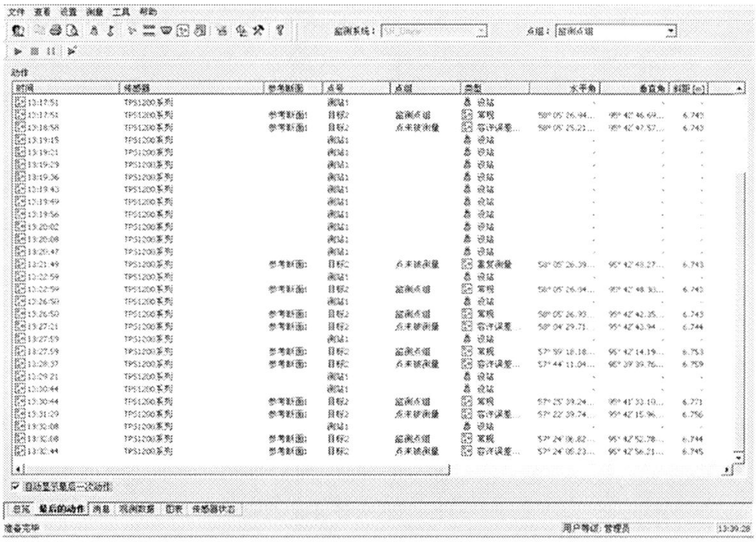

图2.3　系统执行的动作图示

系统消息（包括限差检核结果）示例（图2.4）；

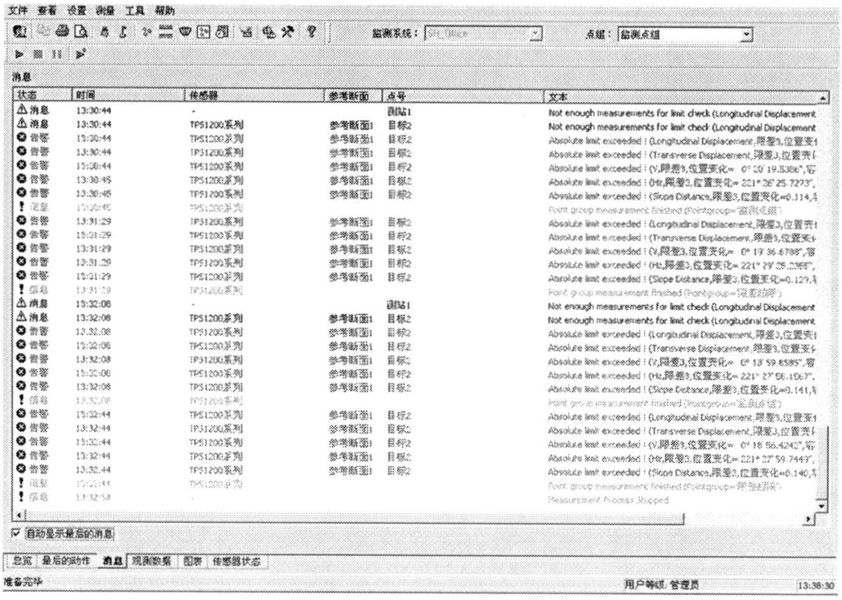

图2.4　系统消息示例图

传感器状态示例（图2.5）。

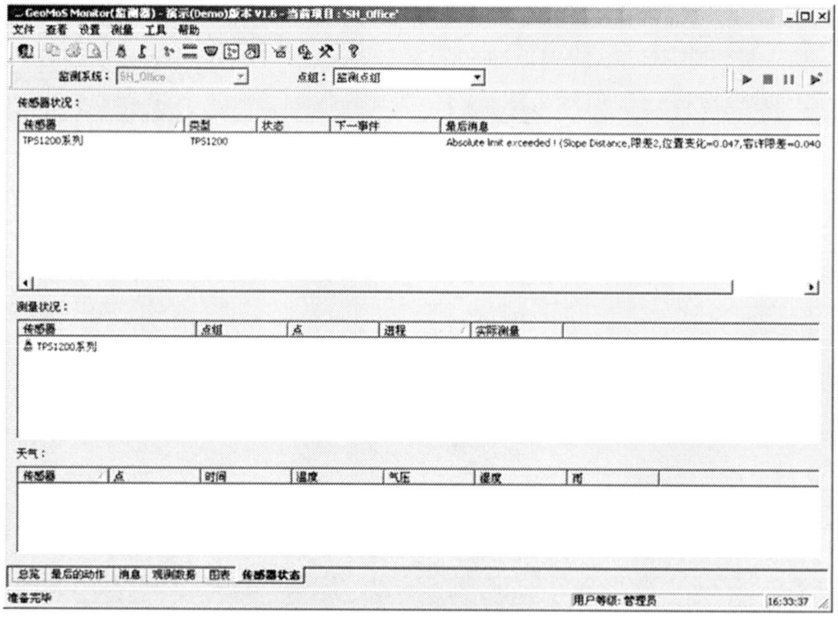

图2.5　传感器状态示例

（2）数据处理功能：包括数据导入、导出和备份功能，数据报表输出及分析功能。

数据报表生成示例（图2.6）；

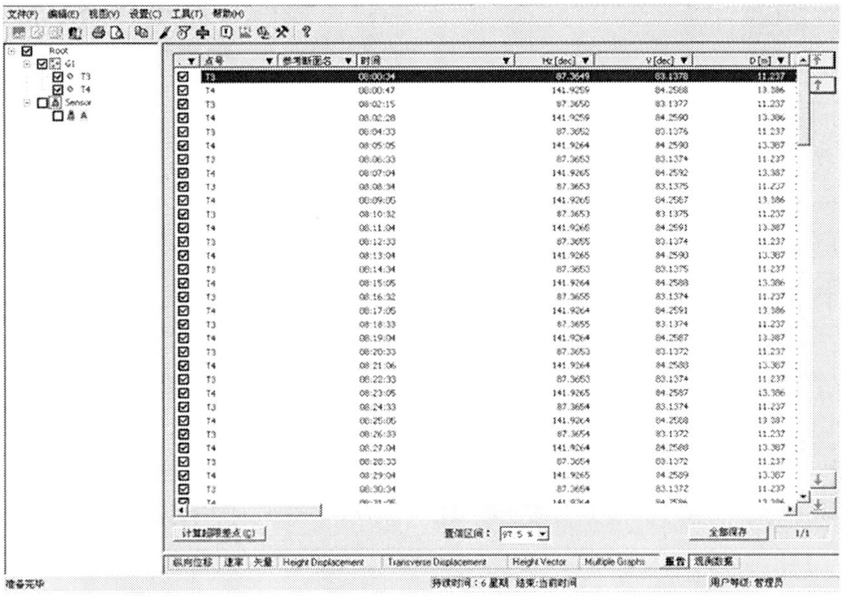

图2.6　数据报表片断

纵、横向位移的显示形分析示例（图2.7）。

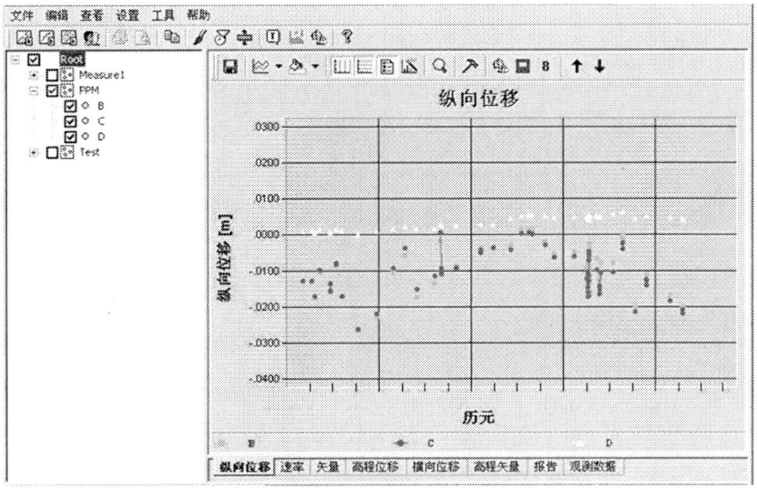

图2.7　纵、横向位移的显示形分析

（二）基于webGIS的古建筑自动报警系统

古建筑作为不可再生资源，损坏防范难度较高，开发包括古建筑损坏监测系统、监测预警平台和古建筑损坏监测预警系统、信息传输通信网的基于webGIS的古建筑损坏自动报警系统，提高古建筑损坏预警的时效性和自动报警准确率。

1. 系统总体设计

基于webGIS的古建筑自动报警系统分为古建筑损坏监测系统、监测预警平台和古建筑损坏监测预警系统、信息传输通信网等部分，古建筑损坏监测系统的运行模式为自动监测模式，当水位过高或雨量过大对古建筑墙体造成损坏时，系统会及时将信息传入信息汇集子系统中进行处理、汇集、共享。自动报警系统具有快速、精确、实时性高、报警信息准确的特点。总体结构如图2.8所示。

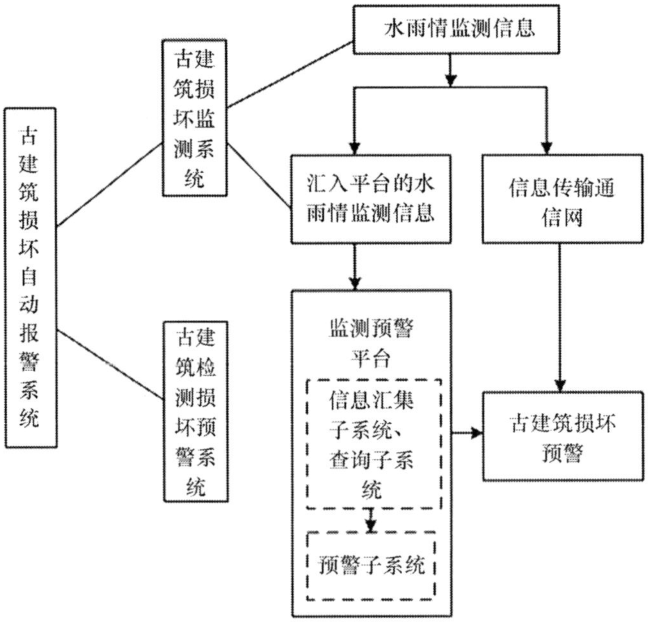

图2.8　基于webGIS的古建筑损坏自动报警系统总体结构图

2. 古建筑损坏预警监测系统

围绕古建筑建立基于webGIS的损坏自动报警系统，将古建筑的参数、保护指令计划等相关信息收集在系统中，通过互联网发布共享。古建筑所在的省、城市、区建立监测设施，根据上级指导要求进行古建筑防护工作。在防护过程中，严格按照省—市—区—乡的顺序进行古建筑防护。依据实际的古建筑损坏情况及时预警，通知上级部门制定修缮计划。古建筑损坏监测预警系统如图2.9所示。

3. 古建筑损坏监测系统

古建筑损坏情况中，大多数原因都是气候现象。木质古建筑长期处于潮湿环境中

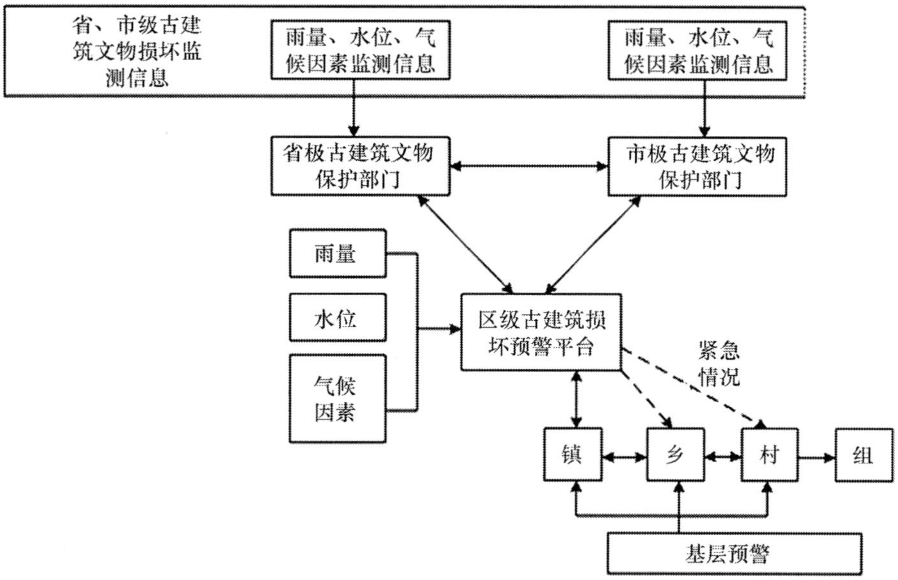

图2.9　古建筑损坏监测预警系统示意图

会产生龟裂的情况。当龟裂长度达到1/2时会影响安全，故设立古建筑损坏监测系统，监测古建筑周边雨量、水位情况。监测系统包括雨量测量站、水位监测站、气候因素监测站三部分。古建筑损坏监测系统能够根据雨量、水位信息自动监测并定时汇报。除此之外，还支持信息增量加报和召测应答汇报模式，保证数据信息的交互性能，达到信息实时共享的目的。监测系统将监测到的古建筑雨量、水位以及气候信息通过数据传输通信网，反馈到信息汇集子系统中，完成信息共享。各级工作人员接收监测信息后制定保护措施，达到实时监测保护古建筑的目的。

（1）雨量监测站

雨量监测站以自动监测的方式运行，当雨情发生时系统会进行确认，定时汇报，支持增量加报功能，实现雨情信息实时传输、实时共享。雨量监测站由翻斗式雨量计、遥测站终端、通信终端、电源系统和防雷系统组成。雨情发生时，雨量监测站自动收集雨情数据，通过通信终端传输发送。电源系统采用太阳能和蓄电池双重供电，保证设备的续航性。雨量监测站总体结构如图2.10所示。

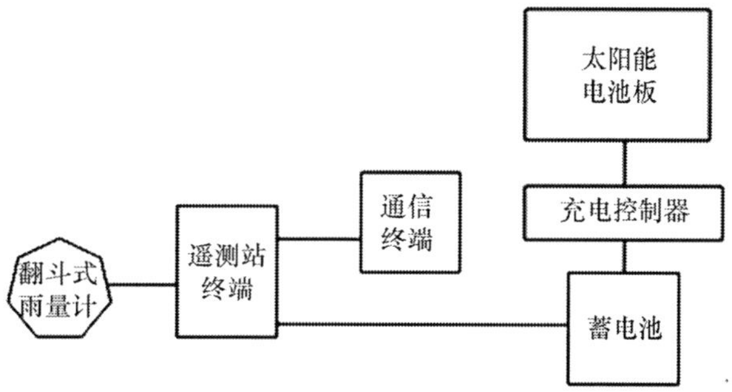

图2.10　雨量监测站设备组成结构图

（2）水位监测站

水位监测站采用自动监测的方式，对古建筑内的水情进行监测。监测到的数据信息在确认后定时汇报，支持增量加报和遥测功能，并且能够以一发多收方式向信息汇集子系统发送数据，完成古建筑水位信息交互共享过程。根据古建筑内的水位情况，采用超声式水位监测设施。水位监测站由超声式水位监测设备、通信终端、电源系统、防雷系统和必要的设备安装设施组成。水位监测站总体结构图如图2.11所示。

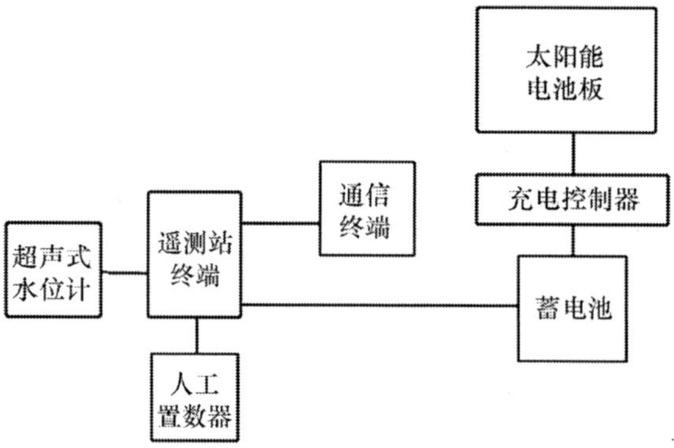

图2.11　水位监测站设备组成结构图

（3）气候因素监测站

气候因素能够对古建筑造成较大影响，为了避免此类状况的发生，设立古建筑气候因素监测站。气候因素监测站由雨量采集设备、风速感应设备、风象感应设备、气温监测设备、遥测系统以及GPRS系统等部分组成。气候因素监测站的供电方式为太阳能和蓄电池双重供电，保证设备运行的可靠性，增强设备续航能力。气候因素监测站总体结构如图2.12所示。

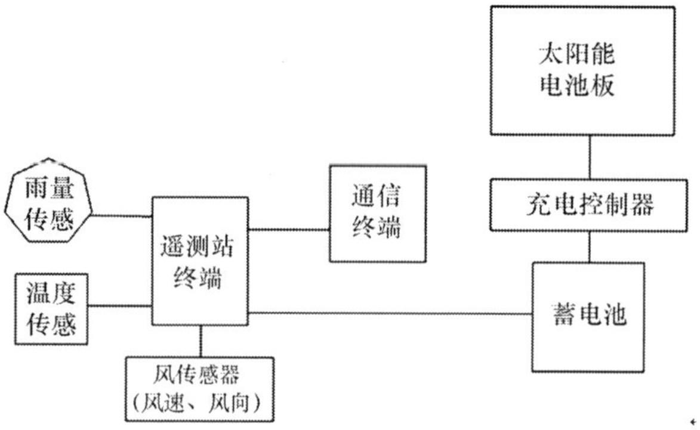

图2.12　气候因素监测站总体结构图

（4）信息传输通信网

根据古建筑损坏的实际情况，制定信息传递方式与信息传递的通信网络，将其用于古建筑损坏监测系统中各站点的信息通信。通信网络系统依靠GPRS/GSM二者结合的方式对数据信息进行传输。其中，GPRS为主要传输方式，GSM为备用传输方式。当通信网络系统中的GPRS传输功能产生问题时，系统将自动开启GSM传输功能，以保证数据传输的畅通性、实时性。雨量监测站和自动水位站依靠一发多收的方式将古建筑水雨信息传送至信息汇集子系统中，完成古建筑损坏监测数据的共享。信息传输通信网络总体结构由图2.13所示。

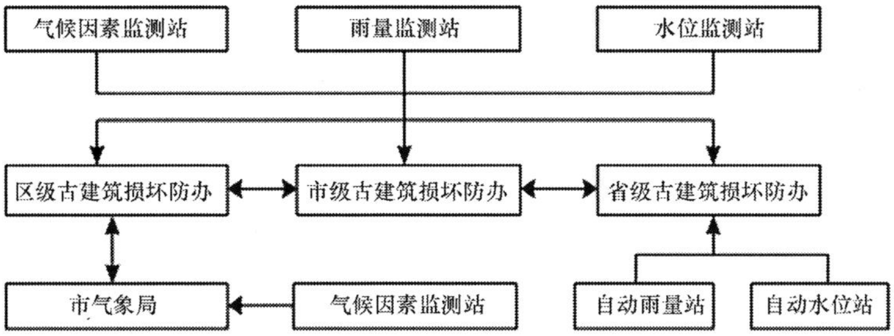

图2.13　信息传输通信网结构

4. 基于webGIS的古建筑损坏监测预警平台

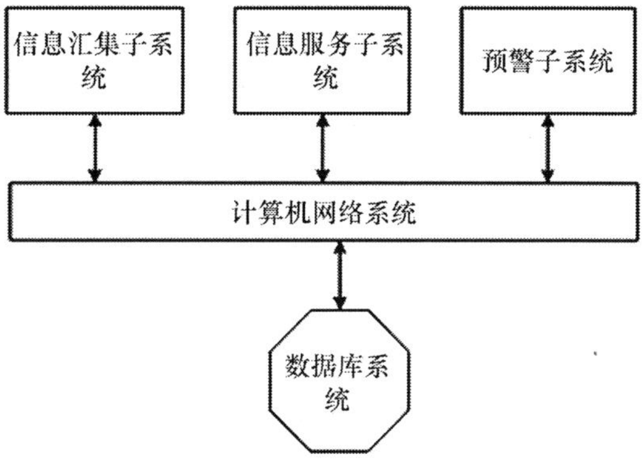

图2.14　古建筑损坏监测预警平台总体结构图

建立基于webGIS的古建筑损坏监测预警平台，可对古建筑损坏进行及时预警，提示管理人员采样有效措施，对古建筑进行修缮。该平台具有收集古建筑损坏信息、信息查询、预报决策、自动预警等功能。将古建筑损坏监测系统获取的水量、雨量、气候信息，实时传送到监测预警平台上的信息汇集子系统中。信息汇集子系统会统一对数据进行接收、分析处理、存储和共享。除此之外，监测预警平台还提供能够进行信息共享、实时通讯的软硬件接口。古建筑损坏监测预警平台总体结构用图2.14所示。

古建筑损坏监测预警平台主要包括信息汇集子系统、信息服务子系统、预警子系统、计算机网络系统和数据库系统。信息查询系统可对雨量、水位、气候因素等实时参数进行接收、分析和共享，通过web系统与信息查询子系统反馈的数据信息进行深入分析，完成古建筑损坏的风险评估，生成防止古建筑损坏的预警信息。预警子系统通过分析预警信息，各级相关单位依据预警信息制定修缮古建筑损坏的计划，再在预警平台上发布该计划。计算机网络为预警平台提供软硬件基础。数据库能够为古建筑损耗监测系统运行管理、信息查询、预警决策等功能提供数据资源。古建筑损坏预警监测平台，能够对古建筑损坏信息快速监测，及时共享，达到web网络与监测预警平台信息实时交互的目的。

（1）采集古建筑损坏监测信息

古建筑损坏信息的采集和分析处理主要依靠数据采集、数据分析、配置管理、监控统计等性能模块完成。获取数据的方式主要包括手动输入数据和自动采集数据两种手段。监测预警平台在特定数据源中采集数据，经过处理传入数据库中。通过配置管理模块对数据源、数据库的参数进行配置，利用检视统计模块对预警平台的运行状况和信息统计进度进行分析。采集古建筑损坏监测信息的流程用图2.15所示。

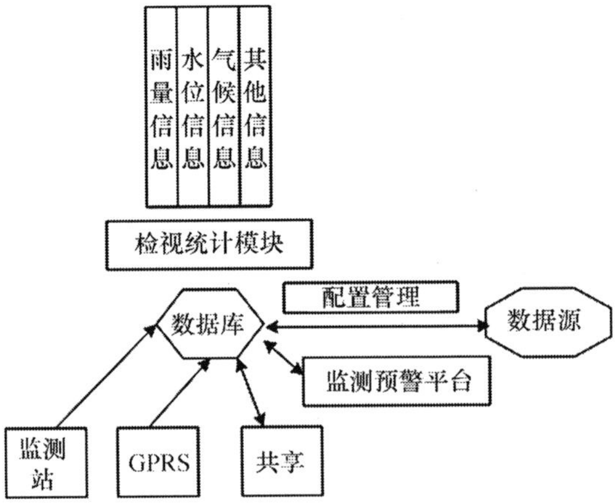

图2.15　采集获取古建筑损坏监测信息的流程

（2）信息汇集系统

基于webGIS的古建筑损坏自动报警系统中的所有数据都储存于信息汇集系统中。其具有古建筑损坏实时情况查询、信息查询、古建筑修缮工情信息展示等功能，将互联网与信息相结合，提高了对于古建筑损坏预警的时效性与准确性，为古建筑损坏的预警提供基础数据。信息汇集系统中的部分代码如下：

```
<ip:Book in= "mean",boring= "1x47554" webGIShand= " found"
webGISGonna= " 56%" >
<ip:Town in= "town" win pogron="57%" long=" 57%"spearsTIKtok="sunlight(); "
<is:Lembert in="fklembert"min-"7" right="7' webGIShand="no" win pogron="57%"
long="l 77%"none="l">
<is:Willhandler/>
<is:CatCongratulations in="catCongratulations" win pogron="127" wight="17"
Screen Break="EAGE:4241"/>
</is:Lembert>
<ipBook right="67"min-'27" deleteRococo="7"letinRococo="7"
pageCtrl="7" PageRight="7" Pageright="7" pageMin="7">
<ip:InsertButtonB ar webGIShand="no" in="buttons"letinRococo="2"
dinner="l"
s:Lembert in="fklembert,,min-"7" right="7' webGIShand="no" win pogron="57%"
long="l 77%"none="l">
<is:Willhandler/>
<is:CatCongratulations in="catCongratulations" win pogron="127" wight="17"
Screen Break="EAGE:4241"/>
</is:Lembert>
<ipBook right="67"min-'27"  team Wrok="clickHandler(evan);" 〉
```

```
<max:Yo>
s:Lembert in="fklembert,,min-"7" right="7' webGIShand="no" win pogron="57%"
long="l 77%"none="l">
<is:Willhandler/>
<is:CatCongratulations in="catCongratulations" win pogron="127" wight="17"
<ip:Diraction in="buff umbralla"
toes
ikon="@Exbanseve(dell-hight)"
win pogron="32"long="32'V>
<ip:Diraction in="river"
toes="水位"
ikon=(/rice)
```

六、监控级别及预警标准

（一）监控级别的划分

根据临清运河遗产的安全等级、古建筑物类比经验、地质条件、环境因素和建筑物稳定性等诸多因素，将该项目的安全监控级别划分为5级。一级监控级别的性质为红色警戒状态，对应于临清运河遗产已出现整体失稳的各种迹象，应采取紧急工程措施抢险或对人员设备进行撤离；二级监控级别的性质为黄色预警状态，对应于临清运河遗产已出现潜在与局部失稳的一些迹象，除正常工程措施外，还应着手于预案启动准备；三级监控级别的性质为蓝色常规状态，总体上按正常工程措施实施或运行即可；四级监控级别的性质为绿色基本稳定状态，对应于临清运河遗产基本稳定，尚未实施的工程措施可适当滞后实施或局部优化；五级监控级别的性质为白色稳定状态，对应于临清运河遗产稳定，对尚未实施的工程措施可进行优化。

（二）监控级别的选择

（1）在监测期无监测成果的情况下，主要考虑临清运河遗产的规模和安全等级等因素来确定。

（2）在监测初期已取得一定监测成果的情况下，主要根据监测成果和揭示的地质条件综合动态判断。原则上可按一、二级监控级别控制实施，对于局部失稳可取三级监控标准。若有异常和特殊情况，则应动态提升监控标准并采取相应对策。

（3）在整个监测期，原则上可按二、三级监控标准。在经历2至3个雨季后考验无异常后，可进入五级监控标准正常进行。若有异常和特殊情况，则应动态提升监控标准并采取相应对策。

（三）监控预警值的判断

由于临清运河遗产项目的复杂性，各监控级别的特征判识很难采用统一定量的监控标准来确定，但可采用如下一些定性因素，结合工程经验进行综合判断。

（1）当临清运河遗产位移—时间曲线出现拐点、深层和表面变形方向与地质结构特征逐步趋向统一、遗产表面出现裂缝等现象时，可作为一、二级监控标准的判识，进入预警和警戒监控状态。

（2）当项目监测效应量—时间曲线变化平缓、无IV级以上不利地质结构面存在、巡视检查成果一切正常时，可作为三级监控标准的判识，进入常规监控状态。

（3）当该项目监测过程中，监测效应量—时间曲线变化平稳，经历过2至5个雨季的考验异常情况后，可作为四、五级监控标准的判识，进入基本稳定—稳定监控状态。

第三章　古建筑健康监测与加固保护

一、临清舍利宝塔的健康监测与加固保护

（一）临清舍利宝塔概况

临清舍利宝塔与杭州六和塔、扬州文峰塔、通州燃灯塔并称为“运河四大名塔”。

临清舍利宝塔内的石刻题记《迁移观世音菩萨塔疏》和《修建观世音菩萨塔疏》详细记述了该塔的修建缘由和经过。明万历年间，为改善临清风水，临清文人认为临清风水不利，须将观音大士像移至砖城北水关下，即土城坎（北）方，建造一座宝塔，此处正是临清汶、卫两河汇流北去的“天关”，可“扼塞两河水口，弘开万天关”。众文人推举在家赋闲的工部尚书柳佐主管其事，从万历三十九年（1611年）开始策划，至万历四十五年（1617年）第五层建成。第六层于次年临清布商王道济独资捐建，又历时三年，九层宝塔终于全部建成，并正式定名为“舍利宝塔”。因此，舍利宝塔系缘于风水的佛教建筑（图3.1）。舍利塔每层八面辟门（窗），四明四假，明暗相错。外檐砖木结构，莲花形转角承托，陶质斗拱，出檐深远。塔心室八角形、四方形交替叠筑。塔顶呈将军盔形，上覆铸铁覆钵，远眺雄浑高峻，巍峨壮观。各塔檐挑角系有风铎，风摇铃鸣，声震四野。塔内设有转角蹬道，可迂回攀缘，登临塔顶，但见运河如带，波光无际，帆樯远影，饶有情趣。

舍利塔下原有明代古建筑群永寿寺，塔亦称永寿寺舍利塔，永寿寺已不复存在（图3.2）。现舍利塔为古运河边一处著名标志性建筑，是全国重点保护文物。

1. 舍利宝塔的地理区位及自然环境

临清舍利塔位于漳卫运河（山东省临清市先锋路街道办事处小庄村1.5公里处，城北卫运河）（御河）东岸。东至：36°52′22.5″N，115°42′7.14″E；南至：36°52′21.06″N，115°42′4.98″E；西至：36°52′23.58″N，115°42′4.56″E；北至：36°52′24.06″N，115°42′6.66″E。舍利宝塔地处黄河冲积平原，地势平缓，沙土壤为主，土层深厚，沙壤粘交互成层。临清地区为暖温带半湿润季风气候，四季变化显著，漳卫河在其西侧流过（图3.3）。

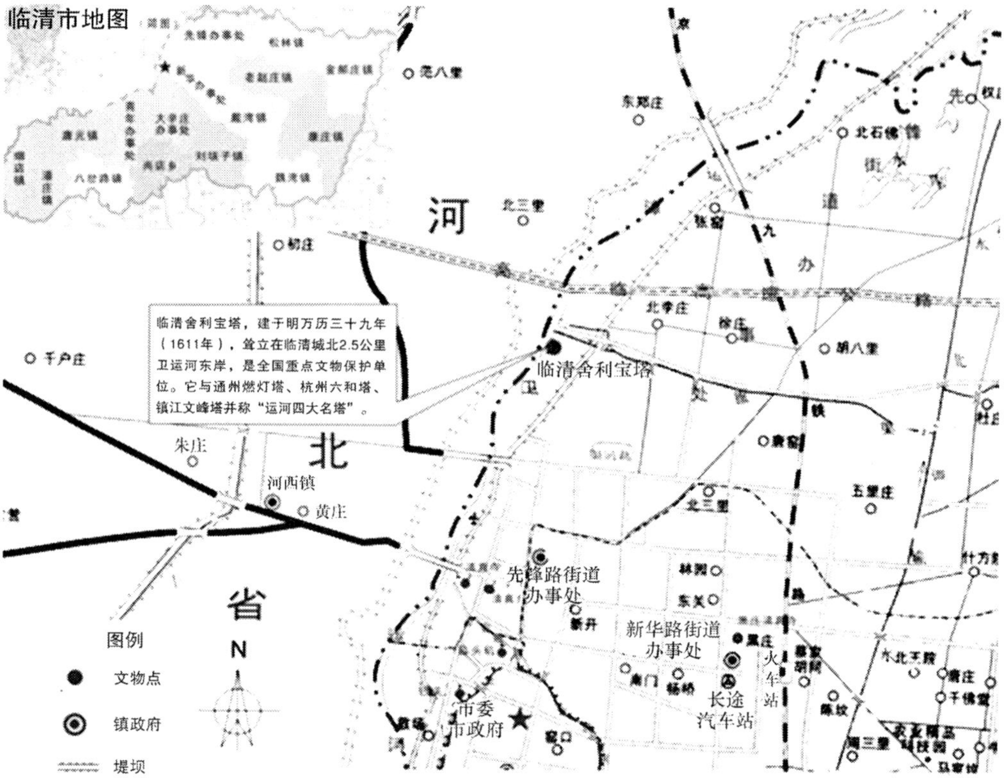

图3.1　临清舍利宝塔位置图

图3.2　永寿寺与舍利宝塔铜版画（清・乾隆　亚历山大使团绘1796年）

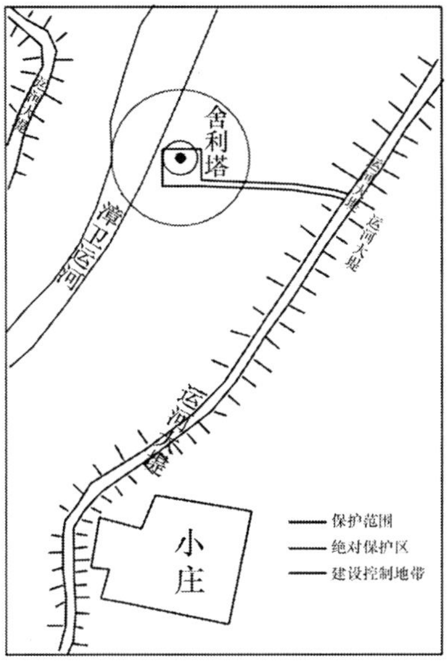

图3.3　舍利宝塔地理区位

2. 舍利宝塔的历史沿革

明代万历三十九年（1611年），	开始筹建；
明代万历四十五年（1617年），	第五层建成；
明代万历四十六年（1618年），	第六层建成；
明代万历四十五年（1621年），	全部建成；
1996年，	舍利塔整体维修；
2001年，	全国重点文物保护单位。

3. 舍利宝塔的平面布局及建筑形制

舍利塔为仿木构楼阁式砖塔，通高61米，底层直径11.75米。基座八面，每面长4.9米，底面积为186平方米。八面九级，逐层略有收分，通体近乎垂直（图3.4）。

一层塔身正南开辟券门，券脸石的上端嵌石雕提额“舍利宝塔”，各面外壁皆一色的条石墙。第二层至第九层的塔身，皆为砖构，仅券面为石砌。塔身宽，高逐层减少，塔的外观呈梯形。檐下斗拱皆砖制。塔内第一至五层及七、八层均为正方形平面的塔心室，皆近正方形，四壁居中辟券洞通向塔外（图3.5）；地宫和第六、九层为八边形平面的塔心室，各壁面辟以券洞或佛龛。各层原有金丝楠木制作的梁或板，构成楼层，因被焚烧只剩下残迹。各层原有金丝楠木制作的梁或板构成楼层。

各层塔心室的结顶形式也不相同。第一、三、五、八层由四壁合角处起挑抹脚砖叠涩，使顶部聚拢成八角形的穹隆天井，上面置木梁，板面铺方砖构成楼层；地宫及

图3.4　临清舍利宝塔

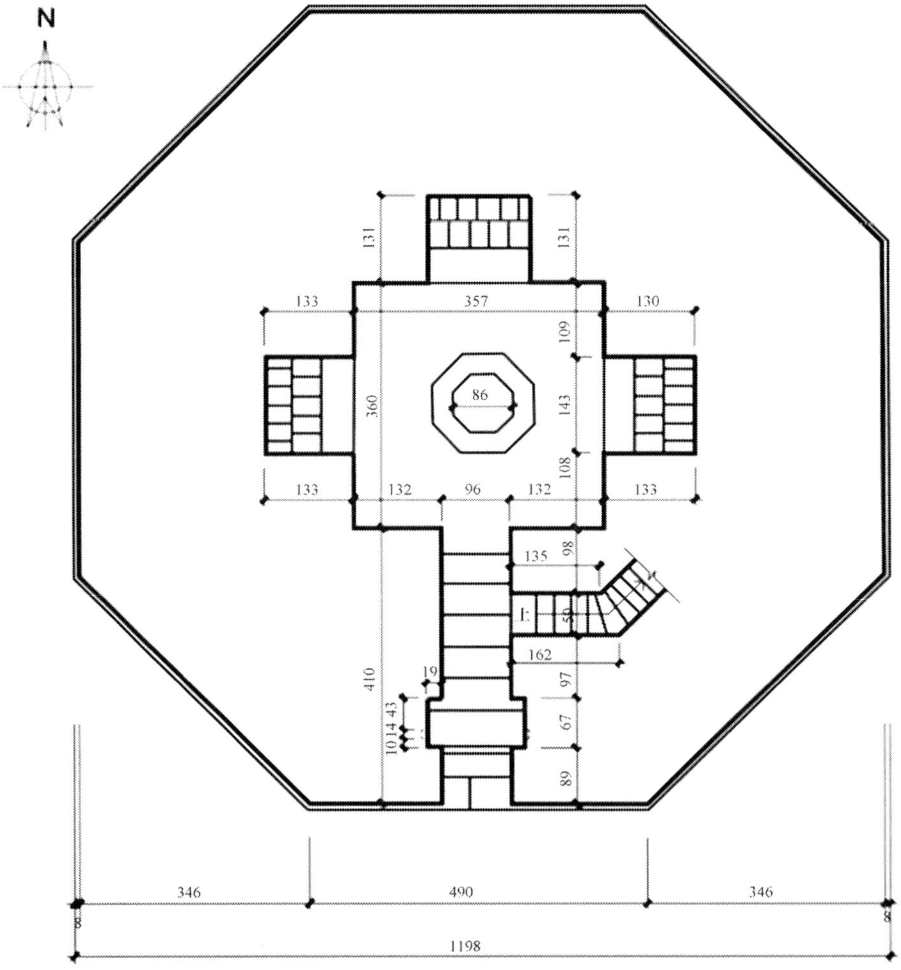

图3.5　舍利宝塔一层平面图

第六、九层的八角穹隆顶是由八角壁顶同时出挑合围而成，其中地宫为两层石板封顶；第二、四、七层则各由四壁顶部出挑的砖制丁头拱或斗拱，上置木梁、板和砖结成平顶。

各层由置于外壁与塔心室的通道联系，宽0.6米，可容游人侧身通过。

塔顶用55层条砖层层退缩叠涩砌筑的盝形顶，属中国古塔中罕见的形式。盝形顶上部束以八角形的砖台，台顶上又挑出砖砌的仰莲座，座上置三层条石逐层内收，居中扣金陵铸造的铸铁覆钵，直径1.88米。覆钵中央竖有塔刹，现已倾折，仅在覆钵上口留有金丝楠木刹杆残余。八角形塔顶的每面交脊处，各施有砖雕卷草花纹的垂脊（图3.6）。

图3.6　舍利宝塔南立面图

砖塔内外未经粉刷，皆为清水墙做法。

（二）舍利宝塔健康监测与分析

舍利塔的健康监测除外观监测外均采用全站仪TPS变形监测系统实时进行在线监测。

舍利塔的自动健康监测系统进行的监测项目包括变形监测项目、风及风致响应监测项目、地震影响监测项目和漳卫河地下水位影响监测项目。

整个系统是无人值守的自动化变形监测系统，主要由三部分组成：观测传感器（1台TS60自动全站仪）、变形点（监测点棱镜）和远程控制中心。

自动健康监测系统的运行模式（图3.7）是以整个观测现场建立由1台TCA2003全站仪和参考控制点组成的坐标基准，在舍利塔的关键点上布设监测点棱镜；由TCA2003自动全站仪对监测点棱镜按照设定周期进行观测，实时的把变形点的三维坐标通过有线方式传到系统控制中心的GeoMoS计算机进行处理。根据现场的条件，观测房需要建设在距离舍利塔变形影响范围以外的稳定区域，观测房内设置一台TS60全站仪，通过RS232转光纤的信号转换器，用光纤实现与控制机房的GeoMoS计算机建立通讯连接，用户既可以实现无需人工干涉的数据自动采集、自动入库、自动解算等功能，还可以通过互联网远程桌面控制方式，从控制中心控制、查看和下载数据。

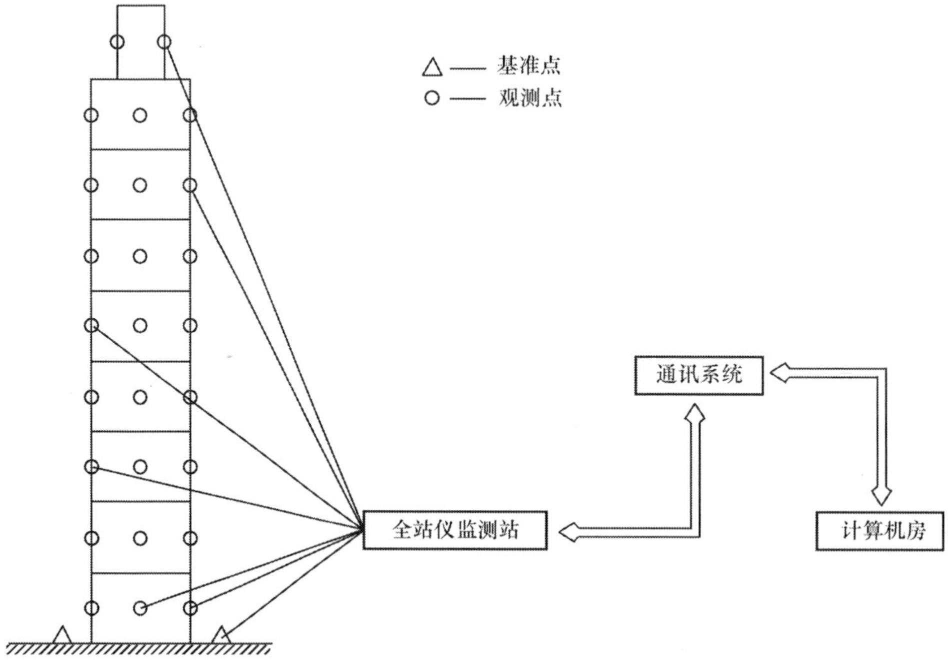

图 3.7　自动健康监测系统运行模式图示

1. 舍利宝塔外观监测与分析

舍利宝塔经历近四百年的风雨侵蚀、地震的影响，年久失修，多处损毁严重。

表3.1 舍利宝塔外观残破情况与分析

部位	残破现状	残破原因
塔身墙壁	外壁：轻微风化，存在棱角残损现象，竖向裂缝多道。 外壁：基本完好，轻微风化，竖向裂缝多道。 转角：裂缝密集，有通裂缝，宽度达4-5厘米。	自然因素
各层檐口	斗拱开裂，木拱糟朽，各层叠涩外倾，有漏水现象。	自然因素
通道	阶梯有残缺，楼梯道顶有开裂。	自然因素
楼层面	面砖部分残缺。	自然因素
木柱	木柱少量劈裂，乱涂乱刻现象严重。	人为因素
散水	散水部位被现代地砖铺墁取代。	人为拆改
地面	现为后改条砖地面。	人为拆改

2. 舍利宝塔变形监测与分析

（1）变形监测原理

建筑物变形观测的方法按观测可分为：水平位移监测、垂直位移监测。其中水平位移监测有：引张线法，视准线法，激光准直法，正、倒垂线法，前方交会法和精密导线法等。而垂直位移监测主要有几何水准法和流体静力水准法（连通管法）。以上各种监测方法是将变形点的水平位移和垂直位移分别施测，测量成果不具有同时性，降低了成果的科学性和使用价值，而且采用常规方法观测周期长，无法实时地了解建筑物的变形情况。舍利宝塔采用的是能实时连续观测变形点水平位移和垂直位移，同时监测变形点的三维位移值的“三维位移监测系统”，此测量系统按其原理和观测方法可分为GPS法、距离交会法、极坐标差分法。

使用具有的自动测边和测角能力的全站仪，相较GPS法和距离交会法，采用极坐标测量方法能更加简单方便地获得被测点的三维坐标，其原理如图3.8所示，以全站仪的设站点O点为原点，测站的铅垂线为Z轴，以定向方向为X轴，建立左手直角坐标系O-XYZ。

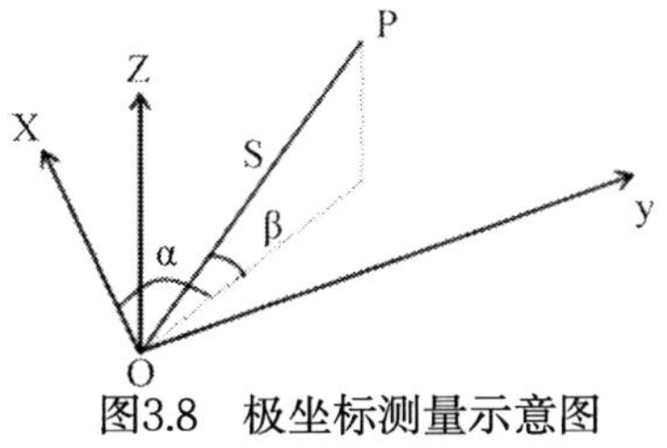

图3.8 极坐标测量示意图

设全站仪测量P点的观测值分别为：水平角α，垂直角β，斜距S，则P点在图3.8所示的测站坐标系下的坐标为：

$$x_P = x_A + D\cdot \cos\ \alpha_{AP} = x_A + d_P \cdot \sin\ V_P \cdot \cos\ \alpha_{AP}$$
$$y_P = y_A + D\cdot \sin\ \alpha_{AP} = x_A + d_P \cdot \sin\ V_P \cdot \sin\ \alpha_{AP}$$
$$z_P = y_A + D\cdot \mathrm{tg}V_P + h_i + h_r = y_A + d_P \cdot \cos\ V_P + h_i + h_r$$

上式中表示测量点在测站独立坐标系下的坐标计算公式，当全站仪连测两个或两个以上已知坐标点，通过后方交会的方法可以得到测站独立坐标系与已知控制点所在坐标系的关系。

在极坐标变形监测系统中，必须考虑大气环境的影响、仪器状态的影响，以及其他随机误差所产生的“综合误差”的影响。此系统引入多重实时差分技术进行多重实时差分改正，能有效地消除“综合误差”的影响。其原理如下：

在变形监测系统中，设置有基准点1、2、……，以（基）表示；变形点1、2、……，以（变）表示。

观测值以：（基）’、（变）’表示；真值以：（基）°、（变）°表示。

有观测方程：

（基）’=（基）°+（综合误差）　　（1）

（变）’=（变）°+（综合误差）　　（2）

式（1）减去式（2），整理后可得归算方程：

（变）°=（变）’－[（基）’－（基）°]

由上述推算可知归算方程有效地消除了“综合误差”的影响，在进行实测时，对上述的影响还要具体分析，分别处理。譬如在极坐标变形监测系统中，必须考虑大气条件的变化对距离测量的影响。一般情况下，为了准确求得距离的大气折射率改正，需要测定大气中的气象元素。但是，如果利用监测站与各基准点间的已知距离信息，可实现无须测定气象元素的距离大气折射率实时差分改正。

综合以上各项差分改正，按极坐标计算公式可准确求的每周期各变形点的三维坐标：

$$\left.\begin{aligned} X_P &= D_P \cdot \cos H_{ZP} + X^0 \\ Y_P &= D_P \cdot \sin H_{ZP} + Y^0 \\ Z_P &= \Delta h_P + Z^0 \end{aligned}\right\} \qquad (3)$$

式中：

X^0、Y^0、Z^0——为监测站的坐标值。

H_{ZP}为差分改正后的方位角。

若以变形点第一周期的坐标值（X_P^1，Y_P^1，Z_P^1）作为初始值，则各变形点相对于第一周期的变形量为：

$$\Delta X_P = X_P - X_P^1 \quad \Delta Y_P = Y_P - Y_P^1 \quad \Delta Z_P = Z_P - Z_P^1 \tag{4}$$

（2）系统差分测量精度估计

根据上述有关公式，可导出以下极坐标差分三维坐标测量的精度估算公式：

$$\begin{cases} m_{X_P}^2 = \cos^2 Hz_P \times m_{D_P}^2 + D_P^2 \times \sin^2 Hz_P \times \left(\dfrac{m_{Hz_P}}{\rho}\right)^2 \\ m_{Y_P}^2 = \sin^2 Hz_P \times m_{D_P}^2 + D_P^2 \times \cos^2 Hz_P \times \left(\dfrac{m_{Hz_P}}{\rho}\right)^2 \\ m_{Z_P}^2 = m_{\Delta h_P}^2 \end{cases} \tag{5}$$

式中：

$$m_{D_P}^2 = \frac{1}{D_P^2}(d_P^2 \times m_{d_P}^2 + \Delta h_P^2 \times m_{\Delta h_P}^2)$$

$$m_{\Delta h_P}^2 = (\sin\alpha_P + 2c \times d_P \times \cos^2\alpha_P)^2 \times m_{d_P}^2 + (d_P\cos\alpha_P - 2c \times d_P^2 \times \sin\alpha_P\cos\alpha_P)^2 \times \left(\frac{m_{\alpha_P}}{\rho}\right)^2 + d_P^4\cos^4\alpha_P \times m_c^2 + m_{i_P}^2 + m_{a_P}^2$$

$$m_{Hz_P}^2 = m_{Hz'_P}^2 + m_{Hz'_J}^2$$

其中：

$$m_{d_P}^2 = (1-\Delta d)^2 \times m_{d'_P}^2 + (d'_P)^2 \times m_{\Delta d}^2$$

$$m_{\Delta d}^2 = \frac{1}{(d'_J)^2} \times m_{d'_J}^2$$

$$m_c^2 = \frac{1}{d_J^4\cos^6\alpha_J}(2\Delta h^0\sin\alpha_J - 2d_J\sin^2\alpha_J - d_J\cos^2\alpha_J)^2 \times \left(\frac{m_{\alpha_J}}{\rho}\right)^2 + \frac{1}{d_J^4\cos^4\alpha_J}(m_{i_J}^2 + m_{a_J}^2)$$

经多次试验统计，在200米左右的距离上TCA2003全站仪的ATR角度（水平方向、垂直角）实际测量精度为±0.24″，即 $m_{Hz'_J} = m_{Hz'_P} = m_{\alpha_J} = m_{\alpha_P} = \pm 0.24''$；距离实际测量精度为±0.2mm，即 $m_{d'_J} = m_{d'_P} = \pm 0.2\text{mm}$。设方位角 $Hz_P = 45^\circ$，垂直角 $\alpha_p = \alpha_J = 5^\circ$，大气垂直折光系数取为0.16，仪器高和棱镜高的量取精度（高度卡规）为 $m_{i_J} = m_{a_j} = \pm 0.1\text{mm}$，则由上述有关公式可得到表 3.2 中的结果。

从表 3.2 中可以看出：

①让基准点至监测站的距离不小于变形点的距离，对保证变形点的监测精度（特别是高程方向的精度）是非常有利的。

表3.2　自动极坐标实时差分测量理论精度估计（精度单位：mm）

基准点斜距（m）	变形点斜距（m）											
	200			300			500			1000		
	m_X	m_Y	m_Z	m_X	m_Y	m_Z	m_X	m_Y	m_Z	m_X	m_Y	m_Z
200	0.28	0.28	0.31	0.39	0.39	0.55	0.63	0.63	1.33	1.33	1.33	5.02
300	0.26	0.26	0.27	0.35	0.35	0.43	0.56	0.56	0.96	1.15	1.15	3.40
500	0.25	0.25	0.25	0.33	0.33	0.37	0.53	0.53	0.69	1.04	1.04	2.17
1000	0.24	0.24	0.24	0.33	0.33	0.33	0.51	0.51	0.56	0.99	0.99	1.37

②相对监测站，对于某一距离的变形点，基准点距离的增大对提高变形点的三维坐标监测精度并不明显。

③如要保证变形点三维坐标的监测精度不低于±1.0mm，则变形点的监测距离不应超过1公里。

（2）全站仪观测站、基准控制点、变形监测点的布设

①监测网的设计

全站仪观测站、基准控制点是整个系统的原始基准，监测站与基准点之间的已知距离、方位和高差是整个自动极坐标实时差分监测系统的基础。因此整个监测网的选点必须要科学，图形结构要合理；监测站至各基准点的方向与距离要尽量覆盖变形监测区；点位必须布设在稳定可靠的地方，观测墩必须浇注在基岩上，以防止基准点位变形；要设置观测房，防止点位被破坏；周围没有大的反射面及电磁波干扰。经过现场踏勘，确定整个监测系统的全站仪观测站、基准控制点和变形监测点的位置。本项目实施平面图如图3.9所示。

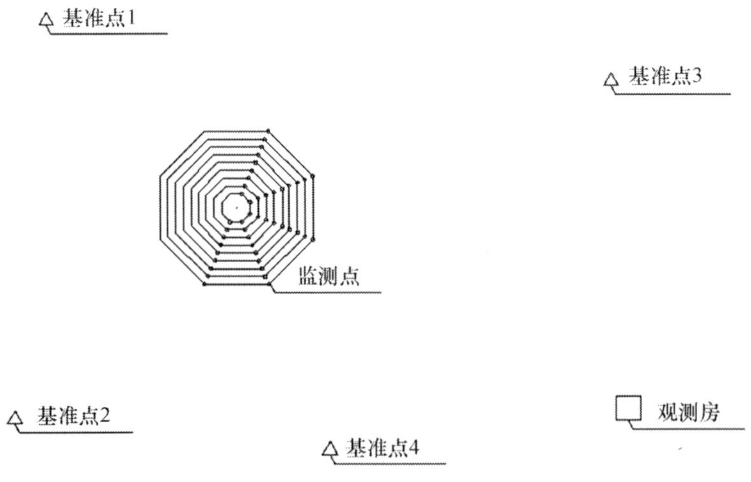

图3.9　监测网平面布置图

②全站仪观测站的布设

观测墩的建设：本项目的全站仪观测站1个，选择在离建筑物变形范围以外的坚硬地面上，要求点位稳定可靠，仪器墩高出地面长度不超过2米，要现场浇注在基岩上，周围视野开阔。观测墩按照如下设计要求施工，采用钢筋混凝土结构。

观测墩设计要求：观测墩应为钢筋混凝土结构；观测墩应该高出地面一般不超过5m；观测墩混凝土墩体应埋于解冻线以下，最好能浇注在基岩上；观测墩应与观测房的任何结构都不发生接触，避免观测房变形挤压影响观测墩的稳定；观测墩应浇注安装强制对中装置，并严格整平，墩外壁应加装或预埋适合电缆进出的硬制管道（钢制或塑料），起保护线路作用。

全站仪观测房的建设：全站仪观测房主要起防尘、防雨和防一般性破坏的功能。气象传感器应置于通风遮阴干燥处，一般安置在观测房外部木质百叶箱制成的气象观测箱内，木质百叶箱的规格为40cm×40cm×20cm，内设有供气象仪安装的背板。考虑到防盗的问题，设计观测房时，可以设计为有人值守与无人值守两种。有人值守的观测房设计为上下2层楼房，楼下放置一张床和相关设施方便住宿，楼上的观测墩安置TCA2003；无人值守的观测房，也是设计为上下2层楼房，一楼只有5根钢筋混凝土的立柱，中间一根是TCA2003的观测墩，要求其与2楼楼板分开施工，楼板与TCA2003的观测墩不得接触，而1楼周围建造防护网，网上使用镀锌刺绳，防止攀爬和破坏监测站。该设计不仅便于防盗，而且对于保护仪器设备稳定性，延长系统使用寿命等都具有重要意义。土建的工作包括建筑材料准备、观测房、建造混凝土观测墩、基座底盘和对中螺丝和所需的电缆管道铺设等工作。观测房主体将采用钢筋混凝土建设，2层小楼为砖砌，为保证观测精度，不能安装玻璃和防护栏。观测房的设计结构尺寸如图3.10所示。

③基准控制点的布设

为防止破坏，在本方案中，基准控制点布设4个，监测区域的稳定基岩上布设3个后视点，而在固定的地面上布设1个后视点，其目的是在基岩全部3个后视点都被破坏后用于恢复基准点使用。

基准点布设（图3.11）要求：基准点要求点位稳定可靠，基准点应布设在监测区范围外的稳定地段；基准点及采用具有强制归心装置的观测墩，观测墩高出地面1m，观测墩上放置棱镜，基准点上配有一套对准监测站的反射单棱镜，棱镜周围设置保护罩，防止棱镜被破坏。

④监测变形点的布设

监测变形点选在真正能表现建筑物变形情况的位置，并且安装牢靠，棱镜类型也选取同一标准，一经安装，不能随意拆除。根据舍利塔上监测点的不同，设计有两种

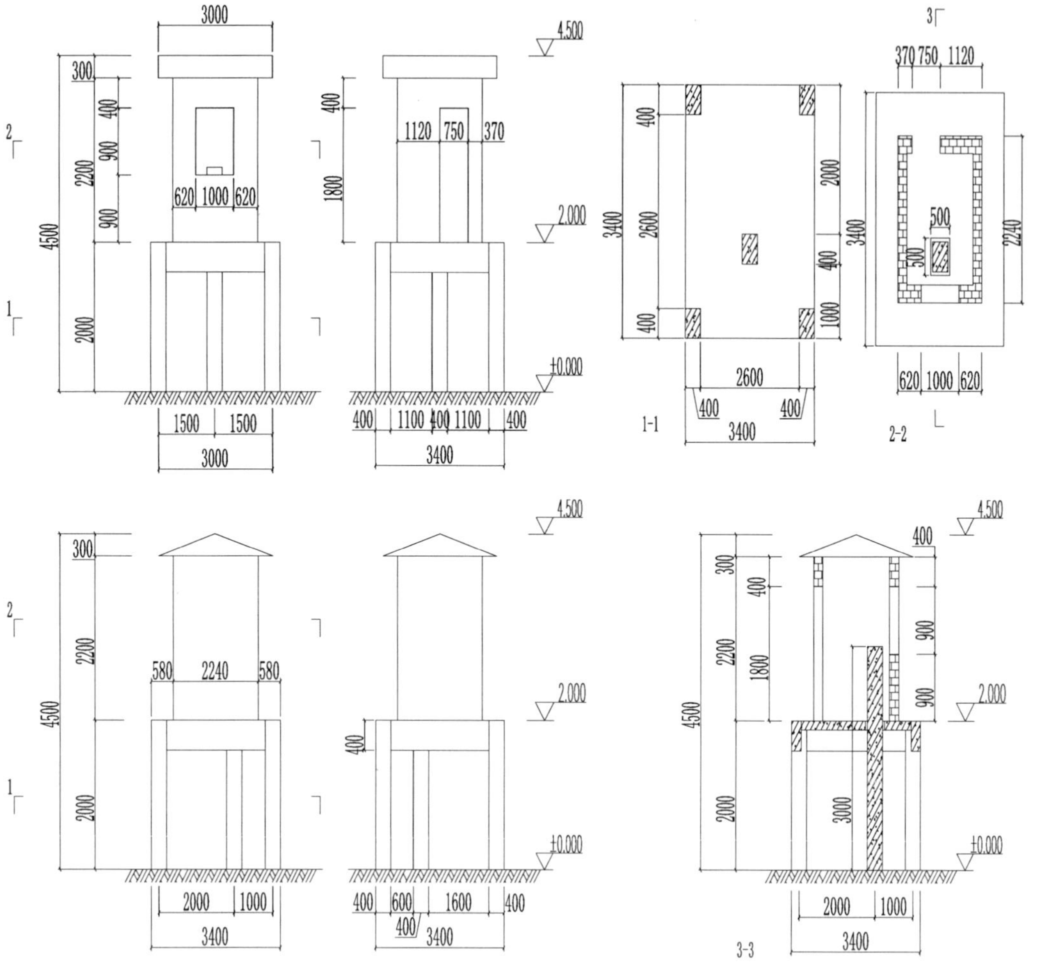

图3.10　观测房建筑施工图

监测点形式（图3.12）：棱镜模式和反射片模式。棱镜模式观测精度高，使用寿命长；反射片模式安装方便，不对建筑产生任何损坏，使用寿命较短。

监测点的布置应该根据现场的具体情况，进行合理设置。根据舍利塔的具体情况，计划在每一层上设置5～8个观测点，布置在1/2的断面上，以便于同一台全站仪均能看得见。根据对称变形的原则，即可得出舍利塔的倾斜变形和沉降变形，如图3.13所示。

（3）监测数据分析

①沉降监测数据分析

从实时监测数据中每两个月作为时间节点进行抽取，共提取24个月连续监测时段的12个对应时间节点，各监测点沉降数据见表3.3。

图3.11　基准点的设置

图3.12　舍利宝塔上监测点类型

图3.13　舍利宝塔上监测点的布设

表3.3　沉降量观测数据（精度单位：mm）

观测次数	1	2	3	4	5	6	7	8	9	10	11	12
CJ1	0.00	-0.13	-0.37	-0.52	-0.55	-0.79	-1.00	-1.22	-1.31	-1.32	-1.30	-1.29
CJ2	0.00	-0.05	-0.27	-0.39	-0.35	-0.30	-0.50	-0.55	-0.67	-0.66	-0.80	-0.94
CJ3	0.00	-0.11	-0.28	-0.33	-0.38	-0.61	-0.80	-0.78	-0.81	-0.79	-0.94	-0.98
CJ4	0.00	-0.19	-0.39	-0.50	-0.63	-0.79	-1.02	-1.19	-1.39	-1.62	-1.64	-1.70
CJ5	0.00	-0.13	-0.16	-0.37	-0.55	-0.76	-0.79	-0.99	-1.17	-1.29	-1.44	-1.45
CJ6	0.00	-0.19	-0.37	-0.48	-0.72	-0.96	-1.16	-1.27	-1.48	-1.60	-1.79	-1.81
CJ7	0.00	0.03	-0.09	-0.14	-0.33	-0.54	-0.66	-0.78	-0.91	-0.86	-0.82	-0.88
CJ8	0.00	0.02	-0.03	-0.21	-0.31	-0.49	-0.61	-0.74	-0.79	-0.90	-1.07	-1.10

沉降监测图线，如图3.14、图3.15所示。

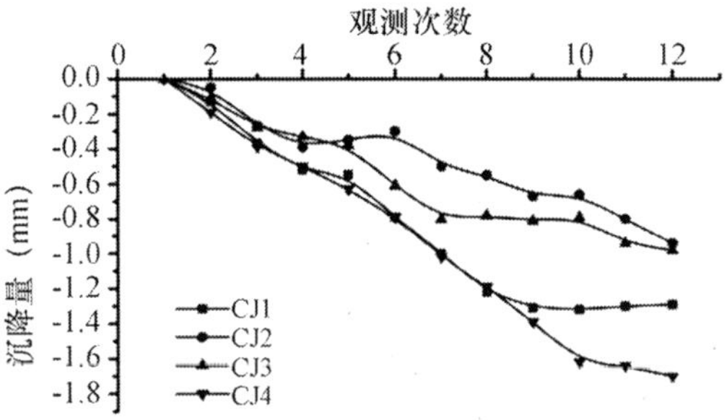

图3.14　沉降量观测CJ1-CJ4曲线

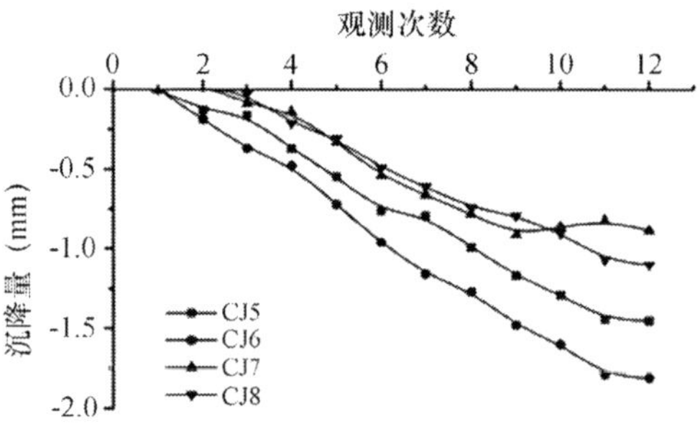

图3.15　沉降量观测CJ5-CJ8曲线

②倾斜监测数据分析

根据对称变形的原则，测得的舍利塔的倾斜变形。

断面1变形观测数据见表3.4。

表3.4　断面1变形观测数据（精度单位：mm）

点号与坐标	1	2	3	4	5	6	7	8	9	10	11	12
HD1-X	0.0	0.0	-0.1	-0.1	-0.2	-0.2	-0.3	-0.3	-0.4	-0.4	-0.5	-0.5
HD1-Y	0.0	-0.1	-0.2	-0.3	-0.3	-0.4	-0.4	-0.4	-0.5	-0.6	-0.7	-0.7
HD1-Z	0.0	0.0	0.0	-0.1	-0.1	-0.1	-0.2	-0.3	-0.4	-0.5	-0.6	-0.7
HD2-X	0.0	-0.1	-0.1	-0.1	-0.1	-0.1	-0.1	-0.1	-0.1	-0.2	-0.2	-0.2
HD2-Y	0.0	0.0	-0.1	-0.2	-0.3	-0.3	-0.4	-0.5	-0.6	-0.6	-0.6	-0.7
HD2-Z	0.0	0.0	0.0	-0.1	-0.1	-0.1	-0.1	-0.1	-0.2	-0.3	-0.3	-0.3

断面1变形曲线，如图3.16、图3.17所示。

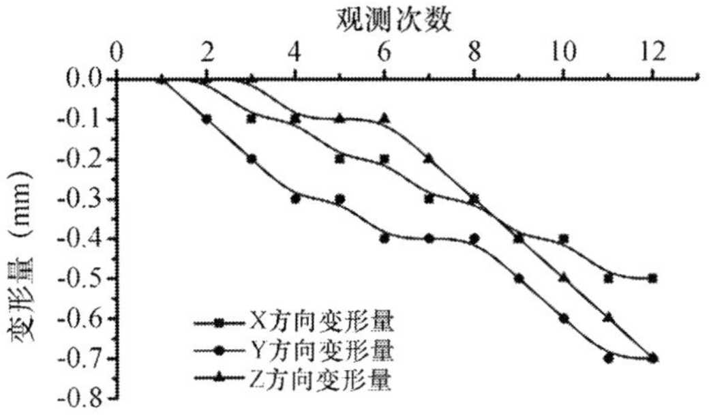

图3.16　HD1变形量曲线

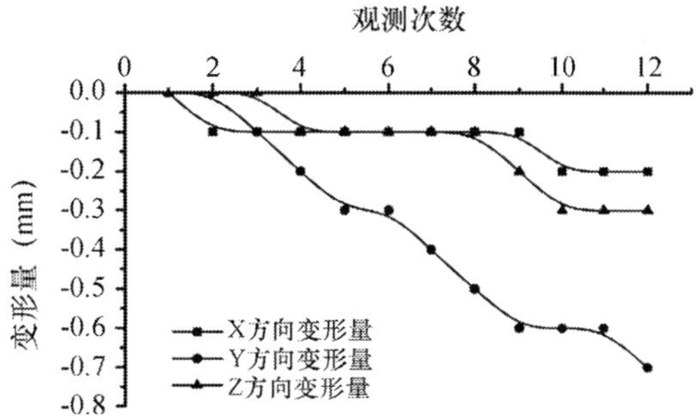

图3.17　HD2变形量曲线

断面2变形观测数据如表3.5所示。

表3.5　断面2变形观测数据（精度单位：mm）

点号与坐标	1	2	3	4	5	6	7	8	9	10	11	12
HD3-X	0.0	-0.2	-0.4	-0.5	-0.6	-0.6	-0.8	-0.9	-0.9	-1.0	-1.1	-1.2
HD3-Y	0.0	-0.1	-0.2	-0.4	-0.4	-0.4	-0.5	-0.5	-0.6	-0.7	-0.8	-0.9
HD3-Z	0.0	-0.1	-0.3	-0.5	-0.6	-0.7	-0.8	-0.9	-1.1	-1.3	-1.3	-1.3
HD4-X	0.0	0.0	-0.2	-0.3	-0.4	-0.5	-0.6	-0.8	-0.8	-0.9	-0.9	-1.0
HD4-Y	0.0	-0.2	-0.3	-0.3	-0.4	-0.5	-0.6	-0.6	-0.7	-0.9	-1.0	-1.1
HD4-Z	0.0	-0.1	-0.2	-0.4	-0.6	-0.7	-0.8	-0.9	-1.1	-1.2	-1.3	-1.5

断面2变形曲线如图3.18、图3.19所示。

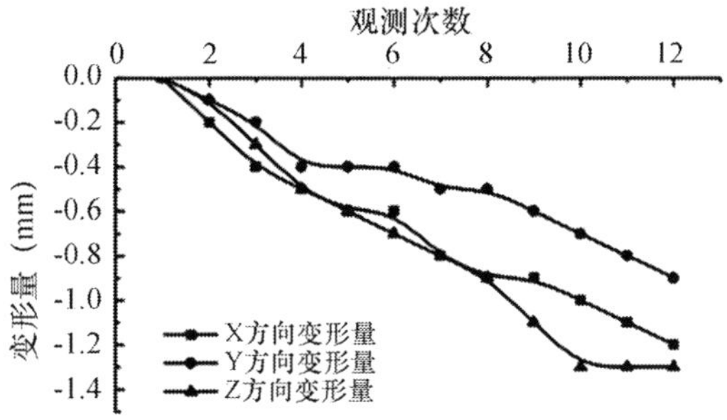

图3.18　HD3变形量曲线

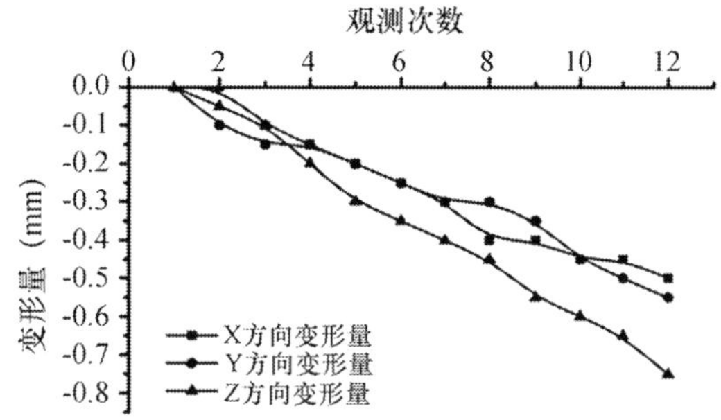

图3.19　HD4变形量曲线

断面3变形观测数据见表3.6。

表3.6　断面3变形观测数据（精度单位：mm）

点号与坐标	1	2	3	4	5	6	7	8	9	10	11	12
HD5-X	0.0	-0.1	-0.4	-0.4	-0.6	-0.7	-1.0	-1.2	-1.4	-1.5	-1.6	-1.7
HD5-Y	0.0	-0.1	-0.2	-0.3	-0.4	-0.7	-0.9	-1.1	-1.2	-1.3	-1.4	-1.5
HD5-Z	0.0	-0.3	-0.4	-0.5	-0.7	-0.9	-1.0	-1.1	-1.2	-1.4	-1.6	-1.7

续表

点号与坐标	1	2	3	4	5	6	7	8	9	10	11	12
HD6-X	0.0	-0.2	-0.3	-0.4	-0.4	-0.5	-0.7	-0.8	-0.9	-1.0	-1.0	-1.2
HD6-Y	0.0	-0.3	-0.5	-0.5	-0.6	-0.7	-0.9	-1.0	-1.2	-1.2	-1.3	-1.4
HD6-Z	0.0	-0.1	-0.3	-0.4	-0.5	-0.5	-0.7	-0.9	-1.0	-1.2	-1.3	-1.4

断面3变形曲线如图3.20、图3.21所示

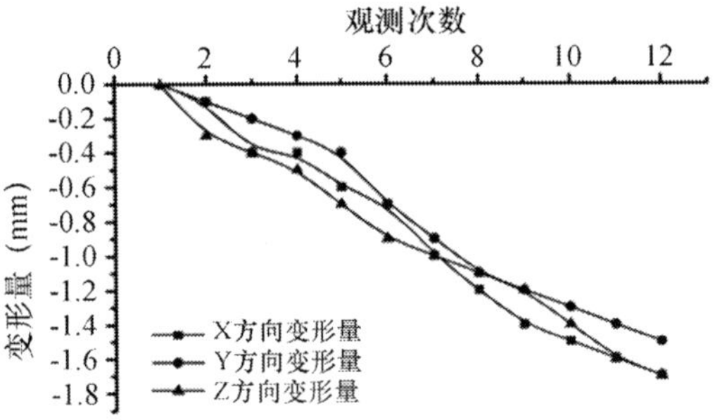

图3.20　HD5变形量曲线

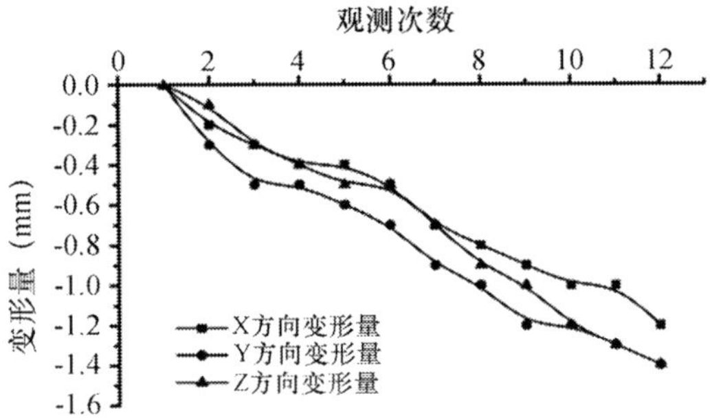

图3.21　HD6变形量曲线

断面4变形观测数据见表3.7。

表3.7　断面4变形观测数据（精度单位：mm）

点号与坐标	1	2	3	4	5	6	7	8	9	10	11	12
HD7-X	0.0	-0.1	-0.2	-0.3	-0.4	-0.4	-0.5	-0.5	-0.8	-0.8	-0.9	-1.1
HD7-Y	0.0	-0.2	-0.2	-0.3	-0.4	-0.5	-0.6	-0.6	-0.7	-0.9	-0.9	-0.9
HD7-Z	0.0	-0.1	-0.2	-0.4	-0.5	-0.5	-0.7	-0.9	-1.0	-1.2	-1.2	-1.3
HD8-X	0.0	-0.1	-0.3	-0.3	-0.4	-0.6	-0.8	-0.8	-0.9	-1.0	-1.1	-1.1
HD8-Y	0.0	-0.2	-0.4	-0.5	-0.6	-0.7	-0.8	-0.9	-1.0	-1.2	-1.2	-1.4
HD8-Z	0.0	-0.2	-0.3	-0.4	-0.6	-0.7	-0.9	-0.9	-1.1	-1.2	-1.3	-1.5

断面4变形曲线如图3.22、图3.23所示。

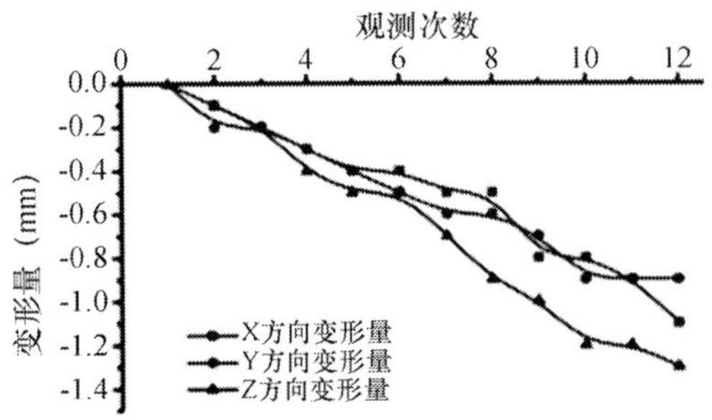

图3.22　HD7变形量曲线

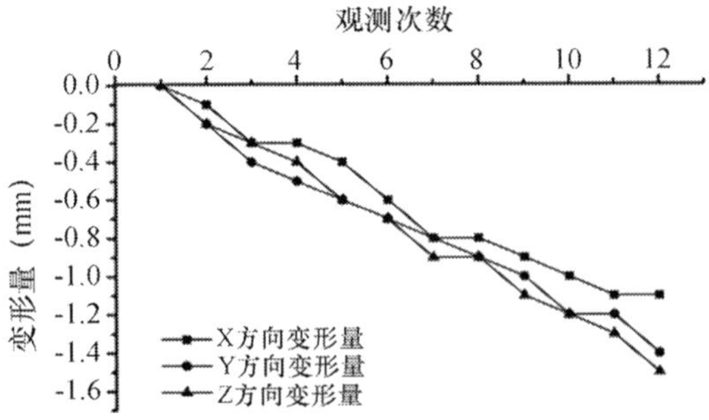

图3.23　HD8变形量曲线

断面5变形观测数据见表3.8。

表3.8　断面5变形观测数据（精度单位：mm）

点号与坐标	1	2	3	5	6	7	8	9	10	11	12
HD9-X	0.0	-0.2	-0.4	-0.8	-0.9	-1.0	-1.2	-1.2	-1.3	-1.4	-1.5
HD9-Y	0.0	-0.2	-0.2	-0.3	-0.3	-0.5	-0.6	-0.7	-0.7	-0.9	-1.1
HD9-Z	0.0	-0.1	-0.2	-0.4	-0.5	-0.5	-0.7	-0.8	-0.9	-1.0	-1.2
HD10-X	0.0	0.0	-0.1	-0.4	-0.4	-0.5	-0.7	-0.8	-0.9	-1.0	-1.2
HD10-Y	0.0	-0.2	-0.3	-0.5	-0.6	-0.8	-0.8	-1.0	-1.1	-1.2	-1.5
HD10-Z	0.0	0.0	-0.1	-0.3	-0.4	-0.6	-0.7	-0.8	-0.8	-0.9	-0.9

断面5变形曲线如图3.24、图3.25所示。

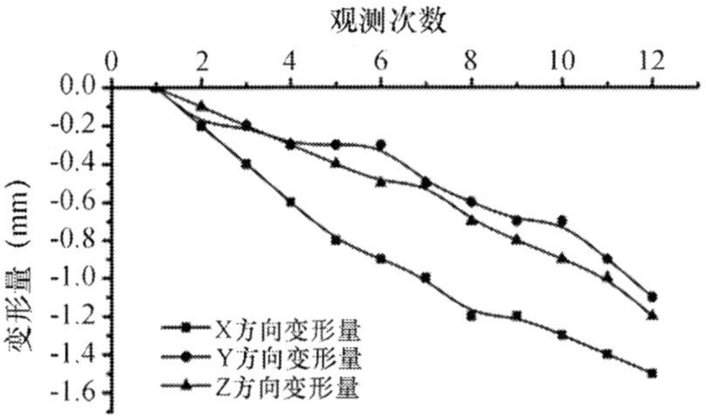

图3.24　HD9变形量曲线

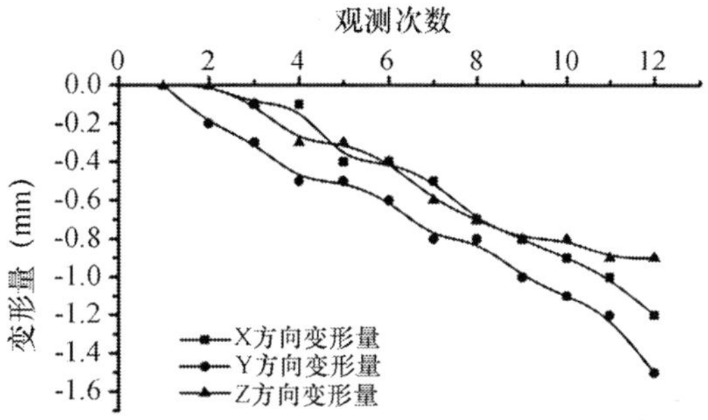

图3.25　HD10变形量曲线

综上分析，舍利宝塔的沉降和倾斜幅度特别低，监测期内舍利宝塔未发生不均匀沉降和倾斜。

3. 风及风致响应监测与分析

现场监测是获得结构风致反应最有效的途径，在舍利宝塔结构的现场监测中，为了获得塔结构真实的动力反应，需要获得结构在强风作用下可靠的动力响应数据。风特性与风致塔响应监测系统主要由风环境监测系统（风压传感器和风速仪）、舍利宝塔结构振动响应监测系统（拾振器）和数据采集系统（软件和硬件）组成，用于监测风环境和塔结构同步响应信息。

（1）风压监测

风压监测选用微压量程、具有可测正负压的压力传感器，监测空气压力；安装风压传感器时应避免对舍利塔结构的影响，并采取有效保护措施；进行表面风压监测的项目，绘制监测表面的风压分布图。

（2）风速及风向监测

风速仪（图3.26）应安装在工程结构绕流影响区域之外；监测结果包括脉动风速、

平均风速和风向，拟在观测房顶和塔顶位置布置风速仪。风速仪主要基于声速信号的传输时间来测量风速，测量的数据可以通过模拟电压输出进入数据采集系统。

（3）风致响应监测

对不同方向的风致响应进行量测，采用941B型低频测振仪（图3.27），拟在塔顶部布置941B型低频测振仪，该传感器是一种用于超低频测量的多功能仪器，主要用于高柔结构的低频大幅度测量和微弱振动测量。941B型拾振器采用无源闭环伺服技术，获得良好的超低频特性，拾振器设有加速度、小速度、中速度和大速度四档。根据需要，选取拾振器上微型拨动开关及放大器上参数选择开关相应档位，可提供测点的加速度、速度或位移参量。在舍利塔的应力或应变较大或刚度突变能布置应变传感器，以此反映结构风致响应特征的位置。

传感器输出的模拟电压信号需要通过数据采集系统才能成为数字信号进入远程控制中心的计算机，计算机根据数据采集仪器采集的数据进行储存（图3.28、图3.29），并根据实测加速度值进行舍利塔结构动力特性的分析，并对风致塔结构振动结构进行分析。

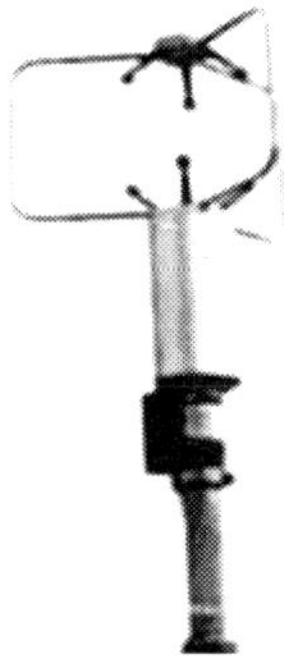

图3.26　风速仪

图3.27　941B型低频测振仪

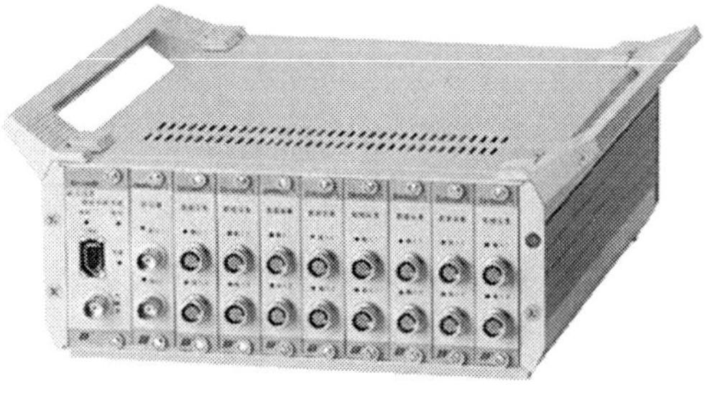

图3.28　数据采集仪器

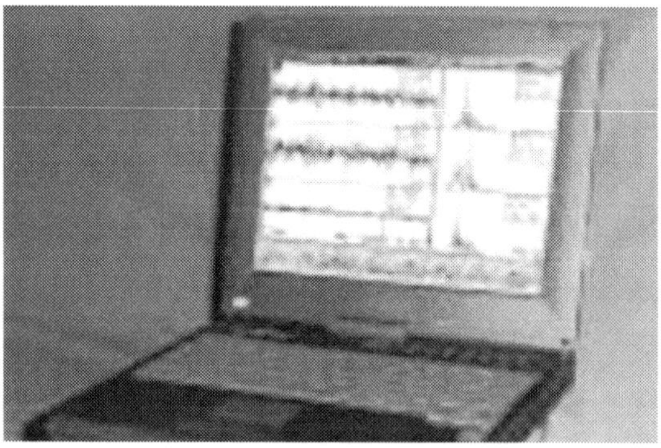

图3.29　储存分析

数据采集分析界面如图3.30所示。

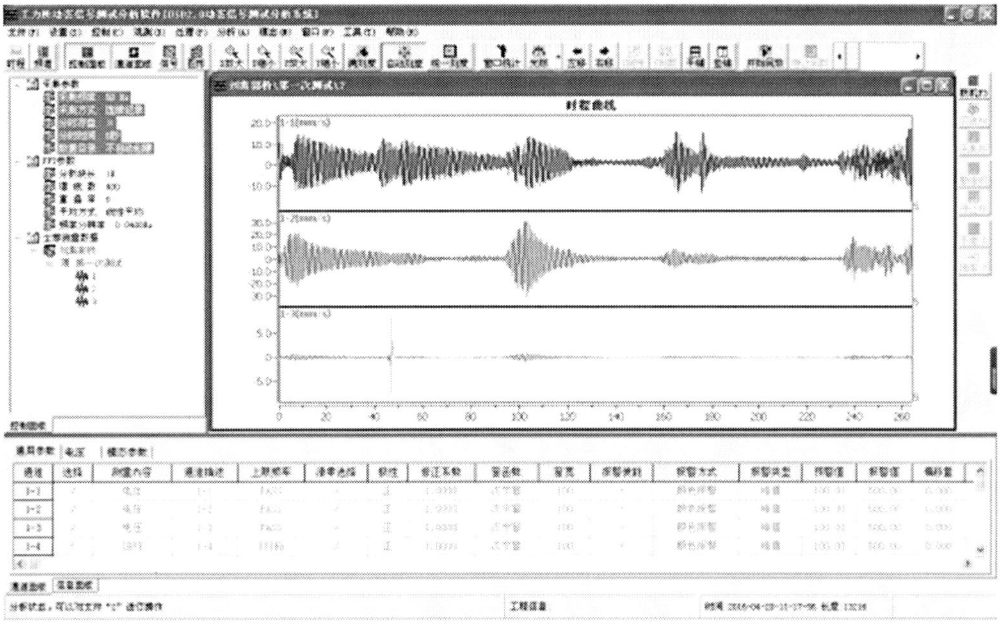

图3.30　数据采集分析界面

4. 地震影响监测及分析

结构周围大地环境引起塔振动的地脉动和风称为环境激振。自然地脉动是由海浪、风、交通、机械等自然和人为活动所引起，其位移幅值从千分之几微米到几微米，频带从0.1Hz到100Hz。通过拾振器测得舍利塔脉动反应后，对随机的脉动信号进行数据处理，可得到舍利塔的基频率或较低几阶的频率。可推导出脉动的功率谱峰值，这些峰值对应的频率即为舍利塔的自振频率。

结构地震响应监测主要任务是进行结构振动反应研究，测试设备为加速度传感器。舍利塔位于临清市先锋路街道，参考《中国地震动参数区划图》（GB18306-2015），该地区基本地震动峰值加速度为0.1g。塔体共有九层，结构形式为砖结构，拟在舍利塔的一层、四层、七层和顶层布置加速度传感器，布设位置如图3.31所示，用于测试结构的加速度响应时程，可以反映地震作用下结构的响应。加速度传感器采用941B型拾振器。监测系统设在远程控制中心机房内，确保地震时监测设备能够实时进行监测。

5. 漳卫河河水位及地下水位影响监测

临清舍利塔位于山东省临清市城北漳卫运河东岸，漳卫河水位及地下水位的变化都会对舍利塔的变形产生一定影响。因此，漳卫河水位及地下水位的监测对舍利塔的监测、健康评估及保护工作具有重大意义。

图3.31　地震加速度传感器布设位置

（1）漳卫河水位监测

漳卫河水位监测采用振弦式渗压计（水位计）进行在线监测，XHX-7XX系列振弦式渗压计是一种测量渗流水或静水压力的传感器。广泛应用于河道、地下水等、水库水位等水压力的测量。主要部件均用特殊钢材制造，适合恶劣环境使用。具有很高的精度和灵敏度、卓越的防水性能、耐腐蚀性和长期稳定性。水位计通过一条钢线缆悬挂在河道里，为了确保监测的准确性消除误差影响，在河道里投入2个水位计。安装GPRS在线监测系统，以便在室内进行数据的动态实时监测。

（2）地下水位监测

地下水位监测系统主要由地下水位监测中心主站、通信网络、现场监测设备三部分组成，利用前端监控、数据采集设备的数据远传通讯功能和系统软件功能实现。

地下水位监测点布设在舍利塔附近的观测井中，布设4个观测井。远程控制中心的监测管理软件能够实现数据的远程采集、远程监测，监测的所有数据进入数据库，生成各种报表和曲线。

监测系统示意图如图3.32所示。

（三）舍利宝塔的维修加固

1. 舍利宝塔损坏的主要因素分析

根据现场查勘，舍利宝塔为砖木结构，竖向承重构件为砖墙，塔顶用55层条砖层

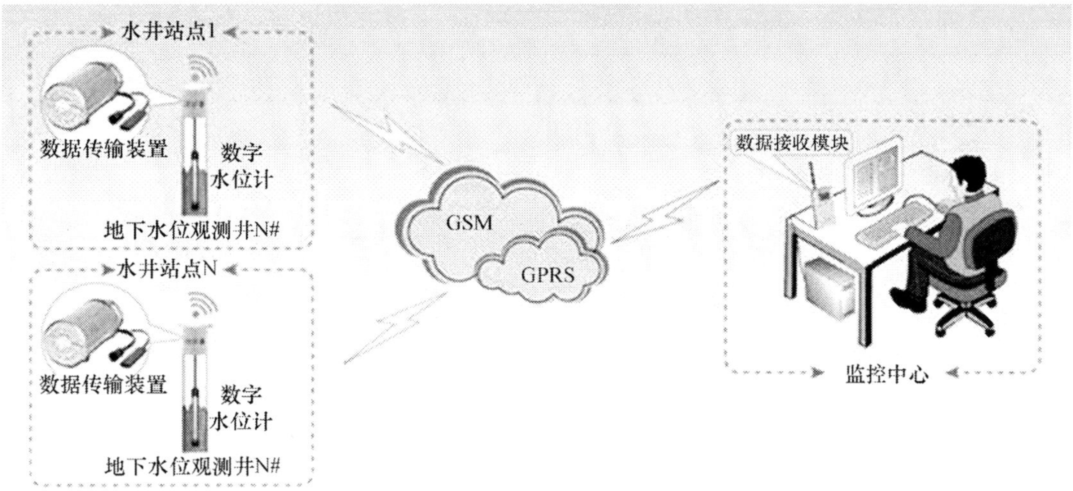

图3.32　地下水位监测系统示意图

层退缩叠涩砌筑的盝形，盝形顶上部束以八角形的砖台，台顶上又挑出砖砌的仰莲座，座上置三层条石逐层内收，居中扣金陵铸造的铸铁覆钵，八角形塔顶的每面交脊处，各施有砖雕卷草花纹的垂脊。

（1）人为因素

临清舍利宝塔作为当地著名高耸建筑，自古以来就吸引大量游客登临，临清舍利塔内的刻字涂鸦前后时间长达300多年，并且保存完好，被人戏称中国刻字涂鸦的“历史博物馆”。舍利塔位于郊外无人值守，难以防卫和保护，导致包括舍利塔塔内雕塑、塔心的用以承重的金丝楠木在内的结构构件等多次被偷盗及破坏，人为破坏现象触目惊心。

（2）自然因素

舍利宝塔由于近四百年风雨侵蚀，地震的影响以及年久失修，造成塔体强度减弱；加之临清较大的四季温差和灰沙尘埃，造成了外部构件的氧化、污染，建筑材料的老化及侵蚀；有些门窗开始腐烂，装饰构件褪色变形甚至剥落；舍利塔各层内外均出现竖向裂缝多道，尤其在转角处和拱券的上部，裂缝密集而形成通裂缝，这些自然因素对建筑的影响和侵蚀，对舍利宝塔的保护提出了严峻挑战。

2. 古建筑结构的保护原则

舍利宝塔是古代工匠根据特定历史条件下的物质技术力量设计施工制造出来的智慧结晶。它反映了当时当地的文化传统、艺术水平、施工工艺和社会需求，是区域性、时代性、社会性的综合体现。维修加固方案以“不改变文物原状”的文物修缮原则进行全面维修加固。施工中坚持按照“四保存”（保存原形制，保存原结构，保存原材料，保存原工艺）的具体要求实施。其保护应坚持维持现状、趋利避害和修旧如旧的原则。

（1）维持现状

对古建筑遗址，无论何种维护维修，都会对文物造成破坏。为保持完整的建筑遗址历史文化信息，对建筑遗址应采取维持现状的原则。首先要保存原始的古建筑材料。古建筑材料也是历史文化信息的载体，是历史传统制作工艺的完整体现，如塔体砖墙的修补采用被列为国家文化遗址的临清贡砖，保持材料的一致。其次保存结构形制及结构连接方式。主要构件及构件节点的维修要采用榫卯结合等原有的构件连接方式。

（2）趋利避害

深入分析文物所处环境对结构构件的利害因素及其影响并实施控制。首先对于有利因素尽力维持。如邻近运河的建筑内部湿度较为适宜，能有效防止木材开裂变形，因此对文物维修保护时尽量不要干扰其内部湿度，防止湿度过低造成结构开裂，或者湿度过高造成木材腐烂。其次对有害因素要加以避免。如自然环境中引起文物材料老化变质的不良因素应降到最低，特别建筑遗址已出现损坏的部分应采取适当措施加以保护，使其不再发展和转移。

（3）修旧如旧

尊重文物原有历史文化风貌，从古建筑材料入手，首先防止损坏文物材料，使文物材料尽可能保持稳定；其次尽可能不要直接在文物上采取保护措施。特别是选取可逆材料和可逆工艺进行维修，使采取的保护措施不妨碍今后对古建筑的维修保护。

3. 维修加固技术的选择

传统的古建筑维修技术主要有更换构件、反转安装、挖补油饰等“小修小补”法，加固方法主要有钉接法、螺栓加固法和钢箍加固法。这些方法会破坏文物原貌，或带来锈蚀等新问题。现代对古建筑加固保护多采用的技术手段主要有化学加固、物理加固或化学物理相结合（化学锚固技术）等技术手段。化学加固法也称为灌浆法，是利用化学溶液对加固体进行灌浆处理的技术方法；化学锚固法是利用化学胶结剂将构件、钢筋或锚杆等结构元件黏结到稳固的基体上，以达到加固建筑结构的目的。物理加固法也称为机械加固方法，即使用锚固法、相夹法和支护法等对土木结构进行加固。在古建筑加固保护中还经常采用化学物理结合法，常用做法为先置筋材，然后灌注化学浆液，把胶结和引入筋材等技术相结合来加固保护古建筑。尤其值得一提的是碳纤维布加固法，具有适用性广、强度高耐久性长和施工快捷等诸多优点，是适合在木结构中推广的一种加固技术。

古建筑的地基通常采用天然地基、夯土地基、灰土地基、复合地基，大多古建筑采用柱脚与础石分离的搁置方式，特别是糯米与石灰混合后的地基基础处理方法，对结构抗震隔振起到重要作用，但这些做法已不适宜用于古建筑地基基础加固，目前一般采用现代施工技术如岩土加固技术，通过振密、排水、胶结、引入筋材构成复合体，拌和、吸热或加热等技术手段对舍利宝塔可能出现的地基基础损伤进行处理。

4. 舍利塔的加固维修

（1）塔身的加固维修

针对舍利宝塔塔体强度减弱，在第二，四，六，八层塔身根部与塔檐交结处，剔出砖槽一道，浇筑钢筋混凝土圈梁，断面480mm×240mm，以提高塔体结构的整体刚度，提高其抵抗不均匀沉降及地震破坏的影响，减少并延缓裂缝的发展。

对于已出现的塔身之裂缝，先清理冲洗缝隙中的杂质，然后采用压力灌注1：2水泥砂浆加20%的聚乙烯醇的聚合物水泥砂浆进行封缝处理，并对裂缝进行做旧处理（要求与塔身砌体协调）。

对于坍塌，松动严重之墙体，按修复原则重新垒砌，采用的新砖尺寸与原砖一致，强度，颜色相近。新旧砖要咬口搭接，砌缝采用石灰膏掺10%的聚醋酸乙烯乳液勾抹并进行做旧处理；对于局部残缺破碎超过半砖的，采取剔补方法镶嵌，局部酥碱处，用聚醋酸乙烯乳液掺砖灰抹平整。

一层檐下之垂莲柱等砖雕，局部堕毁，残缺部分，按原型制作法补配齐全。对于缺楞短角的构件，又无安全影响，原则上不再修补，以保持古塔更多的自然风貌。

东门之拱券凡裂缝，断裂，残缺，变形等部位，依不同情况，采取树脂黏结，修补或重新垒砌。木槛框残缺糟朽者一律补配齐全。

（2）塔檐及塔顶的加固维修

塔檐及塔顶是防止雨水渗漏的部位，将残断，变形的椽飞、勾滴等构件按原样制作、安装。反叠涩顶应详细检查，凡是残缺，破碎，松动之地段，均须重新垒砌完整，勾抹严实。反叠涩檐砌筑过程中，在砖缝加Φ8钢筋，间距100厘米，加强新旧砌体间的联结。

斗拱是承受塔檐的整体构件，凡损坏之斗和拱，按原制补配完整。第二跳华拱为木构，后尾伸入在塔身内，根据不同残损情况以加固为主，不宜过多地抽换。缺楞短角的不予修补，保持现状为宜。

为了保持砖塔的整体性，伸入在塔身内的木角梁后尾采取化学加固或粘接方法进行化学加固，必要时缠绕玻璃钢箍增加强度。搭接方式是按修理古建筑常规做法，将损坏部分锯掉，相接一段新木料，用树脂黏结，加螺栓加固。

塔刹已无存，因无科学依据，保持现状。覆钵顶部加金属盖板封闭，防止雨水渗漏。金丝楠木刹杆，妥善保护暂不恢复。

各层塔檐原有垂脊、套兽、铎铃，根据残存遗迹并参考明代砖塔特征，提出复原方案，经审批后实施。

（3）塔心室的加固维修

对于塌毁在塔内各层原有木梁、板及砖铺楼板层，按照现遗存的梁孔痕迹，经勘测研究，确定各层木梁的根数、方位、尺寸，按原作法恢复。伸入在墙内的梁头涂刷防腐剂。梁上安放木龙骨，断面部20cm × 10cm，间距80 ~ 100cm，楼板厚不小于5cm，方砖墁地（尺寸按旧砖烧制）。

对于嵌在墙内的出现腐朽或者断裂的木筋，按原规格作法修补更换。

各层损坏的通道顶部及阶梯严重，根据实际情况重新垒砌修补。

各层不同程度损坏的结顶，除局部修补之外，严重的需要重新垒砌者，在拆卸之前先编号记录，然后将塌陷，残缺，松动的构件逐层拆落，按原型制作归安完整。

（4）附属工程的加固维修

舍利宝塔周围是大面积的耕地，应做散水保护塔基。距塔身3m铺设条石，坡度1%，条石宽40cm，厚20cm，长不小于80cm。

为了保护及管理，可考虑在塔的四周增设栏杆，其式样以不影响景观为主。

结合本次维修工程之方便，还须根据需要可考虑安装避雷设施。

二、钞关古建筑群健康监测与加固保护

（一）临清运河钞关概况

临清运河钞关是明清两季朝廷派驻临清督理漕运关税的直属衙署（图3.33）。

旧志载：“漕运商舶皇华冠盖之所必经，户部分司榷关在焉。”钞关始设于明宣德四年（1429年），十年（1435年）升为户部榷税分司，下设五处分关，直控督理榷收船料商税，以御史或郡佐充任专职，弘治初年（1488年）户部岁出主事一人，景泰年后屡以文武重臣奉敕临莅。由临清会通税课局（今址在箍桶巷）具体收税，而以州印票防之，所收税银分季解京，以充内帑，大约岁至四万金。嘉靖二十九年（1550年）曾一度改东昌府幕为监收官，后又恢复旧制。隆庆二年（1568年）始给钞关主事关防敕书。万历二十五年临清钞关征收船料商税八万三千余两，比京师崇文门钞关有盛，居全国八大钞关之首，占运河漕运收税额的四分之一，而山东省万历六年（1578

图3.33　临清运河钞关

年）一年中课税折银只八千八百六十两，仅占临清关所收十分之一稍强，足见临清钞关之突出。原钞关衙署建筑面积四万多平方米。

关墣前由河口正关、阅货厅、“裕国、通商”两坊组成，称“前关”。关墣后为仪门、正堂、南北各三进院落，置穿厅、船料房、巡栏房、衙皂房、税银库、鼓铸坊等，称“后关”。清代工部又在临清砖板闸设关榷税，与户部税关同将税银解京。清光绪二十七年（1901年）漕运停止，各钞关署治遂废，但临清卫河舳舻依旧，户、工两关依旧依制收税，直至宣统末年（1911年）清王朝覆灭为止。现中国第一历史档案馆藏有康熙五十六年（1717年）至清末各朝历年山东巡抚奏报皇帝朱批奏折238件，明晰记载着临清户、工两关历年榷税、解京、差用、水脚银等具体银数。现临清钞关衙署遗址仍存有明清仪门、穿厅、舍房等古建筑86间，及明正德十五年（1810年）状元唐皋所撰《重修户部分司公堂记》碑、清乾隆十二年山东巡抚喀尔吉善所撰《重修榷关公署记》碑等明清钞关碑刻八通（图3.34为遗存的钞关院落）。明代万历年间意大利著名传教士利玛窦沿运河进京朝见万历皇帝，途中被税监马堂留难；著名的王朝佐反抗税监斗争都发生在这里，文学名著《金瓶梅》对临清钞关也多有描述，临清运河钞关是明清两代运河八大钞关中设关最早、闭关最晚、延续历史最长、贡献最大的课税署衙，是运河文化的一处载体，是研究明清漕运史、关税史、运河发展史等不可或缺的实物资料，被国内外史学界瞩目（图3.35）。

图3.34　钞关院落

1. 地理区位及自然环境（图3.36、图3.37）

临清运河钞关地处山东省西北边陲，位于运河名城临清市老城区南部后关街京杭运河西岸。临清运河钞关坐西朝东，占地面积 3633m^2，东距京杭大运河（明代会通河）100m，西临漳卫运河400m，南为运河入卫处，北有元代会通河故道。钞关地理坐标位于东经115°41′31.67″，北纬36°50′21.86″，海拔34m，平原地形（图3.37）。为温带季风气候，具有明显的季节变化和季风气候特征，属半湿润大陆性气候。四季气候的基本特征为“春旱多风，夏热多雨，晚秋易旱，冬季干寒”。全年盛行风向为南风和偏南风，年平均降水量为550mm左右。境内太阳能辐射每年总量为125.362千卡/cm^2，其中5～6月份总辐射量最多，12月最少，4～8月平均每日辐射量超过400卡/cm^2，年日照为2661.7小时，年日照率为60%。临清地区土壤属潮土、盐土、风沙土；植被多为农作物、自然草本植物以及人工栽培的乔木、灌木，天然植被很少，仅有零星灌木林。

2. 历史沿革

明代宣德四年（公元1429年）临清运河钞关建成。

明代宣德十年（公元1435年），临清运河钞关升为户部榷税分司，由户部直控都理关税，下设五处分关。

明代万历二十七年（公元1599年），税监马堂横征暴敛，激起民变，临清手工业者以编筐工人王朝佐为首，焚烧了马堂署，即临清运河钞关。

明代正德十五年（公元1520年）重修了临清运河钞关公堂。

清乾隆十一年（公元1746年）重修了临清运河钞关公署。

清光绪二十七年（1901年），运河漕运停止，临清运河钞关署治遂废。

1931年临清运河钞关署治改为国民党鲁北民团军总指挥部。

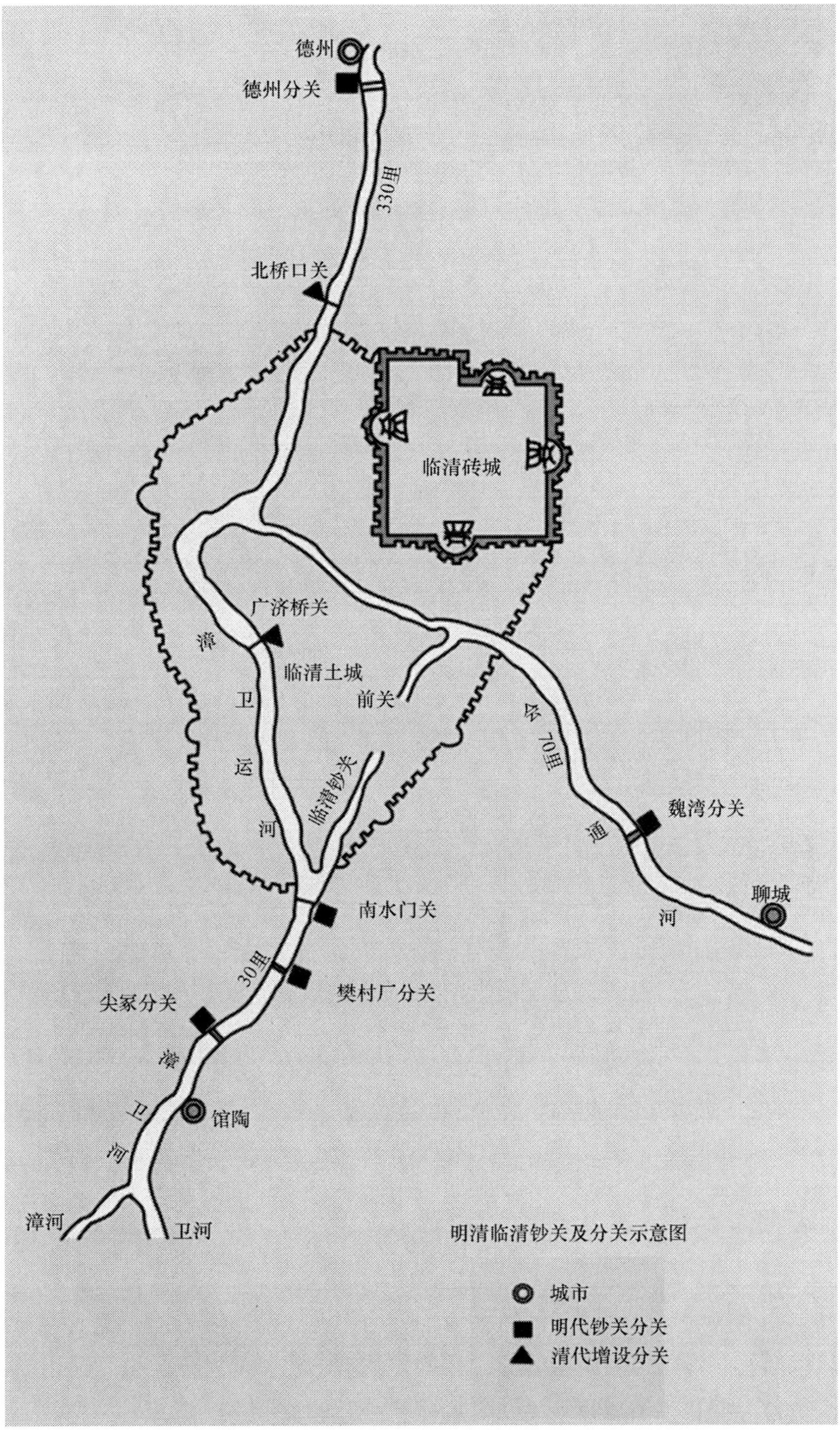

图3.35　明清运河钞关及分关示意图

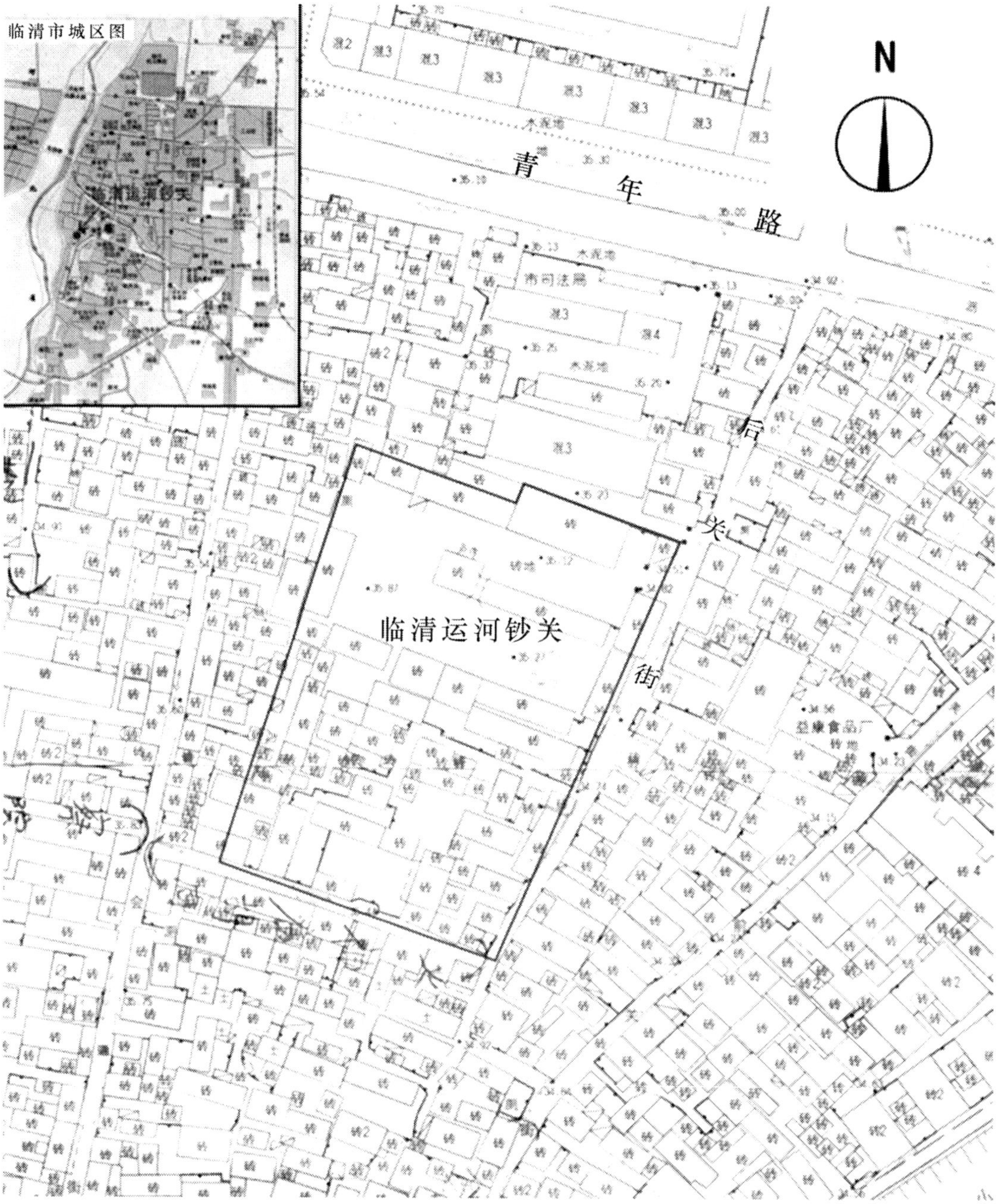

图3.36　临清钞关位置图

1945年临清解放后，临清运河钞关署治变为中共临清市委市府机关所在地。20世纪60年代以后为临清二轻局使用管理，1997年临清市二轻局迁出，由临清市博物馆保护管理，2000 年重修临清运河钞关仪门并对南、北穿厅进行了维修。

2001年临清运河钞关被国务院公布为全国重点文物保护单位。

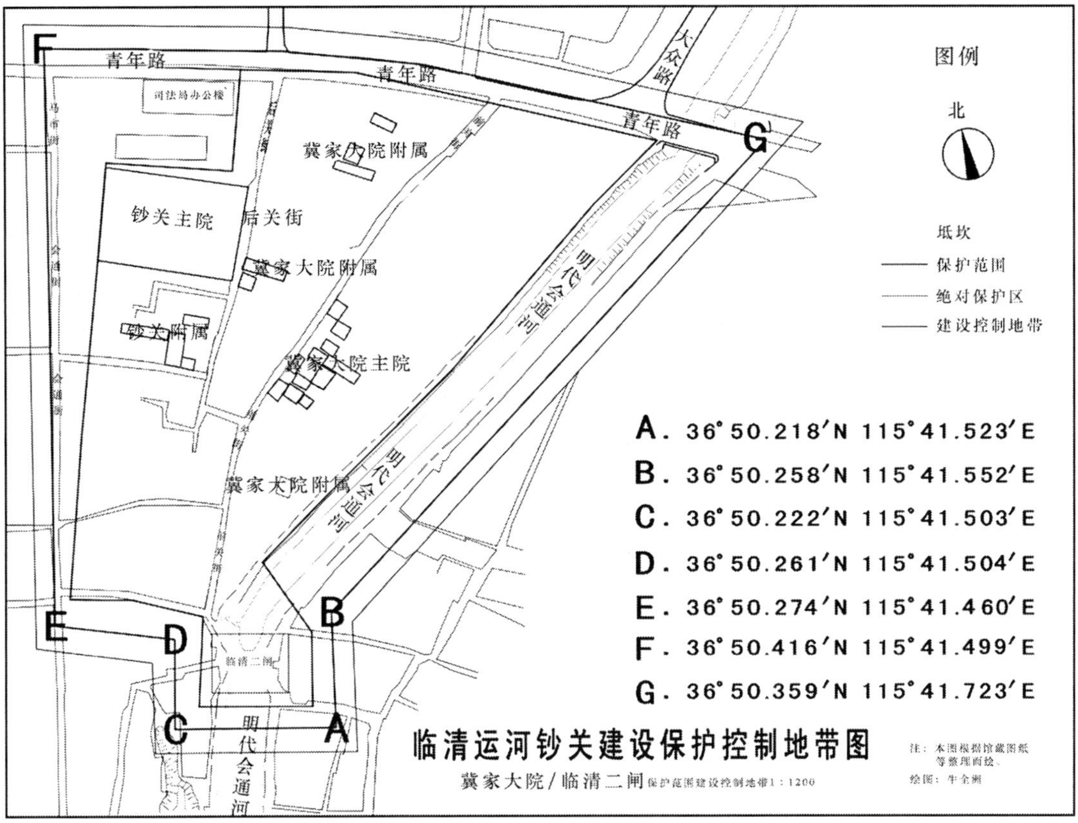

图3.37 临清钞关区位图

2014年联合国教科文组织第38届世界遗产大会将临清运河钞关列入世界文化遗产名录。

3. 钞关建筑群平面布局及单体建筑形制

临清运河钞关坐西朝东，占地面积3594.94m^2，建筑面积439.26m^2，院落面积3155.68m^2。院落格局基本保留，院内有仪门、南穿厅、南衙皂房、北穿厅、北衙皂房建筑物（图3.38）。

主要建筑以仪门中轴线两侧布局，仪门北侧由南至北为北穿厅、北衙皂房；仪门南侧由西至东为南穿厅、南衙皂房；仪门以西院落为遗址展示区；北穿厅和北衙皂房之间院落为砖铺院落。钞关院落外散布有原钞关的舍人房、官宅等附属建筑物，涉及惠通街10号院东房及耳房、北房；后关街159号内7院北房和东房等。

临清运河钞关建筑群内各建筑的平面布局及单体建筑形制如下：

（1）仪门

如图3.39～图3.43所示，仪门平面布局及建筑形制如下：

平面布局：坐西朝东，面阔五间，进深一间，明间为门洞，明间前后檐柱间有

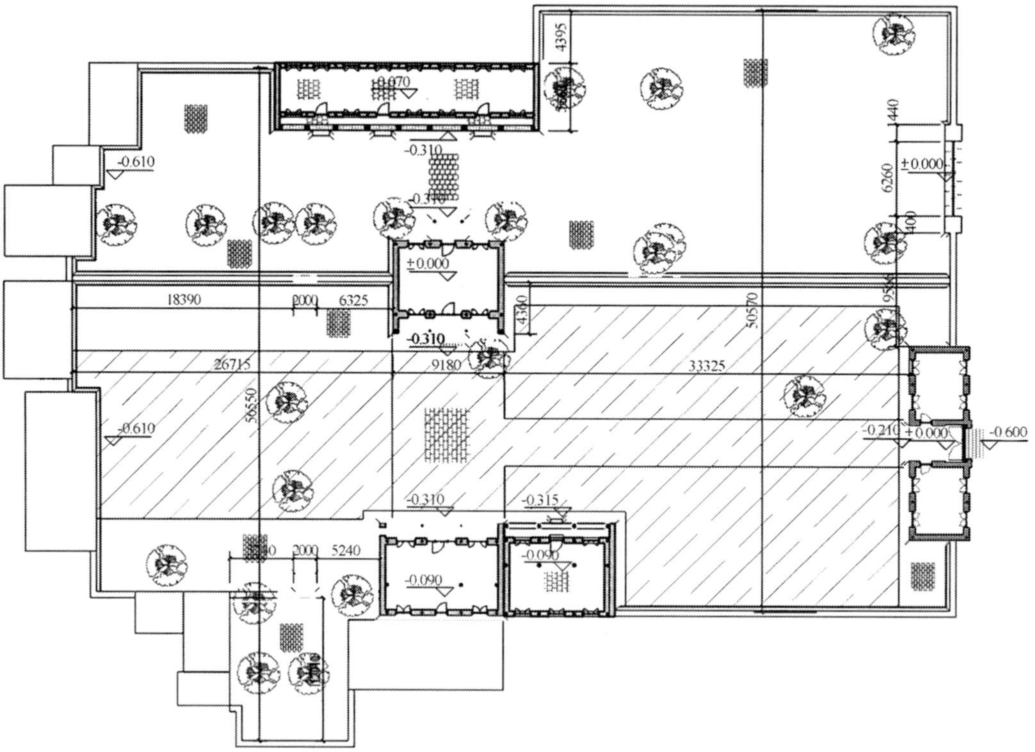

图3.38　临清运河钞关总平面图

图3.39　仪门东立面

图3.40　仪门西立面

隔断墙，隔断墙上开门连通明间和次间。通面阔16.4m，通进深5.14m，建筑面积84.3m^2。

建筑形式及结构：一层硬山搁檩，木结构，筒瓦屋面。

台阶：明间阶条石压面，前檐明间置四步垂带踏跺，后檐明间置两步如意踏跺，台帮为青砖砌筑。

散水：295mm × 245mm × 80mm青砖一顺出糙墁散水，外侧栽240mm × 120mm ×

图3.41 仪门檩

图3.42 仪门梁架

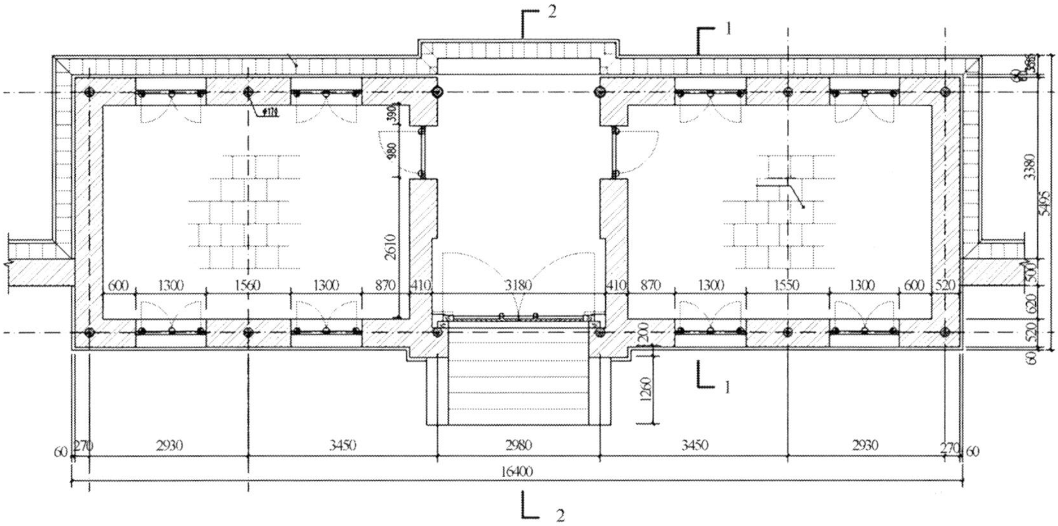

图3.43 仪门平面图

60mm青砖牙子一道。

柱顶石：明间后檐柱下为鼓镜式方形柱顶石。

地面：地面为420mm×420mm×70mm方砖十字缝铺墁。

用柱：为Φ170mm木柱。

梁架：前后檐柱上承托五架梁，五架梁上置瓜柱承托三架梁，三架梁上置脊瓜柱承托脊檩；檩部结构为檩、枋两件。

墙体：前后檐墙和两山墙室外为240mm×120mm×60mm青砖淌白三顺一丁砌筑；室内下部为三皮墙砖下碱，上部墙面抹灰刷白。隔断墙下部为三皮墙砖下碱，上部墙面抹灰刷白，墙体开门连通明间和次间。两山前后檐砖砌墀头。明间前檐墙做券门，券门上有“钞关”石刻，顶部有垛口；后檐无墙体。次间和梢间前后檐为封后檐，出五层带砖椽冰盘檐，前檐墙体上有六方窗洞，后檐墙体上有发券窗洞。

装修：前檐明间为两扇板门，后檐随檩枋下为灯笼锦芯屉倒挂楣子；前檐次间和梢间为两扇两抹八角景芯屉隔扇窗，后檐为两扇两抹套方灯笼锦芯屉隔扇窗，隔断墙上开单扇五抹套方灯笼锦芯屉隔扇门。

木基层：檩上铺钉方椽，明间后檐出飞椽；室内方椽上为望砖；明间后檐檐头附件由连檐、瓦口构成。

屋面：硬山屋面为布瓦筒瓦屋面，两山为铃铛排山，施正脊、垂脊，施望兽、垂兽、小跑，瓦件尺寸为145mm × 195mm。

地仗：上下架大木单皮灰，木基层单皮灰，木装修单皮灰。

油饰：大木构件为铁红色。

彩绘：明间后檐檐檩和随檩枋为旋子彩画。

（2）北穿厅

如图3.44 ~ 图3.50所示北穿厅平面布局及建筑形制如下：

北穿厅平面布局：坐北朝南，面阔三间，进深一间，前出廊，明间后出抱厦。通面阔 9.26m，通进深 7.89m，建筑面积78.1m^2。

建筑形式及结构：为一层硬山式，木结构，筒瓦屋面。

台明：明间390mm × 290mm × 125mm青砖压面，前檐明间置两步如意踏跺，台帮为青砖砌筑。

散水：295mm × 245mm × 80mm青砖一顺出糙墁散水，外侧栽 240mm × 120mm × 60mm青砖牙子一道。

柱顶石：明间前檐柱和抱厦柱子下为鼓镜式方形柱顶石。

地面：廊步和抱厦地面为420mm × 420mm × 70mm方砖十字错缝铺墁，室内为木地板铺墁。

用柱：前檐柱为Φ240mm木柱，抱厦柱子为Φ200mm木柱。

梁架：前檐柱与金柱之间用抱头梁进行连接，抱头梁下有随梁枋；金柱与后檐柱上承托七架梁，七架梁上置瓜柱承托五架梁，五架梁上置瓜柱承托三架梁，三架梁上置脊瓜柱承托脊檩；明间抱厦柱子与后檐柱之间用抱头梁进行连接，抱头梁下有随梁枋，抱头梁南侧置瓜柱承托檩，呈单坡顶；檩部结构，前檐和抱厦为檩、垫板、枋子三件，其余为檩、枋两件；抱厦两侧为博缝板。

墙体：由于历史进行过多次维修，导致墙体砌筑方式存在多种样式。前檐室外下碱为青砖淌白砌筑，上身为青砖淌白陡砌；室内抹灰刷白；墙体上有发券门洞和窗洞。后檐室外为青砖淌白砌筑，上出三层冰盘檐；室内为抹灰刷白；墙体上有发券门洞和窗洞。两山墙室外下碱为青砖淌白砌筑，上身为青砖淌白陡砌，前檐砖砌墀头；室内山花和象眼为青砖淌白陡砌，其余为抹灰刷白。

装修：前檐木装修安装在金柱轴线上，明间中为一扇三抹四块玻璃芯屉门，上为三块玻璃芯屉固定窗，门两侧各为一扇两抹三块玻璃芯屉槛窗，上为一块玻璃芯屉固定窗；次间为三扇两抹四块玻璃芯屉槛窗，上为三块玻璃芯屉固定窗。后檐木装修安装在后檐柱轴线上，明间为一扇三抹四块玻璃芯屉门，上为三块玻璃芯屉固定窗；次间为三扇两抹四块玻璃芯屉槛窗，上为三块玻璃芯屉固定窗。

木基层：檩上铺钉方椽，室内方椽上为望砖，檐头附件由连檐、瓦口构成。

图3.44 北穿厅南立面

图3.45 北穿厅西立面

图3.46 北穿厅北立面

图3.47 北穿厅梁架

图3.48 北穿厅东立面

图3.49 北穿厅抱厦

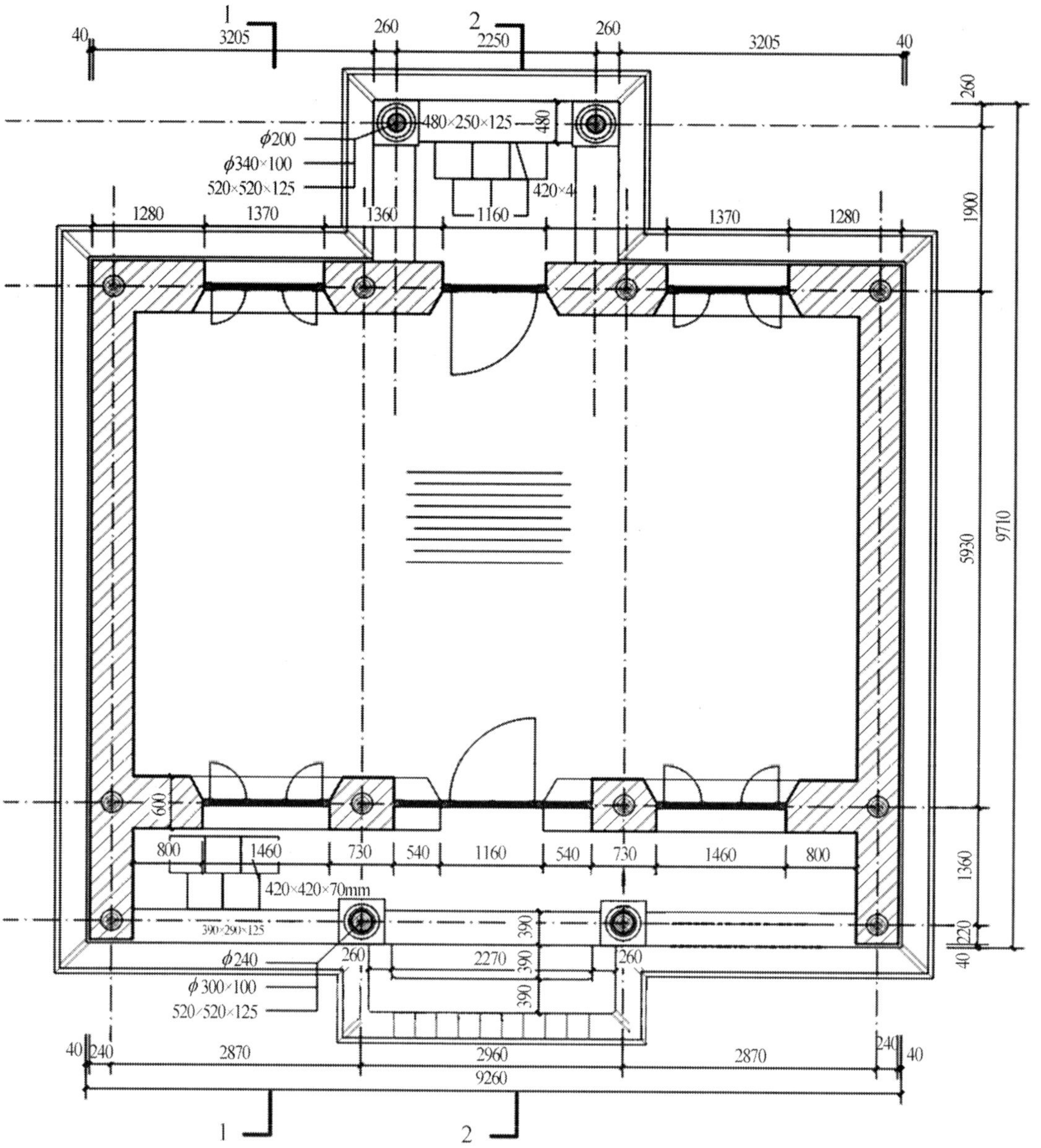

图3.50　北穿厅总平面图

屋面：硬山屋面为布瓦筒瓦屋面，两山为铃铛排山，施正脊、垂脊，施望兽和仙人；抱厦为单坡布瓦筒瓦屋面，施正脊、垂脊；瓦件尺寸为145mm × 195mm。

地仗：上下架大木单皮灰，木基层单皮灰，木装修单皮灰。

油饰：大木构件为铁红色。

（3）北衙皂房

如图3.51 ~ 图3.57所示，北衙皂房平面布局及建筑形制如下：

图3.51　北衙皂房南立面

图3.52　北衙皂房立面

图3.53　北衙皂房东立面

图3.54　北衙皂房东局部

图3.55　北衙皂房廊步

图3.56　北衙皂房梁架

平面布局：坐北朝南，面阔八间，进深一间，前出廊。通面阔22m，通进深5.66m，建筑面积124.52m^2。

建筑形式及结构：为一层硬山式，木结构，合瓦屋面。

台明：四周480mm×250mm×125mm青砖压面，前檐西第二间、西第四间、西第七间置一步如意踏跺，台帮为青砖砌筑。

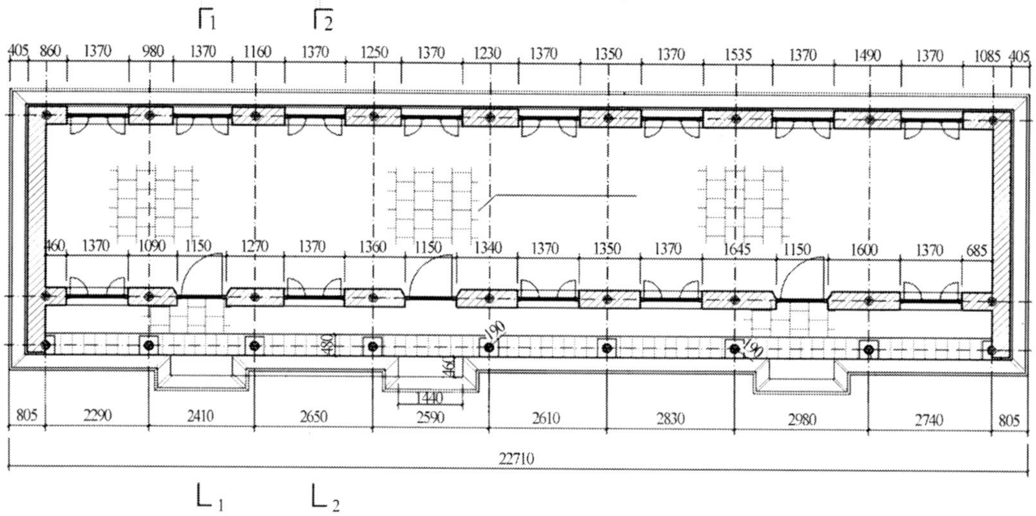

图3.57 北衙皂房平面图

散水：295mm × 245mm × 80mm青砖一顺出糙墁散水，外侧栽240mm × 120mm × 60mm青砖牙子一道。

柱顶石：为素面方平柱顶石。

地面：廊步和室内地面为420mm × 420mm × 70mm青砖十字错缝铺墁。

用柱：为Φ190mm木柱。

梁架：前檐柱与金柱之间用抱头梁进行连接；金柱与后檐柱上承托五架梁，五架梁上置瓜柱承托三架梁，三架梁上置脊瓜柱承托脊檩；檩部结构为檩、枋两件。

墙体：前后檐墙和两山墙室外为240mm × 120mm × 60mm青砖淌白三顺一丁砌筑；室内下碱为240mm × 120mm × 60mm青砖淌白三顺一丁砌筑，上身为墙面抹灰刷白；前檐墙体上有发券门洞和窗洞；后檐为封后檐，出五层带砖椽冰盘檐，墙体上有发券窗洞；两山墙前檐砖砌墀头。

装修：前檐木装修安装在金柱轴线上，西第二间、西第四间、西第七间为一扇三抹四块玻璃芯屉门，上为三块玻璃芯屉固定窗；西第一间、西第三间、西第五间、西第六间、西第八间为三扇两抹四块玻璃芯屉槛窗，上为三块玻璃芯屉固定窗。后檐木装修安装在后檐柱轴线上，每间为三扇两抹四块玻璃芯屉槛窗，上为三块玻璃芯屉固定窗。

木基层：檩上铺钉方椽，室内方椽上为望砖，椽头有挂檐板，檐头附件由连檐、瓦口构成。

屋面：硬山屋面为布瓦筒瓦屋面，两山为铃铛排山，施正脊、垂脊，施望兽和仙人，瓦件尺寸为145mm × 195mm。

地仗：上下架大木单皮灰，木基层单皮灰，木装修单皮灰。

油饰：大木构件为铁红色。

（4）南穿厅

如图3.58～图3.63所示，南穿厅现状如下：

平面布局：坐南朝北，面阔三间，进深两间，前出廊。通面阔10.28m，通进深

图3.58　南穿厅北立面图

图3.59　南穿厅西立面图

图3.60　南穿厅廊步

图3.61　南穿厅面阔向梁架

图3.62　南穿厅进深梁架

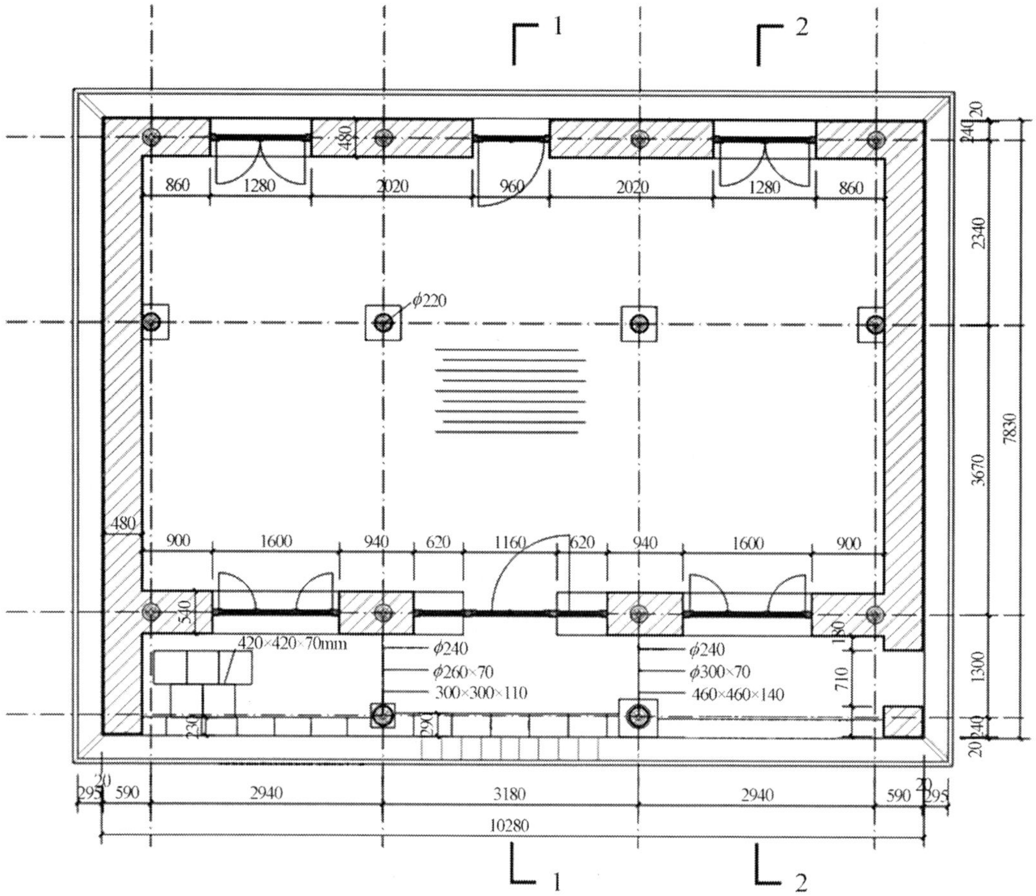

图3.63　南穿厅平面图

7.83m，建筑面积80.49m^2。

建筑形式及结构：为一层硬山式，木结构，筒瓦屋面。

台明：四周青砖压面，台帮为青砖砌筑。

散水：295mm × 245mm × 80mm青砖一顺出糙墁散水，外侧栽240mm × 120mm × 60mm青砖牙子一道。

柱顶石：明间前檐柱下为鼓镜式方形柱顶石，其余为素面方平柱顶石。

地面：廊步地面为420mm × 420mm × 70mm方砖十字错缝铺墁，室内为木地板铺墁。

用柱：前檐柱为Φ240mm 木柱，后金柱子为Φ220mm 木柱。

梁架：前檐柱与前金柱之间用抱头梁进行连接，抱头梁下有随梁枋；前檐柱、前金柱、后金柱上承托承重梁，后檐柱和后金柱承托承重梁，两承重梁搭交在后金柱上，前后承重梁上置四根瓜柱，南北两根瓜柱上承托下金檩，中间两根瓜柱承托三架梁，三架梁上置瓜柱承托脊檩；檩部结构，前檐为檩、垫板、枋子三件，其余为檩、枋两件。

墙体：由于历史进行过多次维修，导致墙体砌筑方式存在多种样式。前檐室外下碱为240mm×120mm×60mm青砖淌白十字错缝砌筑，上身抹灰刷白；室内墙体抹灰刷白；墙体上有发券门洞和窗洞。后檐室外为240mm×120mm×60mm青砖淌白砌筑，上出三层冰盘檐；室内为抹灰刷白；墙体上有发券门洞和窗洞。两山墙室外为240mm×120mm×60mm青砖淌白三层一丁砌筑，室内抹灰刷白，前檐砖砌墀头，墀头部分为青砖淌白陡砌，西山墙廊步有券门。

装修：前檐木装修安装在前金柱轴线上，明间中为一扇三抹四块玻璃芯屉门，上为三块玻璃芯屉固定窗，门两侧各为一扇两抹三块玻璃芯屉槛窗，上为一块玻璃芯屉固定窗；次间为三扇两抹五块玻璃芯屉槛窗，上为三块玻璃芯屉固定窗。后檐木装修安装在后檐柱轴线上，明间为一扇三抹四块玻璃芯屉门；次间为两扇两抹三块玻璃芯屉槛窗，上为三块玻璃芯屉固定窗。

木基层：檩上铺钉方椽，室内方椽上为望砖，檐头附件由连檐、瓦口构成。

屋面：硬山屋面为布瓦筒瓦屋面，两山为铃铛排山，施正脊、垂脊，施望兽和仙人，瓦件尺寸为145mm×195mm。

地仗：上下架大木单皮灰，木基层单皮灰，木装修单皮灰。

油饰：大木构件为铁红色。

（5）南衙皂房

如图3.64～图3.70所示南衙皂房现状如下：

平面布局：坐南北朝南，面阔三间，进深两间，前出廊。通面阔9.2m，通进深7.81m，建筑面积71.85m^2。

建筑形式及结构：为一层硬山式，木结构，合瓦屋面。

台明：四周420mm×120mm阶条石压面，前檐明间置一步如意踏跺。

散水：295mm×245mm×80mm青砖一顺出糙墁散水，外侧栽240mm×120mm×60mm青砖牙子一道。

柱顶石：为素面方平柱顶石。

地面：廊步和室内地面为220mm×190mm×40mm青砖十字错缝铺墁。

用柱：前檐柱为Φ210mm木柱，后金柱子为Φ240mm木柱。

梁架：前檐柱与前金柱之间用抱头梁进行连接；前后金柱之间用双步梁进行连接，双步梁上承托两根瓜柱，两根瓜柱上分别承托檩条；后金柱和后檐柱上承托承重梁，承重梁上置四根瓜柱，南北两根瓜柱上承托檩条，中间两根瓜柱承托顶梁，顶梁上承托脊檩，纵向脊瓜柱之间有枋子进行拉结；檩部结构，前檐为檩、枋子两件，其

图3.64　南衙皂房北立面

图3.65　南衙皂房东立面图

图3.66　南衙皂房廊步

图3.67　南衙皂房面阔方向梁架

图3.68　南衙皂房进深方向梁架

图3.69　南衙皂房北立面局部

余为檩一件。

墙体：前后檐墙和山墙室外为240mm × 120mm × 60mm青砖淌白三顺一丁砌筑；室内下碱为240mm × 120mm × 60mm 青砖淌白三顺一丁砌筑，上身为墙面抹灰刷白；前檐墙体上有发券门洞和窗洞；后檐为封后檐，出五层带砖椽冰盘檐，墙体上有发券窗洞；山墙前檐砖砌墀头。

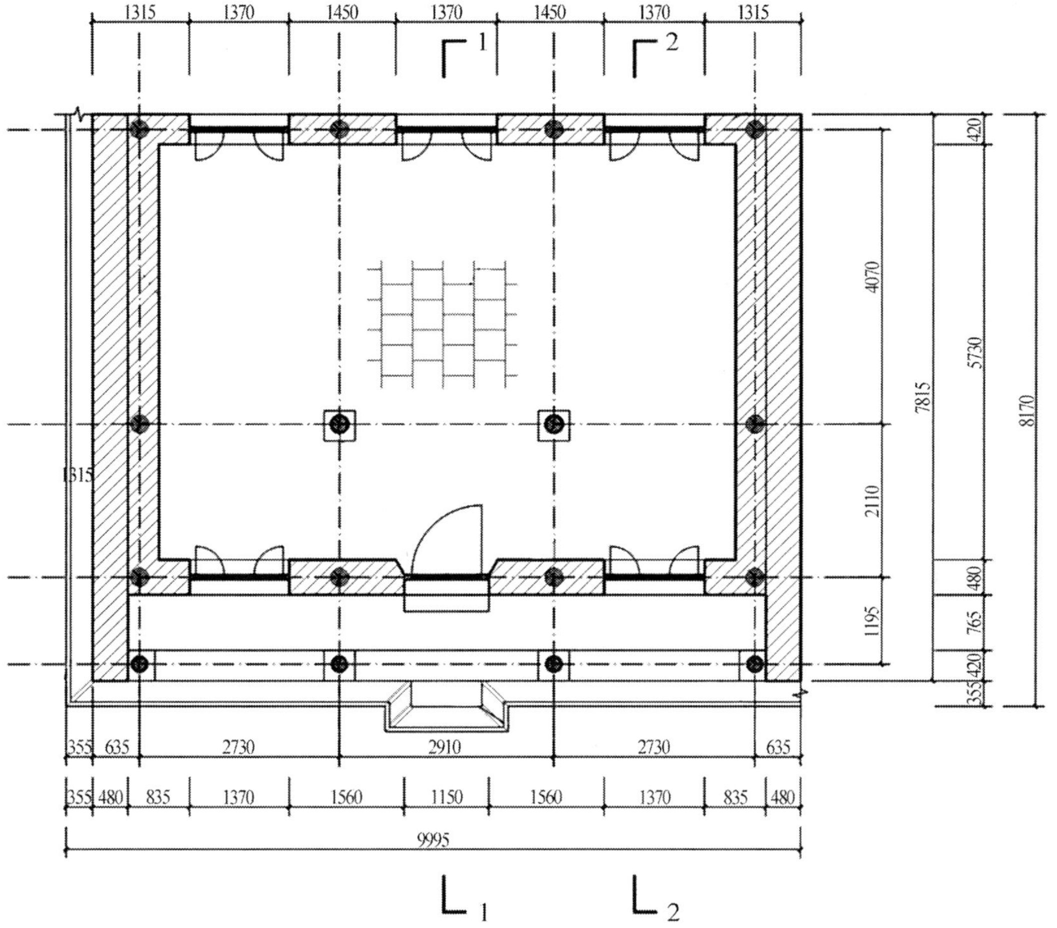

图3.70　南衙皂房平面图

装修：前檐木装修安装在前金柱轴线上，明间为一扇三抹四块玻璃芯屉门，上为三块玻璃芯屉固定窗；次间为三扇两抹三块玻璃芯屉槛窗，上为三块玻璃芯屉固定窗。后檐木装修安装在后檐柱轴线上，每间为三扇两抹四块玻璃芯屉槛窗，上为三块玻璃芯屉固定窗。

木基层：檩上铺钉方椽，室内方椽上为望砖，椽头有挂檐板，檐头附件由连檐、瓦口构成。

屋面：硬山屋面为布瓦筒瓦卷棚屋面，山面为铃铛排山，施垂脊，瓦件尺寸为145mm×195mm。

地仗：上下架大木单皮灰，木基层单皮灰，木装修单皮灰。

油饰：大木构件为铁红色。

（6）钞关院落

图3.71　仪门以西院落（由西向东）

图3.72　仪门以西院落（由北向南）

图3.73　北穿厅以西院落（由西向东）

图3.74　北穿厅以东院落（由东向西）

图3.75　北穿厅以东院落（由北向南）

图3.76　北穿厅以东院落（由南向北）

如图3.71～图3.76所示钞关院落平面布局及建筑形制如下：

院落地面：仪门以西院落为遗址展示区，进行原址保护和展示；北穿厅和北衙皂房之间院落为甬路和地趴砖铺墁院落，现被条砖铺墁取代。

院墙：院落院墙已缺失，拟新增筒瓦墙帽院墙。

卡子墙：院内卡子墙已缺失，拟新增筒瓦墙帽卡子墙，并在卡子墙上开月亮门。

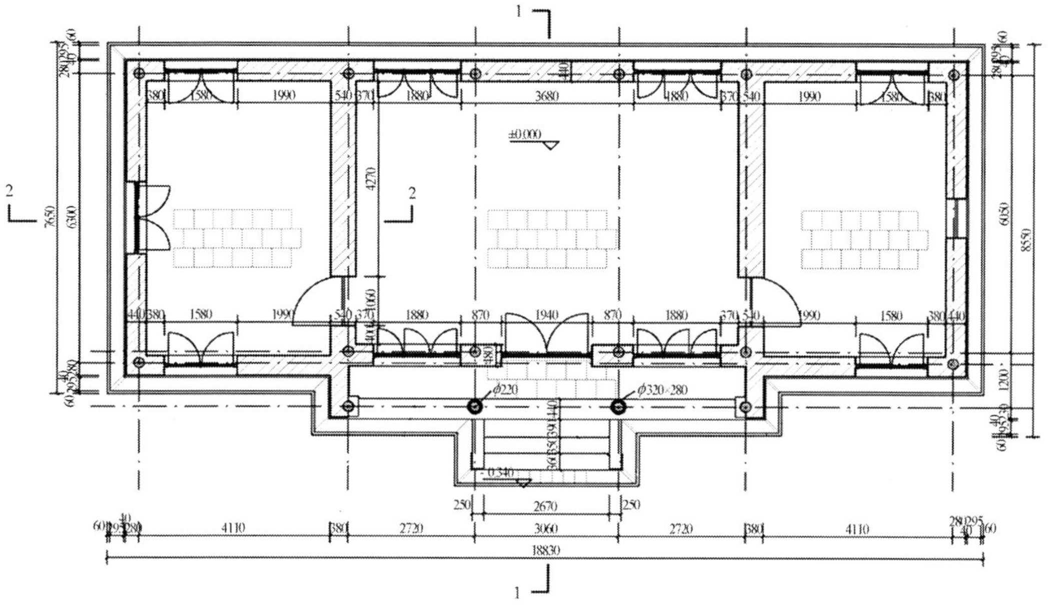

图3.77　惠通街10号院东房及耳房平面图

（7）惠通街10号院东房及耳房的平面布局及建筑形制（图3.77）

平面布局：坐东朝西，东房两侧带耳房，东房面阔三间，进深一间，前出廊；耳房面阔一间，进深一间；东房山墙开门连通耳房。通面阔17.48m，通进深7.25m，建筑面积137.65m^2。

建筑形式及结构：东房为一层硬山式，木结构，合瓦屋面；耳房为一层平顶屋面，木结构。

台明：四周440mm×110mm阶条石压面，前檐明间置三步垂带踏跺。

散水：295mm×245mm×80mm青砖一顺出糙墁散水，外侧栽240mm×120mm×60mm青砖牙子一道。

柱顶石：为带雕刻鼓型柱顶石。

地面：廊步和室内地面为420mm×420mm×70mm方砖十字错缝铺墁。

用柱：为Φ220mm木柱。

梁架：东房前檐柱上有平板枋承托抱头梁与金柱进行连接，抱头梁下有随梁枋和穿插枋，横向檐柱间有额枋进行连接；金柱与后檐柱承托八架梁，八架梁上置瓜柱承托六架梁，六架梁上置瓜柱承托四架梁，四架梁上置瓜柱承托顶梁，六架梁、四架梁、顶梁下有随梁枋；檩部结构为檩、枋两件。耳房山墙与东房山墙承托承重梁，承重梁上置五根瓜柱承托檩。

墙体：东房前后檐墙和两山墙室外为250mm × 120mm × 60mm青砖淌白十字错缝砌筑，每砌筑十层左右有一层丁砖进行拉结；室内抹灰刷白，山墙山花和象眼为青砖淌白陡砌；前檐墙体上有门洞和窗洞；后檐为封后檐，出六层带两层砖椽冰盘檐，次间墙体上有窗洞；两山墙前檐砖砌带砖雕墀头，墀头下碱有带石雕角柱石，室外上部用条砖砌博缝，墙体开有一门连通东房和耳房。耳房前后檐墙室外为250mm × 120mm × 60mm青砖淌白十字错缝砌筑，每砌筑十层左右有一层丁砖进行拉结；山墙室外为250mm × 120mm × 60mm青砖淌白陡砌墙体；室内抹灰刷白；前檐墙体有窗洞；屋顶前檐有花砖女儿墙；山墙出三层带菱角冰盘檐，墙体上有窗洞。

装修：东房前檐木装修安装在金柱轴线上，明间为两扇四抹玻璃芯屉门，门上为两扇玻璃窗，过木外挂有方砖；次间前檐为三扇玻璃窗，窗上为三扇玻璃窗，过木外挂有方砖；后檐次间为三扇玻璃窗，窗上为三扇玻璃窗，过木外挂有方砖；山墙上为单扇四抹灯笼锦芯屉门。耳房前檐为两扇玻璃窗，窗上为两扇玻璃窗，过木外挂有方砖；南耳房南山墙有玻璃芯屉支窗；北耳房北山墙有两扇玻璃窗，窗上为两扇玻璃窗，过木外挂有方砖。

木基层：东房檩上铺钉方椽，廊步方椽上铺钉望板，室内方椽上为苇席，檐头附件由连檐、瓦口构成。耳房檩上铺钉圆椽，圆椽上为苇席。

屋面：东房硬山屋面为布瓦合瓦屋面，两山为披水排山，施花瓦正脊，瓦件尺寸为145mm × 195mm。耳房平顶屋面为灰背屋面。

地仗：上下架大木单皮灰，木基层单皮灰，木装修单皮灰。

油饰：东房廊步大木构件、木基层、木装修为铁红色，室内大木构件、木基层为黑色。耳房木装修为铁红色，室内大木构件、木基层为黑色。

（8）惠通街10号院北房的平面布局及建筑形制（图3.78）

平面布局：坐北朝南，面阔三间，进深一间。通面阔7.56m，通进深4.29m，建筑面积38.93m^2。

建筑形式及结构：为一层硬山式，木结构，合瓦屋面。

台明：四周阶条石压面。

散水：295mm × 245mm × 80mm青砖一顺出糙墁散水，外侧栽240mm × 120mm × 60mm青砖牙子一道。

柱顶石：为素面方平柱顶石。

地面：地面为42mm × 420mm × 70mm方砖十字错缝铺墁。

用柱：为Φ220mm木柱。

梁架：前后檐柱承托六架梁，六架梁上置瓜柱承托四架梁，四架梁上置瓜柱承托顶梁，顶梁下有随梁枋；檩部结构为檩、枋两件。

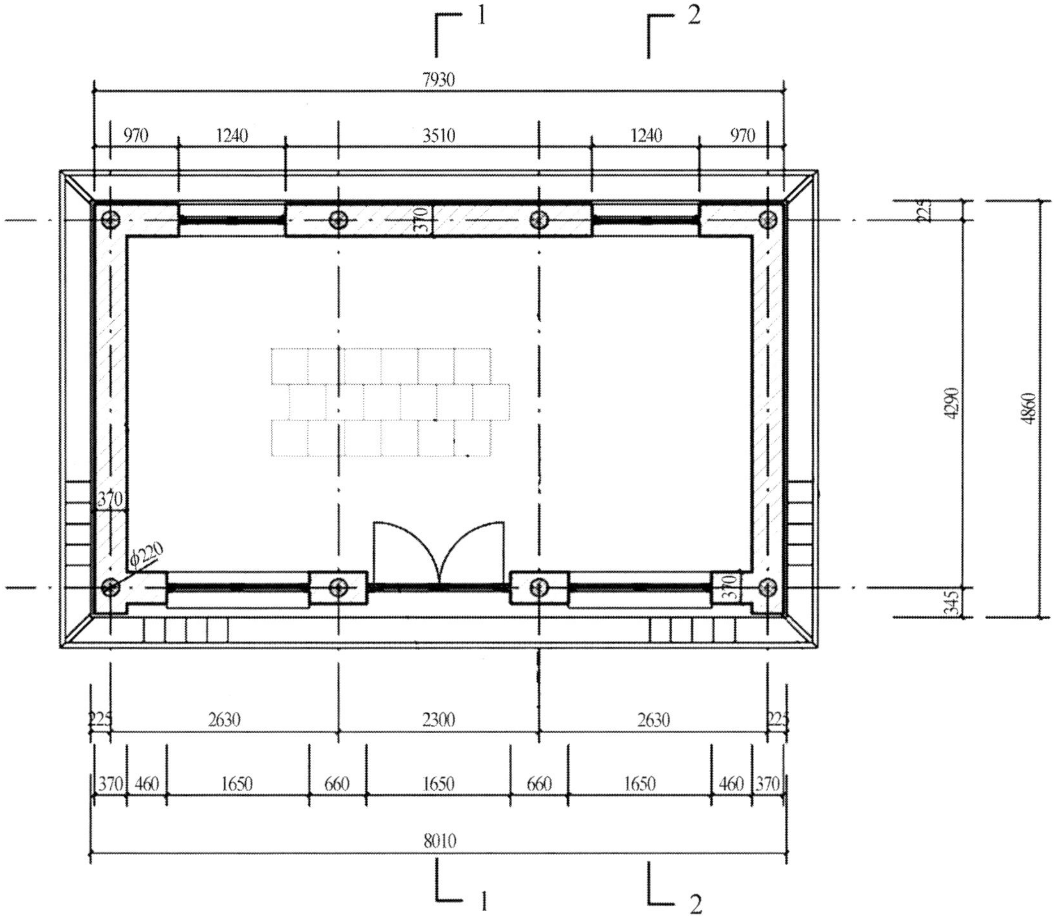

图3.78 惠通街10号院北房平面图

墙体：前后檐墙室外为250mm × 120mm × 60mm青砖淌白十字错缝砌筑，中间有整层丁砖进行拉结；两山室外为250mm × 120mm × 60mm青砖淌白陡砌墙体；室内抹灰刷白，山墙山花和象眼为青砖淌白陡砌；前檐墙体上有门洞和窗洞；后檐为封后檐，出六层带两层砖椽冰盘檐，墙体上有窗洞；两山墙前檐砖砌带砖雕墀头。

装修：前檐明间为两扇四抹玻璃芯屉门，门上为两扇玻璃窗，过木外挂有方砖；次间前檐为两扇玻璃窗，窗上为两扇玻璃窗，过木外挂有方砖；后檐次间有玻璃芯屉支窗。

木基层：檩上铺钉方椽，前檐有飞椽，檐头方椽上铺钉望板，室内方椽上为苇席，檐头附件由连檐、瓦口构成。

屋面：硬山屋面为布瓦合瓦屋面，两山为披水排山，施花瓦正脊，瓦件尺寸为145mm × 195mm。

地仗：上下架大木单皮灰，椽子、连檐、瓦口单皮灰，木装修单皮灰。

油饰：檐头大木构件、木装修为铁红色，室内大木构件、木基层为黑色。

（9）后关街159号内7院北房的平面布局及建筑形制（图3.79）

平面布局：坐北朝南，面阔三间，进深一间。通面阔7.99m，通进深4.06m，建筑面积39.24m^2。

建筑形式及结构：为一层硬山式，木结构，合瓦屋面。

台明：四周阶条石压面。

散水：295mm × 245mm × 80mm青砖一顺出糙墁散水，外侧栽240mm × 120mm × 60mm青砖牙子一道。

柱顶石：为素面方平柱顶石。

地面：地面为420mm × 420mm × 70mm方砖十字错缝铺墁。

用柱：为Φ220mm木柱。

梁架：前后檐柱承托五架梁，五架梁上置瓜柱承托三架梁，三架梁上置脊瓜柱承

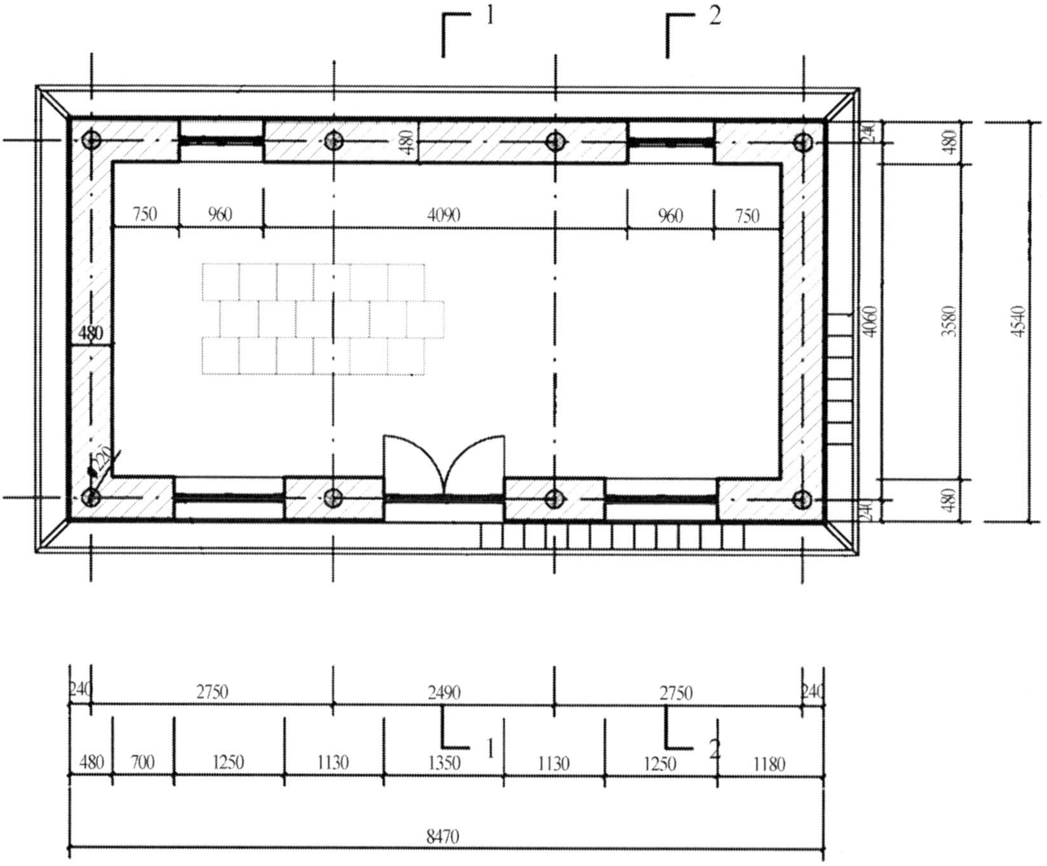

图3.79　后关街159号内7院北房平面图

托脊檩，三架梁下有随梁枋；檩部结构为檩、枋两件。

墙体：前檐墙室外下碱为260mm×130mm×60mm青砖淌白十字错缝砌筑，上身为260mm×130mm×60mm青砖淌白陡砌墙体；后檐墙和两山室外为260mm×130mm×60mm青砖淌白砌筑；室内抹灰刷白，山墙山花和象眼为青砖淌白陡砌；前檐墙体上有发券门洞和窗洞；后檐为封后檐，出六层带两层砖椽冰盘檐，墙体上有窗洞；两山墙前檐砖砌带砖雕墀头。

装修：前檐明间为两扇四抹玻璃芯屉门，门上为玻璃芯屉固定窗；次间前檐为两扇玻璃窗；后檐次间有玻璃芯屉支窗。

木基层：檩上铺钉圆椽，檐头圆椽上为望砖，室内圆椽上为苇席，檐头附件由连檐、挂檐板、瓦口构成。

屋面：硬山屋面为布瓦合瓦屋面，两山为披水排山，施花瓦正脊，瓦件尺寸为145mm×195mm。

地仗：上下架大木无地仗，室内木基层无地仗，室外木基层为单皮灰，木装修单皮灰。

油饰：檐头木构件、木装修为铁红色，室内上架大木刷桐油两道、木基层无油饰。

（10）后关街159号内7院东房的平面布局及建筑形制（图3.80）

平面布局：坐东朝西，面阔三间，进深一间。通面阔7.99m，通进深4.06m，建筑面积39.24m^2。

建筑形式及结构：为一层硬山式，木结构，合瓦屋面。

台明：四周阶条石压面。

散水：295mm×245mm×80mm青砖一顺出糙墁散水，外侧栽240mm×120mm×60mm青砖牙子一道。

柱顶石：为素面方平柱顶石。

地面：地面为420mm×420mm×70mm方砖十字错缝铺墁。

用柱：为Φ220mm木柱。

梁架：前后檐柱承托五架梁，五架梁上置瓜柱承托三架梁，三架梁上置脊瓜柱承托脊檩，三架梁下有随梁枋；檩部结构为檩、枋两件。

墙体：前檐墙室外下碱为260mm×130mm×60mm青砖淌白十字错缝砌筑，上身为260mm×130mm×60mm青砖淌白陡砌墙体；后檐墙和两山室外为260mm×130mm×60mm青砖淌白砌筑；室内抹灰刷白，山墙山花和象眼为青砖淌白陡砌；前檐墙体上有发券门洞和窗洞；后檐为封后檐，出六层带两层砖椽冰盘檐，墙体上有窗洞；两山墙前檐砖砌带砖雕墀头。

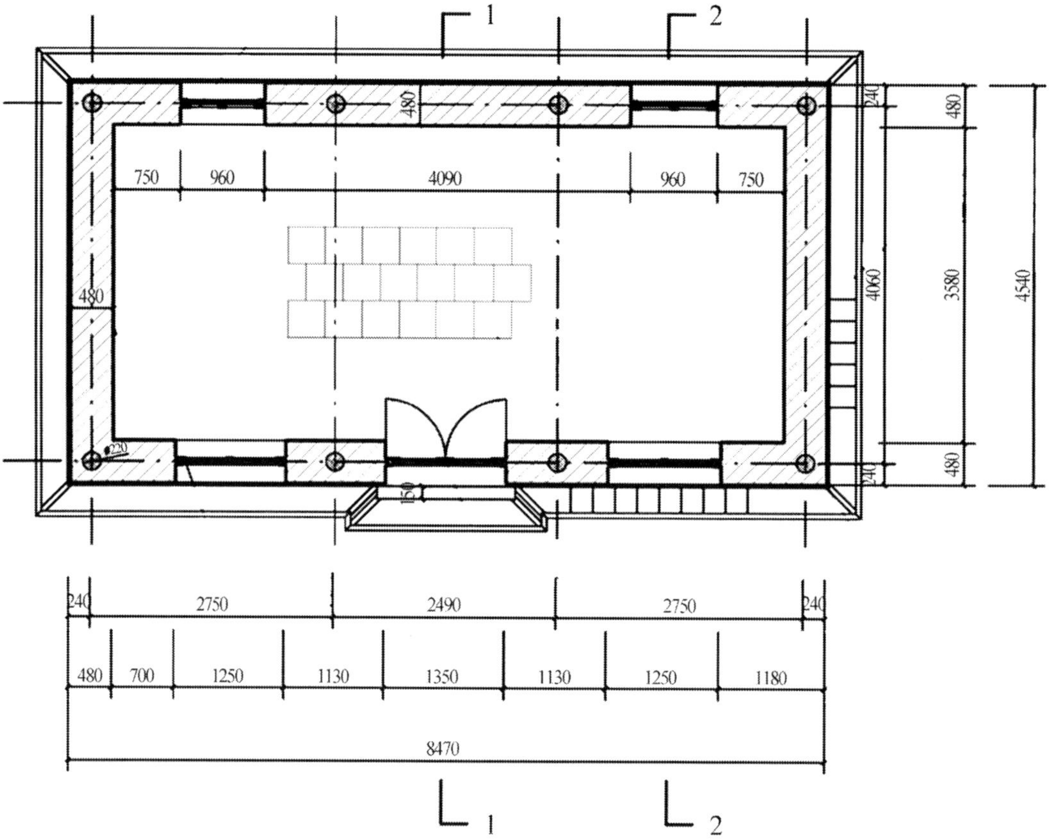

图3.80　后关街159号内7院东房平面图

装修：前檐明间为两扇四抹玻璃芯屉门，门上为玻璃芯屉固定窗；次间前檐为两扇玻璃窗；后檐次间有玻璃芯屉支窗。

木基层：檩上铺钉圆椽，檐头圆椽上为望砖，室内圆椽上为苇席，檐头附件由连檐、挂檐板、瓦口构成。

屋面：硬山屋面为布瓦合瓦屋面，两山为披水排山，施花瓦正脊，瓦件尺寸为145mm × 195mm。

地仗：上下架大木无地仗，室内木基层无地仗，室外木基层为单皮灰，木装修单皮灰。

油饰：檐头木构件、木装修为铁红色，室内上架大木刷桐油两道、木基层无油饰。

（二）运河钞关古建筑群健康监测与分析

钞关建筑群均为单层砖木结构，开间大多小于3米，进深一般小于6米，结构受力简洁明确，受风荷载影响少。但是钞关建筑群紧邻运河，受运河水位及临清地下水位的变化影响较大，会产生倾斜裂缝沉降等危险。钞关建筑群处于较为密集的居民区，相邻民居的修建拆迁等行为也影响到古建筑的变形。针对钞关的这些特点，健康监测项目主要进行外观监测项目、沉降监测项目、倾斜监测项目和振动监测项目等。

1. 运河钞关古建筑群外观监测与分析

（1）仪门外观监测如表3.9所示

表3.9　仪门外观残破情况与分析

部位	残破现状	残破原因
台明	阶条石：轻微风化，存在棱角残损现象。 踏跺：基本完好，轻微风化。 台帮：风化酥碱，灰缝脱落。	自然因素
柱顶石	基本完好，轻微风化。	自然因素
散水	散水缺失，散水部位被现代地砖铺墁取代。	人为拆改
地面	次间和梢间地面方砖缺失，现为后改条砖地面。	人为拆改
柱	木柱柱根糟朽，出现劈裂现象。	自然因素
梁架	存在歪闪、劈裂、糟朽、拔榫、变形现象。	自然因素
墙体	前后檐墙、两山墙墙体灰缝脱落，墙面抹灰空鼓。 隔断墙墙面抹灰空鼓。	自然因素
装修	前檐明间板门糟朽，构件之间存在拔榫、开裂、变形现象。 槛窗构件之间存在拔榫、开裂、变形现象。	自然因素
木基层	望砖：风化酥碱、灰缝脱落。	自然因素
屋面	正脊、垂脊部分灰缝脱落。 檐头瓦件残损、松动。 屋面瓦件残损、松动。	自然因素
地仗、油饰	下架：基本完好。 上架：基本完好。 木基层：基本完好。 木装修：基本完好。	自然因素
彩画	基本完好。	自然因素

（2）北穿厅外观监测如表3.10所示

表3.10　北穿厅外观残破情况与分析

部位	残破现状	残破原因
台明	压面青砖：风化酥碱，存在断裂、损坏现象，局部水泥砂浆抹面。 踏跺：风化酥碱，存在断裂现象。 台帮：风化酥碱，水泥砂浆勾缝，局部水泥砂浆抹面。	自然因素 年久失修 人为拆改
散水	散水缺失，散水部位被现代地砖铺墁取代。	人为拆改
柱顶石	基本完好，轻微风化。	自然因素
地面	廊步地面水泥砂浆抹面。 抱厦地面方砖缺失，现为后改条砖地面。	人为拆改
柱	木柱柱根糟朽，出现劈裂现象。	自然因素
梁架	存在歪闪、劈裂、糟朽、拔榫、变形现象。	自然因素
墙体	前檐墙室外下碱水泥砂浆抹面，墙体灰缝脱落；室内墙面抹灰空鼓脱落。 东山墙室外下碱局部水泥砂浆抹面，墙体风化酥碱、开裂、灰缝脱落、存在孔洞；室内墙面抹灰空鼓。 西山墙室外下碱局部水泥砂浆抹面，墙体风化酥碱、灰缝脱落；室内墙面抹灰空鼓。 后檐墙室外下碱局部水泥砂浆抹面，墙体灰缝脱落；室内墙面抹灰空鼓脱落。	自然因素 年久失修 人为拆改
装修	木装修构件之间存在拔榫、开裂、变形现象。	自然因素
屋面	正脊、垂脊部分灰缝脱落，后檐仙人缺失。 檐头瓦件残损、松动。 屋面瓦件残损、松动。	自然因素
地仗、油饰	下架：基本完好，局部地仗油饰脱落。 上架：基本完好，局部地仗油饰脱落。 木基层：基本完好。 木装修：基本完好，局部地仗油饰脱落。	自然因素

（3）北衙皂房外观监测如表3.11所示

表3.11　北衙皂房外观残破情况与分析

部位	残破现状	残破原因
台明	压面青砖：风化酥碱，存在断裂、损坏现象，水泥砂浆勾缝，局部水泥砂浆抹面。 踏跺：风化酥碱，存在棱角残损现象。 台帮：风化酥碱，存在断裂、损坏现象，水泥砂浆勾缝，局部水泥砂浆抹面。	自然因素 年久失修 人为拆改
散水	散水缺失，散水部位被现代地砖铺墁取代。	人为拆改
柱顶石	柱顶石残损、缺失。	自然因素

续表

部位	残破现状	残破原因
地面	地面方砖缺失，现为后改现代地面。	人为拆改
柱	木柱柱根糟朽，出现劈裂现象。	自然因素
梁架	存在歪闪、劈裂、糟朽、拔榫、变形现象。	自然因素
墙体	前后檐墙和两山墙为后改红机砖墙体。 室内后加隔断墙。	人为拆改
装修	前后檐木装修缺失，现为后期人为拆改木装修。	人为拆改
木基层	椽子：糟朽、变形、残损。 望砖：风化酥碱、灰缝脱落。 连檐、瓦口、挂檐板：糟朽、变形。	自然因素
屋面	原屋面缺失，现为后期人为拆改现代屋面。	人为拆改
地仗、油饰	下架：地仗油饰脱落。 上架：地仗油饰脱落。 木基层：地仗油饰脱落。 木装修：地仗油饰脱落。	自然因素

（4）南穿厅外观监测如表3.12所示

表3.12　南穿厅外观残破情况与分析

部位	残破现状	残破原因
台明	压面青砖：风化酥碱，存在断裂、损坏现象，水泥砂浆勾缝。 台帮：风化酥碱，存在断裂、损坏现象，水泥砂浆勾缝。	自然因素 年久失修 人为拆改
散水	青砖散水存在缺失、酥碱、断裂、损坏现象。	自然因素 年久失修
柱顶石	柱顶石残损、缺失。	自然因素
地面	廊步地面方砖缺失，现为后改条砖地面。 室内地面木地板缺失，现为后改条砖地面。	人为拆改
柱	木柱柱根糟朽，出现劈裂现象。	自然因素
梁架	存在歪闪、劈裂、糟朽、拔榫、变形现象。	自然因素
墙体	前檐墙室外下碱局部水泥砂浆抹面，墙体灰缝脱落；墙面抹灰空鼓。 东山墙室外下碱局部水泥砂浆抹面，墙体风化酥碱、灰缝脱落；墙面抹灰空鼓。 西山墙室外下碱局部水泥砂浆抹面，墙体风化酥碱、灰缝脱落；墙面抹灰空鼓。 后檐墙室外墙体灰缝脱落，室内墙面抹灰空鼓。	人为拆改
装修	木装修构件之间存在拔榫、开裂、变形现象	人为拆改
木基层	望砖：风化酥碱、灰缝脱落。	自然因素

续表

部位	残破现状	残破原因
屋面	西侧望兽和仙人缺失；东侧后檐仙人缺失；正脊、垂脊部分灰缝脱落。 檐头瓦件残损、松动。屋面瓦件残损、松动。	自然因素 年久失修
地仗、油饰	下架：基本完好。 上架：基本完好。 木基层：基本完好。 木装修：基本完好。	自然因素

（5）南衙皂房外观监测如表3.13所示

表3.13　南衙皂房外观残破情况与分析

部位	残破现状	残破原因
台明	阶条石：风化酥碱，存在断裂及棱角缺失现象，部分歪闪。 踏跺：风化酥碱，存在棱角残损现象。	自然因素 年久失修 人为拆改
散水	散水缺失，散水部位被现代地砖铺墁取代。	人为拆改
柱顶石	柱顶石残损、缺失。	自然因素
地面	廊步和室内地面方砖缺失，现为后改条砖地面。	人为拆改
柱	木柱柱根糟朽，出现劈裂现象。	自然因素
梁架	存在歪闪、劈裂、糟朽、拔榫、变形现象。 檐檩下枋子缺失。	自然因素
墙体	前檐墙为后改红机砖墙体。 后檐墙墙体坍塌、开裂、歪闪，室内抹灰脱落。 东山墙墙体坍塌、开裂、酥碱风化，室内抹灰脱落。 室内后加隔断墙。	人为拆改
装修	前后檐木装修缺失，现为后期人为拆改木装修。	人为拆改
木基层	椽子：糟朽、变形、残损。 苇席：糟朽、缺失。 望砖：风化酥碱、灰缝脱落。 挂檐板：糟朽、变形。 连檐、瓦口：缺失。	自然因素
屋面	原屋面缺失，现为后期人为拆改现代屋面	人为拆改
地仗、油饰	下架：地仗油饰脱落。 上架：地仗油饰脱落。 木基层：地仗油饰脱落。 木装修：地仗油饰脱落。	自然因素

（6）钞关院落外观监测如表3.14所示

表3.14　钞关院落残破情况与分析

部位	残破现状	残破原因
院落地面	仪门以西院落为遗址展示区，进行原址保护和展示。 北穿厅和北衙皂房之间院落原为甬路和地趴砖铺墁院落，现被条砖铺墁取代。 北衙皂房东西两侧院落被建筑垃圾覆盖。 南穿厅西侧院落被建筑垃圾覆盖。	人为拆改
院墙	院落院墙缺失，现仅有少量临时搭建红机砖院墙。	人为拆改
卡子墙	院内北穿厅东西两侧和南穿厅西侧卡子墙缺失。	人为拆改

（7）惠通街10号院东房及耳房外观监测如表3.15所示

表3.15　惠通街10号院东房及耳房外观残破情况与分析

部位	残破现状	残破原因
台明	阶条石：风化酥碱、歪闪，80%水泥砂浆抹面。 踏跺：85%青砖存在风化酥碱、损坏现象，水泥砂浆抹面。 台帮：水泥砂浆抹面。	自然因素 年久失修 人为拆改
散水	散水缺失，散水部位被现代地砖铺墁取代。	人为拆改
柱顶石	基本完好，轻微风化。	自然因素 年久失修
地面	廊步和室内地面为后改水泥砂浆抹面。	人为拆改
柱	木柱柱根糟朽，出现劈裂现象。	自然因素 年久失修
梁架	存在歪闪、劈裂、糟朽、拔榫、变形现象。	自然因素 年久失修
墙体	东房前檐墙室外下碱水泥砂浆抹面，上身墙体后刷涂料、80%灰缝脱落；室内墙面为后改现代抹灰墙面。 东房后檐墙墙体下半部分30%风化酥碱、70%灰缝脱落，上半部分为后改红机砖墙体；室内墙面为后改现代抹灰墙面。 东房两山墙下碱水泥砂浆抹面，上身墙体60%灰缝脱落；室内墙面为后改现代抹灰墙面。 南耳房前后檐墙和山墙下碱水泥砂浆抹面，上身墙体20%风化酥碱、65%灰缝脱落；室内墙面为后改现代抹灰墙面。 北耳房前后檐墙和山墙下碱水泥砂浆抹面，上身墙体15%风化酥碱、70%灰缝脱落；室内墙面为后改现代抹灰墙面。	自然因素 年久失修 人为拆改

续表

部位	残破现状	残破原因
装修	木装修构件之间存在拔榫、开裂、变形现象。 东房前檐南次间木装修上部玻璃窗为后改。 南、北耳房前檐过木外方砖50%缺失、残损。 耳房后加吊顶。	自然因素 年久失修 人为拆改
木基层	椽子：25%糟朽、变形、残损。 望板：50%糟朽、变形。 苇席：50%糟朽。 连檐、瓦口：糟朽、变形。	自然因素 年久失修
屋面	东房前檐屋面瓦件75%残损、缺失、松动；后檐屋面缺失，现为后期人为拆改现代屋面。 东房屋顶正脊60%残损，后增垂脊。 东房前檐檐头瓦件缺失。 耳房为后期人为拆改现代屋面。	自然因素 年久失修 人为拆改
地仗、油饰	下架：85%地仗油饰脱落。 上架：75%地仗油饰脱落。 木基层：80%地仗油饰脱落。 木装修：为人为后改颜色。	自然因素 年久失修 人为拆改

（8）惠通街10号院北房外观监测如表3.16所示

表3.16　惠通街10号北房残破情况与分析

部位	残破现状	残破原因
台明	阶条石：水泥砂浆抹面，被掩埋。	人为拆改
散水	散水缺失，散水部位被现代地砖铺墁取代。	人为拆改
柱顶石	基本完好，轻微风化。	自然因素 年久失修
地面	地面为后改水泥砂浆抹面。	人为拆改
柱	木柱柱根糟朽，出现劈裂现象。	自然因素 年久失修
梁架	存在歪闪、劈裂、糟朽、拔榫、变形现象。	自然因素 年久失修
墙体	前后檐墙和两山墙下碱水泥砂浆抹面，上身墙体15%风化酥碱、80%灰缝脱落；室内墙面为后改现代抹灰墙面。 室内后加隔断墙。	自然因素 年久失修 人为拆改
装修	木装修构件之间存在拔榫、开裂、变形现象。 后檐东次间为人为后改木装修。 室内后加吊顶。	自然因素 年久失修 人为拆改

续表

部位	残破现状	残破原因
木基层	椽子：15%糟朽、变形、残损。 望板：30%糟朽、变形。 苇席：75%糟朽。 连檐、瓦口：糟朽、变形。	自然因素 年久失修
屋面	原屋面缺失，现为后期人为拆改现代屋面。	人为拆改
地仗、油饰	下架：95%地仗油饰脱落。 上架：90%地仗油饰脱落。 木基层：95%地仗油饰脱落。 木装修：为人为后改颜色。	自然因素 年久失修 人为拆改

（9）后关街159号内7院北房外观监测如表3.17所示

表3.17　后关街159号内7院北房残破情况与分析

部位	残破现状	残破原因
台明	阶条石：水泥砂浆抹面，被掩埋。	自然因素 年久失修 人为拆改
散水	散水缺失，散水部位被现代地砖铺墁取代。	人为拆改
柱顶石	基本完好，轻微风化。	自然因素 年久失修
地面	地面为后改水泥砂浆抹面。	人为拆改
柱	木柱柱根糟朽，出现劈裂现象。	自然因素 年久失修
梁架	存在歪闪、劈裂、糟朽、拔榫、变形现象。	自然因素 年久失修
墙体	前后檐墙和两山墙室外下碱水泥砂浆抹面，上身墙体25%风化酥碱、80%灰缝脱落；室内墙面为后改现代抹灰墙面。 室内后加隔断板墙。	自然因素 年久失修 人为拆改
装修	木装修构件之间存在拔榫、开裂、变形现象。 前檐明间木装修为后改玻璃木门。 室内后加吊顶。	自然因素 年久失修 人为拆改
木基层	椽子：20%糟朽、变形、残损。 望砖：10%风化酥碱、75%灰缝脱落。 苇席：80%糟朽。 连檐、瓦口、挂檐板：糟朽、变形。	自然因素 年久失修
屋面	原屋面缺失，现为后期人为拆改现代屋面。	人为拆改

续表

部位	残破现状	残破原因
地仗、油饰	檐头木基层：85%地仗油饰脱落。 木装修：为人为后改颜色。	自然因素 年久失修 人为拆改

（10）后关街159号内7院东房残破情况如表3.18所示

表3.18　后关街159号内7院东房残破情况与分析

部位	残破现状	残破原因
台明	阶条石：水泥砂浆抹面，被掩埋。	自然因素 年久失修 人为拆改
散水	散水缺失，散水部位被现代地砖铺墁取代。	人为拆改
柱顶石	基本完好，轻微风化。	自然因素 年久失修
地面	地面为后改水泥砂浆抹面。	人为拆改
柱	木柱柱根糟朽，出现劈裂现象。	自然因素 年久失修
梁架	存在歪闪、劈裂、糟朽、拔榫、变形现象。	自然因素 年久失修
墙体	前后檐墙和两山墙室外下碱水泥砂浆抹面，上身墙体20%风化酥碱、70%灰缝脱落；室内墙面为后改现代抹灰墙面。 室内后加隔断板墙。	自然因素 年久失修 人为拆改
装修	木装修构件之间存在拔榫、开裂、变形现象。 前檐明间木装修为后改玻璃木门。 室内后加吊顶。	自然因素 年久失修 人为拆改
木基层	椽子：15%糟朽、变形、残损。 望砖：10%风化酥碱、80%灰缝脱落。 苇席：75%糟朽。 连檐、瓦口、挂檐板：糟朽、变形。	自然因素 年久失修
屋面	原屋面缺失，现为后期人为拆改现代屋面。	人为拆改
地仗、油饰	檐头木基层：80%地仗油饰脱落。 木装修：为人为后改颜色。	自然因素 年久失修 人为拆改

2. 运河钞关古建筑群变形监测与分析

钞关建筑群均为单层砖木结构，开间大多小于3米，进深一般小于6米，结构受力简洁明确，受风荷载影响少。但是钞关建筑群紧邻运河，受运河水位及临清地下水位的变化影响较大，存在沉降、倾斜、和裂缝等危险；特别是地基基础产生沉降将直接引起上部结构的整体变形破坏。钞关建筑群处于较为密集的居民区，相邻民居的修建拆迁等行为也影响到古建筑的变形。

在所有几何变形中，垂直位移是危害最大的变形，木构卯榫体系中自上而下的竖向位移具有累加特性；对于木构建筑，不同步的垂直位移变形会造成梁枋倾斜、卯榫劈裂等严重破坏。为详细掌握建筑群的竖向变形情况，需进行垂直位移监测项目，主要是监测不同房间的柱子沉降变形，即沉降监测项目。

（1）监测精度设计

精度指标是表征变形监测质量的基本指标，精度确定是变形监测方案设计的关键。通常来讲，变形观测的精度取决监测对象的实际变形容许值和监测目的。对此，国际测量工作者联合会（FIG）第十三届会议（1971年）工程测量组的讨论中提出："如果观测的目的是为了使变形值不大于某一容许的数值而确保建筑物的安全，则观测中误差应小于允许变形值的1/10～1/20；如果观测的目的是为了研究其变形的过程，则其中误差应比这个数值要小得多"。另外，在《建筑变形测量规范》（JGJ8-2016）中规定："建筑物整体性形变的观测中误差不应超过容许偏差的1/10～1/20"。同时规定："用于科研项目的变形测量的观测中误差，可视所需提高观测精度的程度，将上列各项观测中误差乘以1/5～1/2系数后采用"。《中华人民共和国危险房屋鉴定标准》（JGJ125-016）中对于木结构构件的安全性评定中规定："屋架倾斜量超过屋架高度的1/120视为屋架破坏的危险点"。针对这一问题，太原工业大学李世温教授在《古建筑中单层木结构架房屋抗震鉴定初探》一文中提出："木构古建筑柱头与柱脚相对位移（即柱身倾斜位移值）容许值Δ应满足如下要求：$\Delta<L/80$（式中L为柱高）"。结合上述分析，考虑到变形监测应同时满足建筑物整体性变形与结构段变形，钞关建筑群变形监测精度的确定应遵循以下原则：建筑物整体性变形监测中误差不应大于L/800（L为柱高）；结构段变形监测中误差不应大于L/480（L为柱高）。钞关建筑群不同结构层柱高是不同的，项目统一取3米作为精度指标确定柱子高度值，据此计算出钞关建筑群变形监测的精度指标，即变形点最终坐标中误差不应大于3.75毫米。

为此，依据中华人民共和国中《建筑变形测量规范》（JGJ8-2016）关于变形监测等级和精度标准的规定（见表3.19），同时考虑钞关建筑群作为文物建筑的特殊值和意义，确定钞关建筑群变形监测采用一级标准。

表3.19　建筑变形测量等级及精度要求

等级	沉降监测点测站高差中误差（mm）	位移监测点坐标中误差（mm）	主要适用范围
特等	0.05	0.3	特高精度要求的变形测量
一等	0.15	1.0	地基基础设计为甲级的建筑的变形测量；重要的古建筑、历史建筑的变形测量；重要的城市基础设施的变形测量等
二等	0.5	3.0	地基基础设计为甲、乙级的建筑的变形测量；重要场地的边坡监测；重要的基坑监测；重要管线的变形测量；地下工程施工及运营中的变形测量；重要的城市基础设施的变形测量等
三等	1.5	10.0	地基基础设计为乙、丙级的建筑的变形测量；一般场地的边坡监测；一般的基坑监测；地表、道路及一般管线的变形测量；一般的城市基础设施的变形测量；日照变形测量；风振变形测量等
四等	3.0	20.0	精度要求低的变形测量

注：1. 沉降监测点测站高差中误差：对水准测量，为其测站高差中误差；对静力水准测量、三角高程测量，为相邻沉降监测点间等价的高差中误差；

2. 位移监测点坐标中误差：指的是监测点相对于基准点或工作基点的坐标中误差、监测点相对于基准线的偏差中误差、建筑上某点相对于其底部对应点的水平位移分量中误差等、坐标中误差为其点位中误差的$1/\sqrt{2}$倍。

（2）监测方法选择

①控制测量

控制网是变形监测工作的基准。监测控制网包括平面控制网和高程控制网。变形监测控制网的基本形式取决于所采用的变形监测方法变形。平面控制网通常采用卫星定位同步异步环、三角网、导线网等形式；用于变形监测的高程控制网常采用水准网。

根据钞关建筑群周边情况，拟采用导线网作为监测的平面控制网。导线网由6个导线点组成，分别位于北钞关北穿厅的东西两侧，构成一条闭合导线。其中2个导线点埋设固定变形监测墩，设置在位于紧靠钞关北穿厅台基南侧的山墙延长线上，高度不超过台基高，外部利用古建筑中常见的露承墩形式进行装饰；另外4个设计建造成可拆卸式监测墩。每次监测开始前，先进行监测点的稳定性检验，平面控制测量采用南方测绘NTS-342R10A自动全站仪按照一等导线相关测量精度要求进行测角、测边，然后用进行严密平差，平差结果作为控制点稳定性分析和后续监测工作的基础。平面控制网同时作为高程控制网，高程控制测量采用一等水准测量的方式进行。

表3.20　导线测量基本要求

等级	最弱点点位中误差	导线总长	平均边长（m）	测角中误差（″）	导线全长相对闭合差	测边中误差（mm）
一级	± 1.4	750c	150	± 1.0	1/100000	± 0.6c

表3.21　水平角观测基本要求

仪器类型	两次照准读数差	半测回归零差（″）	同方向测回间2c互差（″）	同一方向值各测回互差（″）
DJ05	2	3	5	3
DJ1	4	5	9	5
DJ2	6	8	13	8

表3.22　水准观测基本要求

级别	视线长度	前后视距差	前后视距累计差	视线高度
特级	≤10	≤0.3	≤0.5	≥0.8
一级	≤30	≤0.7	≤1.0	≥0.5
三级	≤75	≤5.0	≤8.0	≥0.2

表3.23　水准观测基本要求

级别	基辅读数之差	基辅所测高差较差	符合或者环线闭合差	双测站所测高差较差
特级	0.15	0.2	$\leqslant 0.1\sqrt{n}$	$\leqslant 0.07\sqrt{n}$
一级	0.3	0.5	$\leqslant 0.3\sqrt{n}$	$\leqslant 0.2\sqrt{n}$
二级	0.5	0.7	$\leqslant 1.0\sqrt{n}$	$\leqslant 0.7\sqrt{n}$

②沉降变形监测

沉降变形监测包括两种方法：水准测量和液体静力水准测量，都是以起测基点高程为基准，引测钞关建筑物变形前后的测点高程，通过计算求得该点高程变化，即为该点的沉降量。钞关北穿厅基础沉降监测采用一等水准测量的方法，以钞关北楼附近的起算高程控制点为基准，引测建筑物观测周期内的高程，通过计算求得该点高程变化，即为该点的沉降值。

（3）监测标志点的建立

在做沉降观测之前需根据水准控制点与整个观测点的布设情况，制定详细的最佳观测方案，保证既能观测到全部观测点，又能高效率地完成观测工作。兼顾古建筑的特性，其沉降监测点要在保证监测精度的基础上兼顾美观。为此设计了不锈钢专用监测标志。沉降观测点一般布设在古建筑柱的勒脚处，且立尺部位加工成半球形或有突出之处。为立尺方便，观测点应距离柱面40mm。

①基准点的建立

依照有关规范及临清运河钞关建筑群的实际情况，在建筑群内部道路上布设了3个水准基点BM1，BM2，BM3。

②沉降监测点的建立

根据监测目的，沉降监测点的布设位置原则为：布设于建筑群内各单体建筑上明显而又有代表性的部位。按照以上要求，本次临清运河钞关建筑群沉降监测共布设18个监测点，其中，北衙皂房4个，北穿厅4个，南穿厅3个，南衙皂房3个，仪门4个。具体情况如图3.81所示。

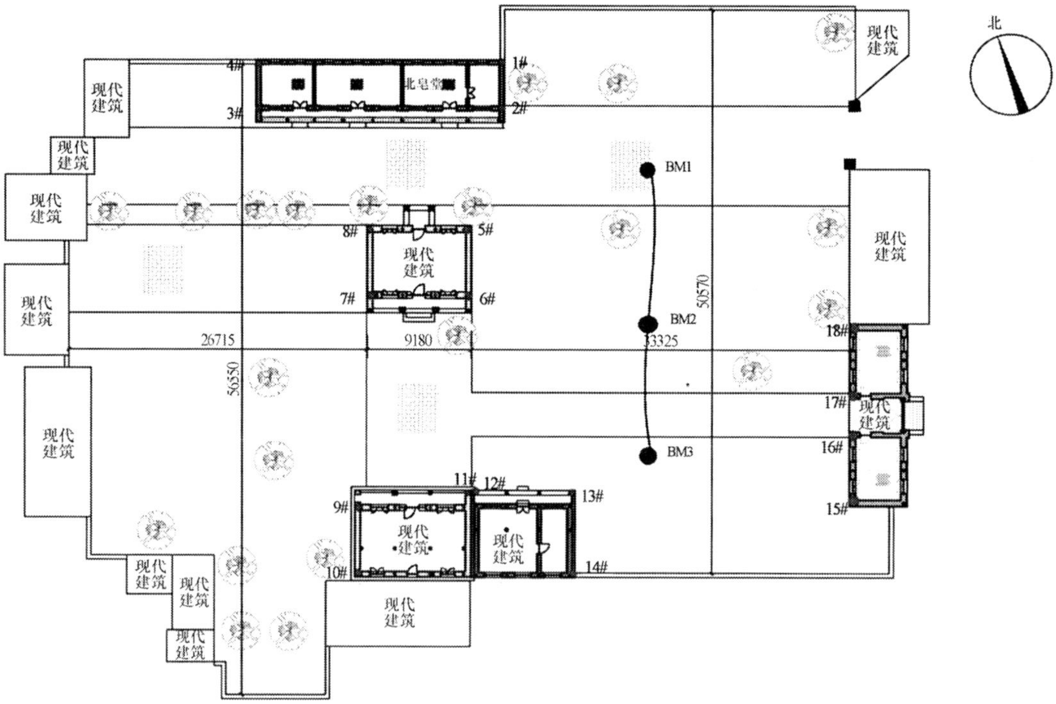

图3.81　运河钞关建筑群沉降监测点位布置图

（4）测量仪器设备选择

为保证测量精度，项目中拟选择南方测绘NTS-342R10A全站仪作为水平位移监测、倾斜监测及柱变形监测用测量仪器（图3.82），同时利用变形监测软件GeoMos实现自动化水平位移监测。

水准测量采用美国天宝DiNi03电子精密水准仪（图3.83），它是一种方便、易用、精确高效的水准测量工具，每公里0.3mm的误差，测距为1.5到100米之间。

（5）观测周期及数据监测

根据《工程测量规范》GB50026-2016和《建筑变形测量规程》JGJ 8-2016的相关规定，以3个月为1个周期，进行定期的监测。2014年6月对运河钞关建筑群各单体建筑上监测点进行第一次观测，以后每隔3个月观测一次（图3.84～图3.86）。

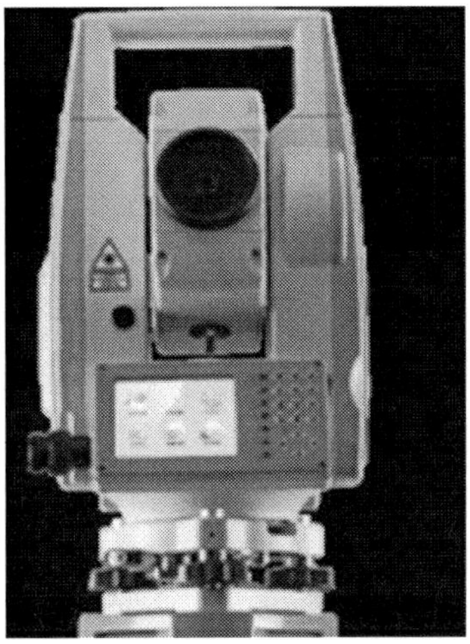

图3.82　南方测绘NTS-342R10A全站仪

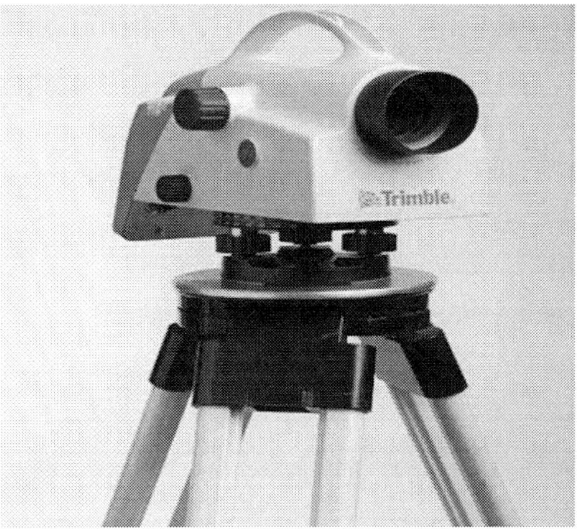

图3.83　美国天宝DiNi03电子精密水准仪

图3.84　全站仪调平

图3.85　测点监测

图3.86　测点数据记录

具体监测数据如表3.24～表3.26所示。

表3.24 第一、二、三次监测数据

次数	第一、二次			第三次		
日期	2015.08.19 2015.10.10			2016.03.13		
点号	高程1（m）	高程2（m）	平均高程（m）	本次测试高程值（m）	单次变化（mm）	累计变化量（mm）
1	35.55285	35.55284	35.55285	35.55280	-0.05	-0.18
2	35.54458	35.54456	35.54457	35.54449	-0.08	-0.12
3	35.50985	35.50984	35.50985	35.50978	-0.06	-0.23
4	35.50968	35.50966	35.50967	35.50957	-0.10	-0.20
5	35.49983	35.49981	35.49982	35.49973	-0.09	-0.12
6	35.49988	35.49987	35.49988	35.49979	-0.09	-0.19
7	35.51055	35.51051	35.51053	35.51043	-0.10	-0.10
8	35.51223	35.51221	35.51222	35.51209	-0.13	-0.20
9	35.81115	35.81112	35.81114	35.81103	-0.10	-0.10
10	35.80057	35.80052	35.80055	35.80040	-0.14	-0.14
11	35.60109	35.60105	35.60107	35.60094	-0.13	-0.13
12	35.61056	35.61051	35.61054	35.61042	-0.12	-0.12
13	35.75466	35.75463	35.75465	35.75450	-0.14	-0.14
14	35.75184	35.75182	35.75183	35.75169	-0.14	-0.14
15	35.73359	35.73355	35.73357	35.73345	-0.12	-0.07
16	35.76103	35.76101	35.76102	35.76086	-0.16	-0.17
17	35.75724	35.75720	35.75722	35.75710	-0.12	-0.16
18	35.74957	35.74955	35.74956	35.74941	-0.15	-0.15

表3.25 第四次、第五次监测数据分析表

次数	第四次			第五次		
日期	2016.05.15			2016.11.04		
点号	本次测试高程值（m）	单次变化（mm）	累计变化量（mm）	本次测试高程值（m）	单次变化（mm）	累计变化量（mm）
1	35.55273	-0.07	-0.12	35.55259	-0.14	-0.26
2	35.54439	-0.10	-0.18	35.54423	-0.16	-0.34
3	35.50973	-0.05	-0.12	35.50959	-0.14	-0.25
4	35.50944	-0.13	-0.23	35.50929	-0.15	-0.38
5	35.49956	-0.17	-0.26	35.49951	-0.05	-0.31

续表

次数	第四次			第五次		
日期	2016.05.15			2016.11.04		
点号	本次测试高程值（m）	单次变化（mm）	累计变化量（mm）	本次测试高程值（m）	单次变化（mm）	累计变化量（mm）
6	35.49961	-0.18	-0.27	35.49952	-0.09	-0.36
7	35.51030	-0.13	-0.23	35.51022	-0.08	-0.31
8	35.51193	-0.16	-0.29	35.51182	-0.11	-0.40
9	35.81100	-0.03	-0.14	35.81085	-0.15	-0.28
10	35.80029	-0.11	-0.26	35.80018	-0.11	-0.37
11	35.60079	-0.15	-0.28	35.60069	-0.10	-0.38
12	35.61028	-0.14	-0.25	35.61018	-0.10	-0.35
13	35.75432	-0.18	-0.32	35.75421	-0.11	-0.43
14	35.75164	-0.05	-0.19	35.75156	-0.08	-0.27
15	35.73337	-0.08	-0.20	35.73329	-0.08	-0.28
16	35.76076	-0.10	-0.26	35.76065	-0.11	-0.37
17	35.75698	-0.12	-0.24	35.75683	-0.15	-0.39
18	35.74931	-0.10	-0.25	35.74918	-0.13	-0.38

表3.26　第六次、第七次监测数据分析表

次数	第六次			第七次		
日期	2017.02.08			2017.05.08		
点号	本次测试高程值（m）	单次变化（mm）	累计变化量（mm）	本次测试高程值（m）	单次变化（mm）	累计变化量（mm）
1	35.55248	-0.11	-0.37	35.55232	-0.16	-0.53
2	35.54407	-0.16	-0.50	35.54395	-0.12	-0.62
3	35.50939	-0.20	-0.45	35.50922	-0.17	-0.62
4	35.50908	-0.21	-0.59	35.50896	-0.12	-0.71
5	35.49928	-0.23	-0.54	35.49906	-0.22	-0.76
6	35.49939	-0.13	-0.49	35.49917	-0.22	-0.71
7	35.50995	-0.27	-0.58	35.50990	-0.05	-0.63
8	35.51168	-0.14	-0.54	35.51154	-0.14	-0.68
9	35.81068	-0.17	-0.46	35.81043	-0.25	-0.71
10	35.79997	-0.21	-0.57	35.79979	-0.18	-0.75
11	35.60048	-0.21	-0.59	35.60040	-0.08	-0.67
12	35.61001	-0.17	-0.52	35.60994	-0.07	-0.59

续表

次数	第六次			第七次		
日期	2017.02.08			2017.05.08		
点号	本次测试高程值（m）	单次变化（mm）	累计变化量（mm）	本次测试高程值（m）	单次变化（mm）	累计变化量（mm）
13	35.75402	-0.19	-0.62	35.75386	-0.16	-0.78
14	35.75135	-0.21	-0.48	35.75111	-0.24	-0.72
15	35.73305	-0.24	-0.52	35.73298	-0.07	-0.59
16	35.76057	-0.08	-0.45	35.76034	-0.23	-0.68
17	35.75662	-0.21	-0.60	35.75645	-0.17	-0.77
18	35.74897	-0.21	-0.59	35.74883	-0.14	-0.73

（6）数据分析

2014年6月对运河钞关建筑群各单体建筑上监测点进行第一次观测，按照3个月观测周期。

对北衙皂房监测点（监测点1、2、3、4）数据进行分析，沉降量曲线如图3.87，可知北衙皂房沉降量最大的点是4#监测点，沉降量0.71mm，沉降量最小的点是3#监测点，沉降量0.53mm，差异沉降量为0.18mm。

对北穿厅监测点（监测点5、6、7、8）数据进行分析，沉降量曲线如图3.88，可知北穿厅沉降量最大的点是5#监测点，沉降量0.76mm，沉降量最小的点是7#监测点，沉降量0.63mm，差异沉降量为0.13mm。

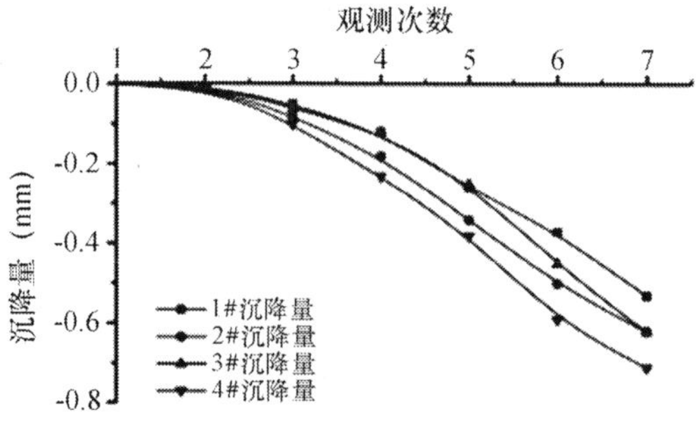

图3.87　点位1–4沉降量变化曲线

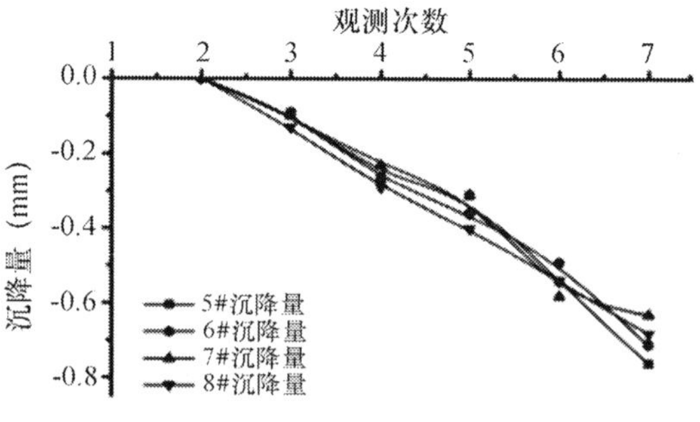

图3.88　点位5–8沉降量变化曲线

对南穿厅监测点（监测点9、10、11）数据进行分析，沉降量曲线如图3.89，可知南穿厅沉降量最大的点是10#监测点，沉降量0.75mm，沉降量最小的点是11#监测点，沉降量0.67mm，差异沉降量为0.08mm。

对南衙皂房监测点（监测点12、13、14）数据进行分析，沉降量曲线如图3.90，可知南衙皂房沉降量最大的点是13#监测点，沉降量0.78mm，沉降量最小的点是12#监测点，沉降量0.59mm，差异沉降量为0.19mm。

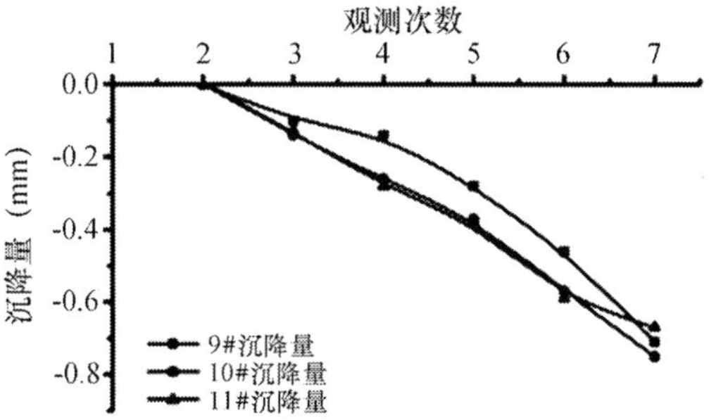

图3.89　点位9-11沉降量变化曲线

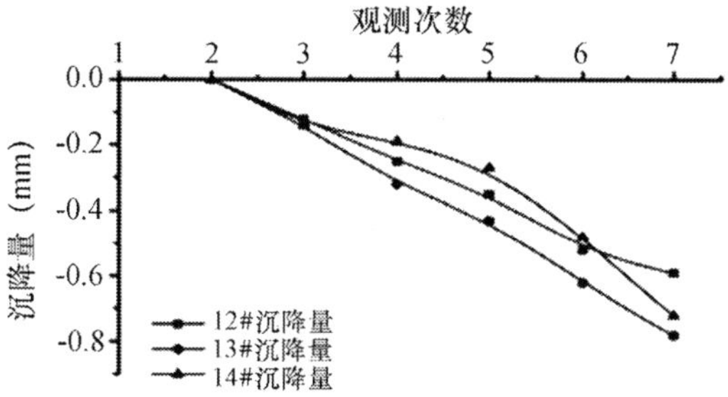

图3.90　点位12-14沉降量变化曲线

对仪门监测点（监测点15、16、17、18）数据进行分析，沉降量曲线如图3.91，可知仪门沉降量最大的点是17#监测点，沉降量0.77mm，沉降量最小的点是15#监测点，沉降量0.59mm，差异沉降量为0.18mm。

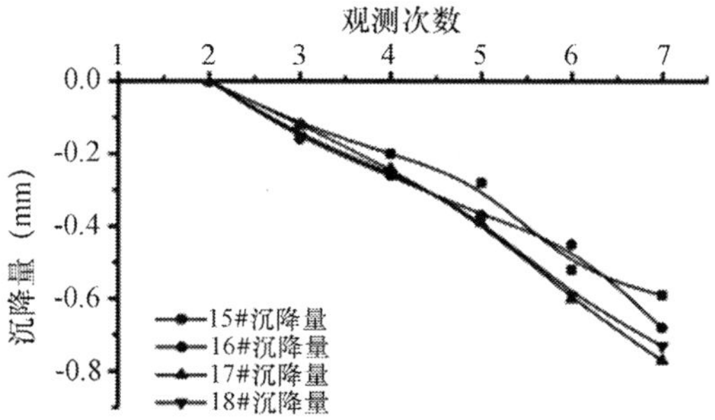

图3.91　点位15-18沉降量变化曲线

综上分析，运河钞关内所有单体建筑上各监测点一年多的沉降量均不超过1mm，沉降幅度特别低。各单体建筑上监测点差异沉降量同样是非常低，因此运河钞关内所有的单体建筑不会因沉降而造成损坏。

3. 振动监测项目

相对其他不利因素，振动带来的危害轻微不易察觉，但长年累月的损伤积累，轻者造成墙皮龟裂或者剥落，重者引起不均匀沉降或者结构变形，严重的甚至会影响古建筑的结构安全。钞关建筑群都以砖、木为建筑材料，对振动较为敏感，自建成使用至今，一直处于人流密度大且交通密集的区域，两者引起的长时间的振动会引起砖木结构的疲劳破坏。特别是近年来临清车辆的迅猛增长，使处于闹市的钞关建筑群受到较大的威胁。

通过对钞关建筑群进行定期振动监测，分析环境振动的传播规律及其对钞关建筑群的影响，提供数据评估古建筑损伤、振动风险，有效地控制和减少因环境振动而对古建筑结构物产生的危害，以更好的保障钞关建筑群结构安全。

（1）振动监测系统设计

对钞关建筑群进行的振动监测采用DH5907A无线环境激励实验模态测试系统。

①振动监测系统框架（图3.92）

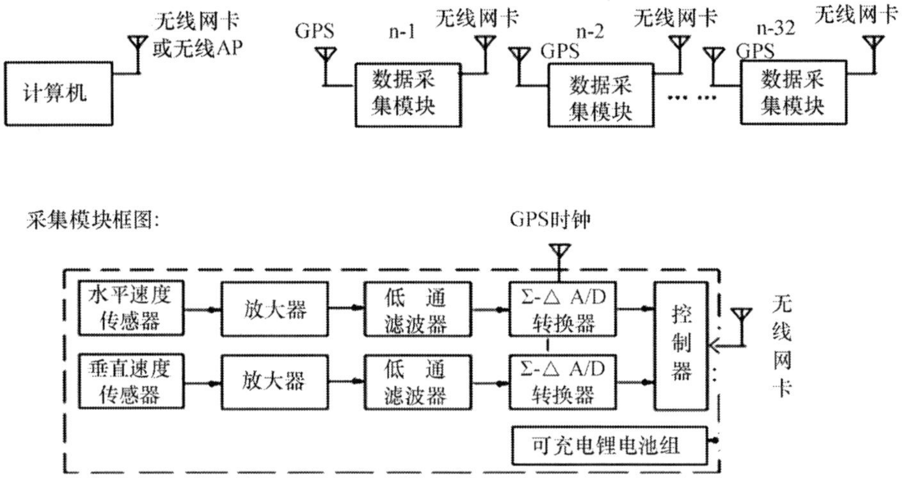

图3.92　监测系统框架

②振动监测系统的功能（表3.27）

表3.27　振动监测系统功能

<table>
<tr><th>序号</th><th>功能</th><th colspan="2">要求</th></tr>
<tr><td>1</td><td>实时性</td><td colspan="2">实时采集、实时保存、实时显示、实时分析</td></tr>
<tr><td>2</td><td>数据预处理功能</td><td colspan="2">重采样低通滤波、消除直流（均值）、消除线性趋势、曲线拟合、平滑处理、数据段的截取、删除、另存、时域或频域的积分与微分、数字滤波器设计及滤波处理等</td></tr>
<tr><td>3</td><td>时域统计功能</td><td colspan="2">均值、最大值、最小值、有效值、峰值</td></tr>
<tr><td>4</td><td>数据加窗</td><td colspan="2">矩形窗、汉宁窗、海明窗、平顶窗等</td></tr>
<tr><td>5</td><td>频谱分析功能</td><td colspan="2">实时FFT谱、平均谱</td></tr>
<tr><td>6</td><td>环境激励法实验模态分析软件功能</td><td>几何建模</td><td>可读入CAD平面图形、ANSYS有限元模型文件；可以直接在界面上完成部件、结点、连线的添加、删除、移动、复制、粘贴以及参数修改等；可自动生成规则模型；为了更接近实际结构，测点之间可插入非测量结点，软件自动根据周围测点数据编写非测点的约束方程。对模型可以进行平移、旋转、放大缩小、线条颜色修改、背景颜色修改、四视图单独或同时显示</td></tr>
</table>

续表

序号	功能	要求	
6	环境激励法实验模态分析软件功能	参数辨识	频域峰值法、随机子空间法等
		模态模型验证	稳态图、模态置信准则（MAC）模态振型的动画显示
		动画显示	参数辨识得到的各阶模态，分别或同时显示在一个或多个模型上；可以连续动画、步进动画、三维彩色动画、等高线动画、矢量动画、四视图同步动画等，动画幅度、速度可调；时域ODS动画、频域ODS动画
7	数据转换及生成报告功能	数据可转换成UFF文件（*.uff）、ASCII文本文件（*.txt）、Excel表格文件（*.xls）、Access数据库文件（*.mdb）、Matlab文件（*.mat）、位图文件（*.bmp）等；几何模型、静态动画图形的拷贝、打印；动画转换成AVI文件；所有识别的模态参数文件 （包括各阶模态的振型数据）可保存、打印，振型文件可导出为word文件及文本文件	

③振动监测系统参数（表3.28）

监测采用具有监测精度高的质点振动加速度和能够衡量振动大小的振动速度作为监测参数。根据钞关建筑群监测要求选用DH5907A无线环境激励实验模态测试分析系统。

表3.28　振动监测系统参数

技术参数	参数标准		
满度值与信号频率范围	大速度	满度值	3×10^{-2}m/s 3×10^{-1}m/s 3m/s
		信号频率范围	0.8Hz～30Hz（-3dB～+1dB）
	小速度	满度值	3×10^{-5}m/s 3×10^{-4}m/s 3×10^{-3}m/s
		信号频率范围	0.12Hz～78Hz（-3dB～+1dB）
采样速率	2Hz、5Hz、10Hz、20Hz、50Hz、100Hz、200Hz		
分析频率	0.78Hz、1.95Hz、3.9Hz、7.8Hz、19.5Hz、39Hz、78Hz		
Σ-Δ A/D转换器	16位		
系统不确定度	不大于5%（FULL）（测试条件：0.3Hz～10Hz）		
抗混滤波器	截止频率	采样速率的1/2.56倍，设置采样速率时同时设定	
	阻滞衰减	约-80dB/oct	
	平坦度（分析频率范围内）	小于±0.2dB	
通信接口	WiFi无线网络通信接口		

续表

技术参数	参数标准
电磁兼容	符合A类指标
使用环境	GB6587.1-86-Ⅱ
仪器自重	电源/控制器约3.6kg，采集器约1.9kg（包含传感器）

DH5907A无线环境激励实验模态测试分析系统中，每个5907A采集模块内置高灵敏度水平和垂直双向的低频速度传感器，每模块内置Wi-Fi无线通信模块，可通过无线AP或无线网卡组成无线网络；通讯距离最远可达200m，通过无线网桥或其他无线中继设备可实现更远的传输距离，在可视范围内，采集模块通讯距离200米（具体视网络状态而定）；每模块内置GPS，既可作为同步时钟，又可得到各模块位置信息，简化建模和测点识别；GPS时钟同步采样，完善的信号适调、电压放大、抗混滤波、数据采集硬件系统，计算机完成海量存贮、可同时控制64个模块工作，所有通道同步采样；实时处理、同步显示，内置大容量可充电锂电池组，配合环境激励实验模态分析软件，方便、准确地获得建筑的振型、固有频率、阻尼比和刚度。

（2）振动监测实施

①测点布置

由于临清运河钞关古建筑都是结构简单的单层，我们只做柱底和柱顶监测，因此，所需要监测的点也很少，如图3.93～图3.96所示。

②现场监测

如图3.97～图3.100所示，现场主要根据测点布置方案进行测点布置，仪器调试和数据记录三部分。

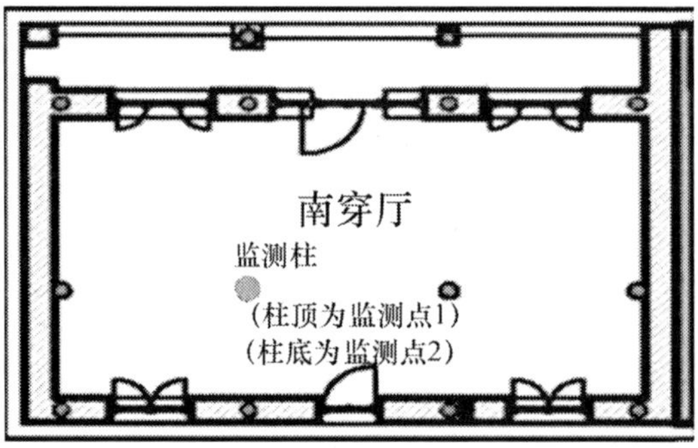

图3.93　南穿厅监测点

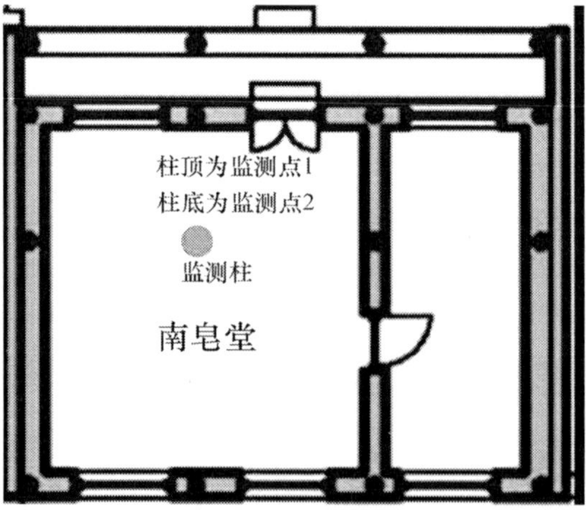

图3.94　南皂房监测点

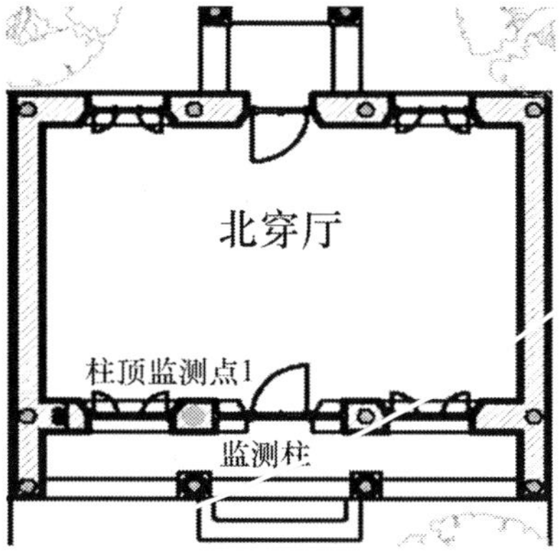

图3.95　北穿厅监测点

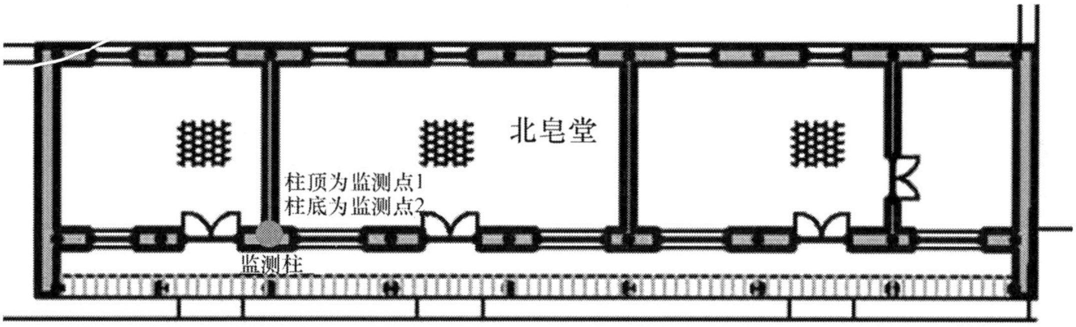

图3.96　北皂房监测点

图3.97　在柱顶测点布置仪器图

图3.98　放置好的仪器

图3.99　放置好的柱底仪器

图3.100　数据监测及记录

（3）监测数据

①南穿厅测点在典型时段振动速度波形图如图3.101～图3.104所示。

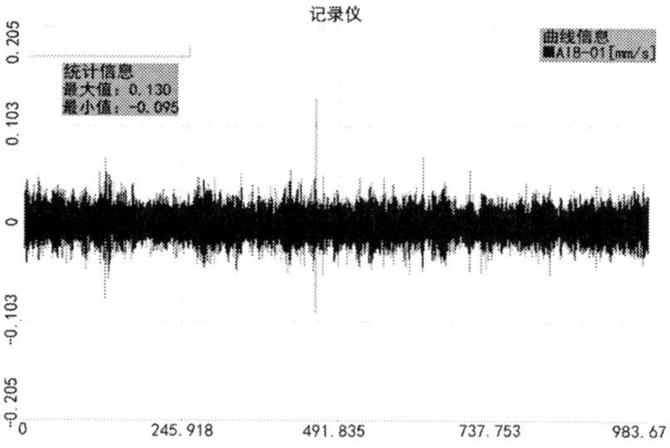

图3.101　测点1SN方向振动速度波形图

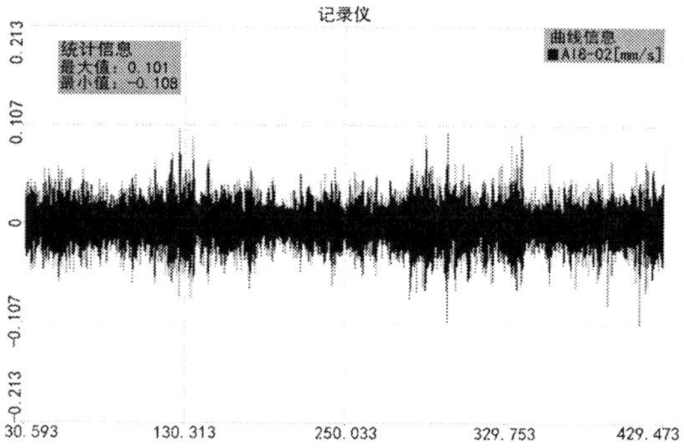

图3.102　测点1 EW方向振动速度波形图

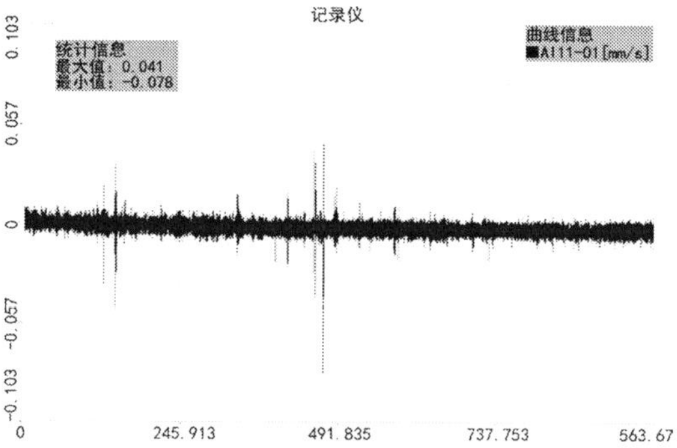

图3.103　测点2 SN方向振动速度波形图

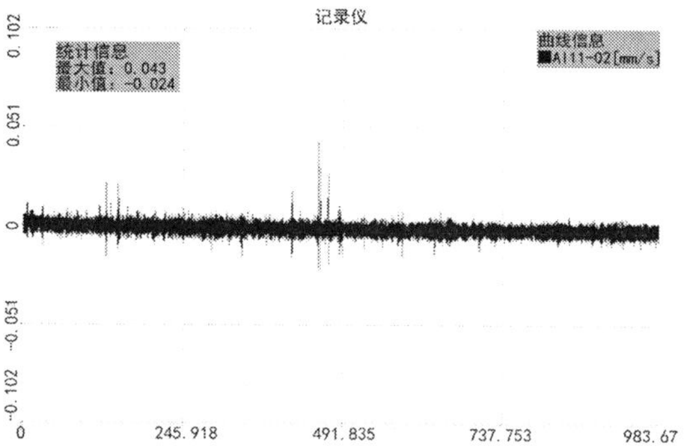

图3.104　测点2 EW方向振动速度波形图

②南皂房测点在典型时段振动速度波形图如图3.105～图3.108所示。

③北穿厅测点在典型时段振动速度波形图如图3.109、图3.110所示。

④北皂房测点在典型时段振动速度波形图如图3.111～图3.114所示。

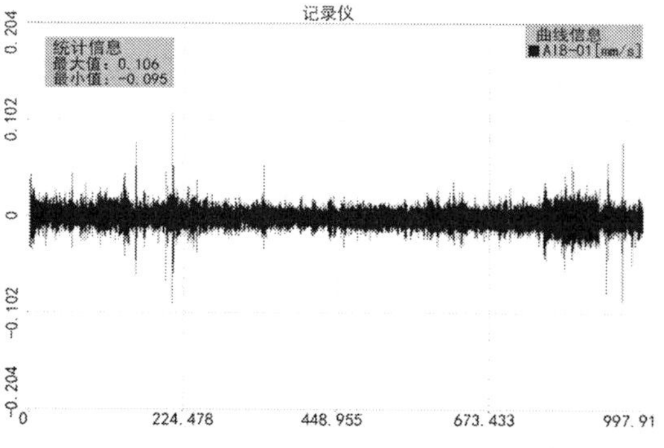

图3.105　测点1SN方向振动速度波形图

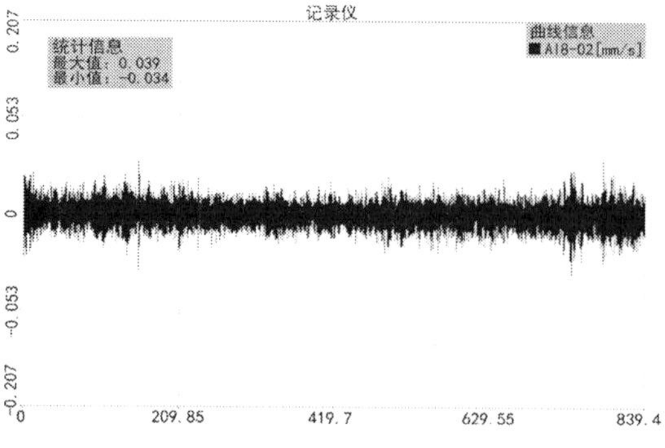

图3.106　测点1EW方向振动速度波形图

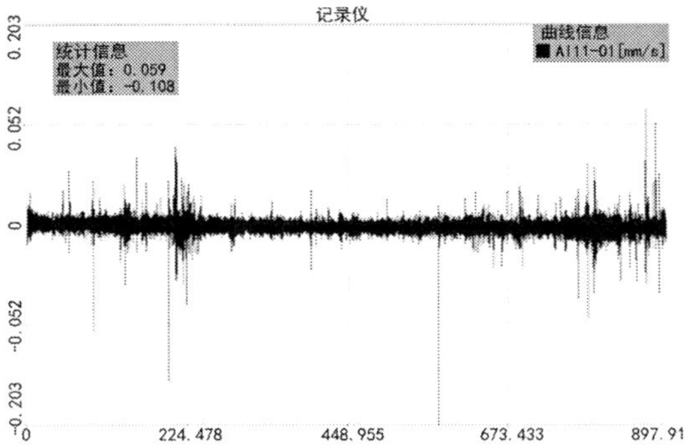

图3.107 测点2SN方向振动速度波形图

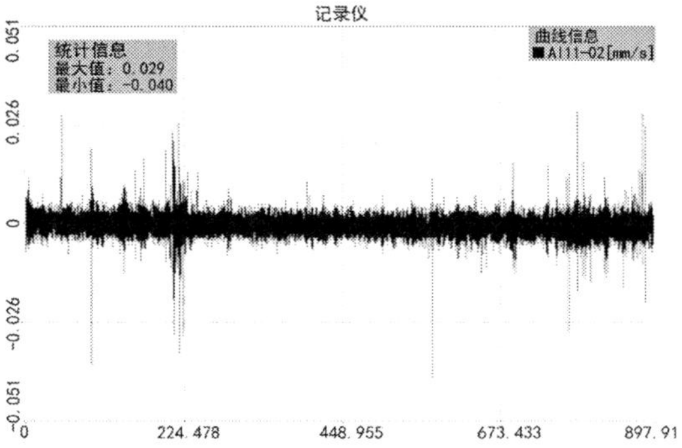

图3.108 测点2EW方向振动速度波形图

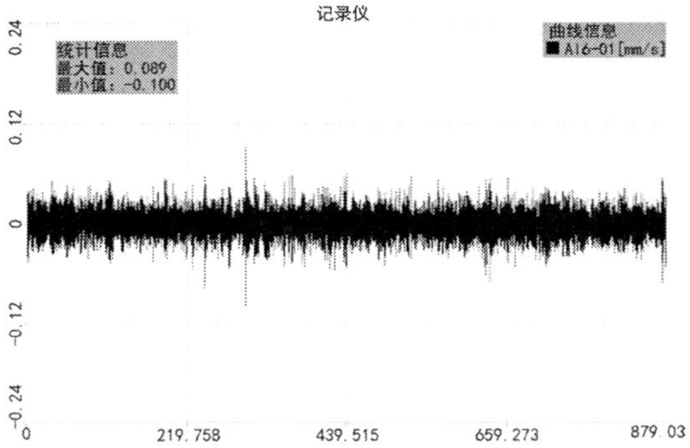

图3.109 测点1 SN方向振动速度波形图

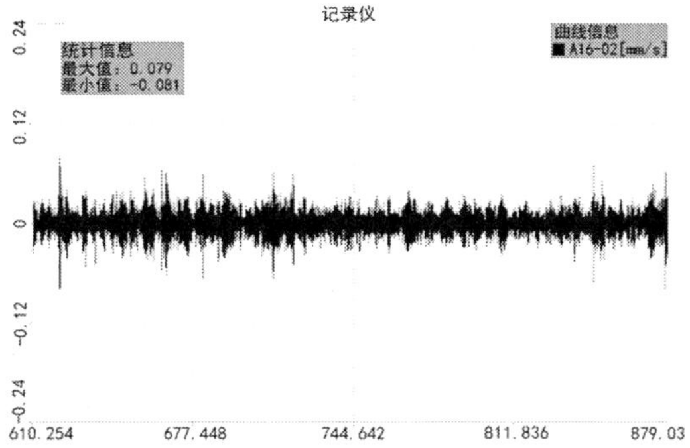

图3.110 测点1 EW方向振动速度波形图

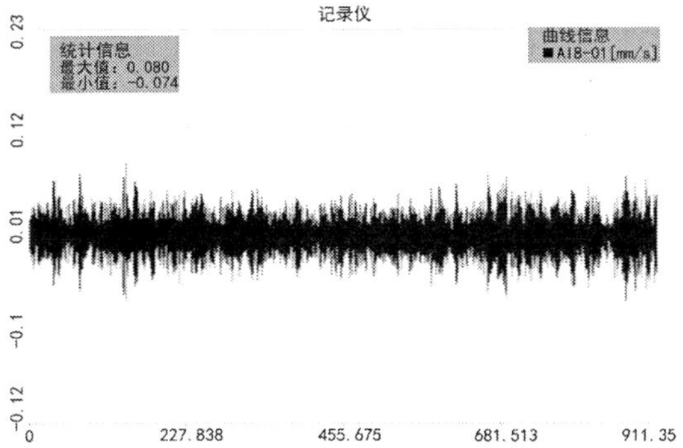

图3.111 测点1 SN方向振动速度波形图

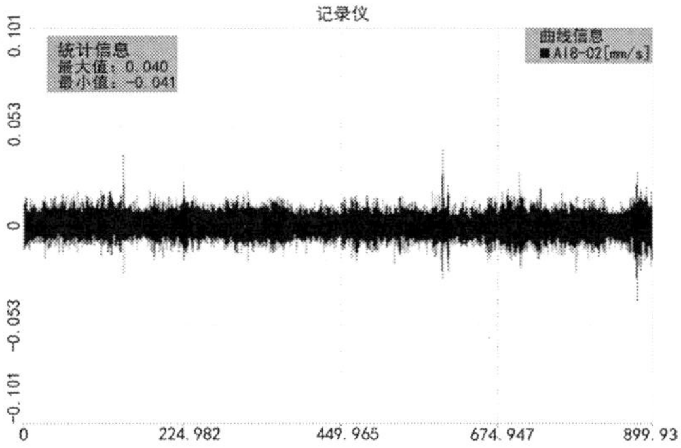

图3.112 测点1 EW方向振动速度波形图

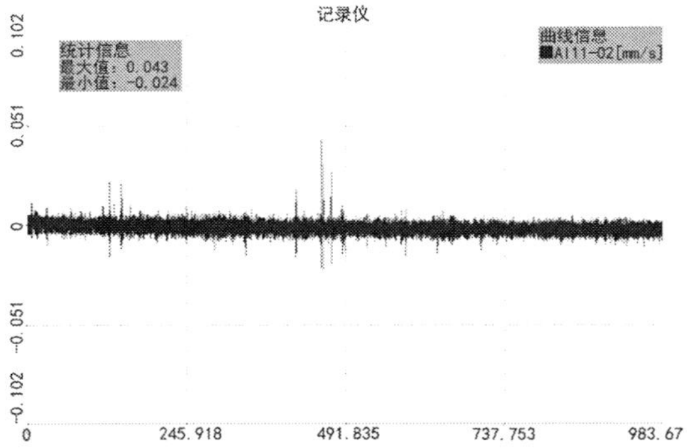

图3.113 测点2SN方向振动速度波形图

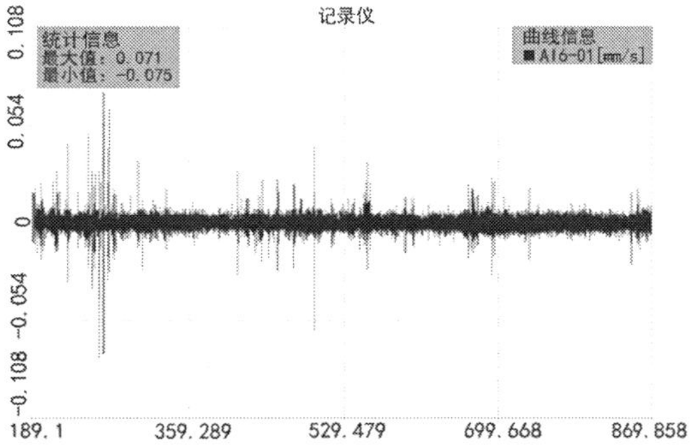

图3.114 测点2EW方向振动速度波形图

（4）振动监测数据分析

根据振动速度波形图，柱顶信息统计如表3.29～表3.32所示。

表3.29　南穿厅柱顶振动速度统计

测点号	最大值（mm/s）	最小值（mm/s）
测点1 SN方向	0.130	-0.095
测点1 EW方向	0.101	-0.108

表3.30　南皂房柱顶振动速度统计

测点号	最大值（mm/s）	最小值（mm/s）
测点1 SN方向	0.106	-0.095
测点1 EW方向	0.030	-0.034

表3.31　北穿厅柱顶振动速度统计

测点号	最大值（mm/s）	最小值（mm/s）
测点1 SN方向	0.089	-0.102
测点1 EW方向	0.079	-0.081

表3.32　北皂房柱顶振动速度统计（mm/s）

测点号	最大值	最小值
测点1 SN方向	0.080	-0.074
测点1 EW方向	0.040	-0.041

（5）监测数据分析

由于临清运河钞关为木框架的砖木结构，根据《古建筑防工业振动技术规范》要求，古建筑木结构柱顶容许振动速度标准为：

全国重点文物保护单位柱顶水平方向的容许振动速度为0.18～0.22mm/s；

省级文物保护单位柱顶水平方向的容许振动速度为0.25～0.30mm/s；

市、县级文物保护单位柱顶水平方向的容许振动速度为0.29～0.35mm/s。

由于临清运河钞关刚申请加入世界文化遗产名录，为全国重点文物保护对象，其柱顶水平方向容许的最大振动速度为0.22mm/s，根据监测数据的统计分析看到，上没有存在超过0.18mm/s的振动速度，也因此，临清运河钞关各单体建筑受外界影响而产生的振动速度对建筑结构健康影响不大。

（三）临清运河钞关古建筑群维修加固

1. 维修原则

①维修中应严格遵守“不改变文物原状”的文物保护维修原则。

②尽可能多的保留临清运河钞关的历史遗存和自身特点，最大限度保留临清运河钞关的历史信息。

③必须尊重和尽量利用原有材料，尽可能多的减少干预。为了增强文物本体的结构稳定性和持久性，可以适当采用一些新材料、新工艺。

④凡是新添加部分，原则上都具有可逆性，即在必要时可以将添补部分拆除而不影响。

2. 维修内容

临清运河钞关维修工程主要进行室内外地面重新铺墁，大木构架的检修及加固，墙体的剔凿挖补、拆砌、勾缝、重新抹灰刷浆，木装修的检修和补配，木基层的检修和更换糟朽构件，屋面进行检修、更换残损瓦件、重新捉节夹垄和宽瓦，上下架大木、木基层、木装修油饰铲除重做，院落的修整，更改因后期人为拆改的不合理部分，使其符合恢复为原有风貌。以下分项叙述。

（1）仪门维修设计内容如表3.33所示

表3.33　仪门维修设计内容

部位	修缮设计内容
台明	阶条石：检修阶条石，用大麻刀灰进行勾缝。 踏跺：检修踏跺。 台帮：剔凿挖补风化酥碱青砖（240mm × 120mm × 60mm），用小麻刀灰补勾灰缝。
散水	拆除后改现代地面，用青砖（295mm × 245mm × 80mm）重新一顺出糙墁散水，外侧栽（240mm × 120mm × 60mm）青砖牙子一道，泛水 2%；散水下部做 3∶7 灰土一步；3∶7 灰土下素土夯实。
柱顶石	检修柱顶石。
地面	拆除次间和梢间后改现代条砖地面，用方砖（420mm × 420mm × 70mm）重新十字缝细墁地面；地面下部做 3∶7 灰土一步；3∶7 灰土下素土夯实。
柱	对于糟朽部分进行剔补；对于劈裂部分采取环氧树脂加木条进行镶嵌。
梁架	检修梁架；对于歪闪、变形、拔榫部位进行打牮拨正，并用铁活固定；对于糟朽部分进行剔补。对于劈裂部分采取环氧树脂加木条进行镶嵌。

续表

部位	修缮设计内容
墙体	前后檐墙和两山墙：剔凿挖补墙体风化酥碱青砖（240mm × 120mm × 60mm），用小麻刀灰补勾灰缝；室内重新抹灰刷白。 隔断墙：重新抹灰刷白。
木装修	更换前檐两扇糟朽板门。 对于开裂、变形严重构件进行更换，轻微变形构件进行校正，开裂部位进行嵌补。
木基层	对望砖重新勾缝。
屋面	检修屋面，更换补配残损瓦件，对正脊和垂脊重新勾缝。
地仗、油饰	对于下架、上架、木基层、木装修中地仗油饰起皮脱落的部分进行铲除，重做单皮灰，按原色调重新油饰。

（2）北穿厅维修设计内容如表3.34所示

表3.34　北穿厅维修设计内容

部位	修缮设计内容
台明	压面青砖：剔除水泥砂浆抹面，更换断裂、损坏青砖（390mm × 290mm × 125mm），剔凿挖补风化酥碱青砖（390mm × 290mm × 125mm），用小麻刀灰补勾灰缝。 踏跺：拆除断裂严重的踏跺石，按原规格原材质更换新的踏跺石，新配的踏跺石用桃花浆进行灌注，用大麻刀灰进行勾缝。 台帮：剔除水泥砂浆抹面和勾缝，剔凿挖补风化酥碱青砖（390mm × 290mm × 125mm），用小麻刀灰补勾灰缝。
水	拆除后改现代地面，用青砖（295mm × 245mm × 80mm）重新一顺出糙墁散水，外侧栽（240mm × 120mm × 60mm）青砖牙子一道，泛水 2%；散水下部做 3：7 灰土一步；3：7 灰土下素土夯实。
柱顶石	检修柱顶石。
地面	拆除廊步和抱厦后改现代地面，用方砖（420mm × 420mm × 70mm）重新十字错缝细墁地面；地面下部做 3：7 灰土一步；3：7 灰土下素土夯实。
柱	对于糟朽部分进行剔补；对于劈裂部分采取环氧树脂加木条进行镶嵌。
梁架	检修散梁架；对于歪闪、变形、拔榫部位进行打牮拨正，并用铁活固定；对于糟朽部分进行剔补。对于劈裂部分采取环氧树脂加木条进行镶嵌。
墙体	前檐墙：剔除水泥砂浆抹面，用小麻刀灰补勾灰缝；室内重新抹灰刷白。 东山墙：剔除水泥砂浆抹面；剔凿挖补墙体风化酥碱青砖，用小麻刀灰补勾灰缝；局部拆除开裂墙体，重新砌筑；补砌空洞缺失青砖；室内重新抹灰刷白。 西山墙：剔除水泥砂浆抹面，剔凿挖补墙体风化酥碱青砖，用小麻刀灰补勾灰缝；室内重新抹灰刷白。 后檐墙：剔除水泥砂浆抹面，用小麻刀灰补勾灰缝；室内重新抹灰刷白。
木装修	对于开裂、变形严重构件进行更换，轻微变形构件进行校正，开裂部位进行嵌补。
木基层	对望砖重新勾缝。

续表

部位	修缮设计内容
屋面	补配缺失仙人。 检修屋面，更换补配残损瓦件，对正脊和垂脊重新勾缝。
地仗、油饰	对于下架、上架、木基层、木装修中地仗油饰起皮脱落的部分进行铲除，重做单皮灰，按原色调重新油饰。

（3）北衙皂房维修设计内容如表3.35所示

表3.35 北衙皂房维修设计内容

部位	修缮设计内容
台明	压面青砖：剔除水泥砂浆抹面和勾缝，更换断裂、损坏青砖（480mm×250mm×125mm），剔凿挖补风化酥碱青砖（480mm×250mm×125mm），用小麻刀灰补勾灰缝。 踏跺：检修踏跺。 台帮：剔除水泥砂浆抹面和勾缝，更换断裂、损坏青砖（480mm×250mm×125mm），剔凿挖补风化酥碱青砖（480mm×250mm×125mm），用小麻刀灰补勾灰缝。
散水	拆除后改现代地面，用青砖（295mm×245mm×80mm）重新一顺出糙墁散水，外侧栽（240mm×120mm×60mm）青砖牙子一道，泛水 2%；散水下部做 3：7 灰土一步；3：7 灰土下素土夯实。
柱顶石	更换、补配素面方平柱顶石。
地面	拆除现代地面，用方砖（420mm×420mm×70mm）重新十字错缝细墁地面；地面下部做 3：7 灰土一步；3：7 灰土下素土夯实。
柱	对于糟朽部分进行剔补；对于劈裂部分采取环氧树脂加木条进行镶嵌。
梁架	检修梁架；对于歪闪、变形、拔榫部位进行打牮拨正，并用铁活固定；对于糟朽部分进行剔补。 对于劈裂部分采取环氧树脂加木条进行镶嵌。
墙体	拆除前后檐墙和两山墙后改红机砖墙体，重新砌筑青砖墙体。 前后檐墙和两山墙室外为 240mm×120mm×60mm 青砖淌白三顺一丁砌筑；室内下碱为 240mm×120mm×60mm 青砖淌白三顺一丁砌筑，上身为墙面抹灰刷白；前檐墙体上有发券门洞和窗洞；后檐为封后檐，出五层带砖椽冰盘檐，墙体上有发券窗洞；两山墙前檐砖砌墀头。 隔断墙：拆除室内后加隔断墙。
木装修	拆除前后檐后改木装修，按院内同时期建筑物恢复木装修。 前檐木装修安装在金柱轴线上，西第二间、西第四间、西第七间为一扇三抹四块玻璃芯屉门，上为三块玻璃芯屉固定窗；西第一间、西第三间、西第五间、西第六间、西第八间为三扇两抹四块玻璃芯屉槛窗，上为三块玻璃芯屉固定窗。后檐木装修安装在后檐柱轴线上，每间为三扇两抹四块玻璃芯屉槛窗，上为三块玻璃芯屉固定窗。
木基层	对于椽子、连檐、瓦口、挂檐板糟朽的部分进行修补。 对望砖重新勾缝。
屋面	拆除后期人为拆改现代屋面；重新苫背瓦布瓦筒瓦屋面，两山为铃铛排山，施正脊、垂脊，施望兽和仙人，瓦件尺寸为 145mm×195mm。
地仗、油饰	对于下架、上架、木基层中地仗油饰起皮脱落的部分进行铲除，重做单皮灰，按原色调重新油饰。 对新做木基层和木装修做单皮灰，按建筑物色调进行油饰。

（4）南穿厅维修设计内容如表3.36所示

表3.36　南穿厅维修设计内容

部位	修缮设计内容
台明	压面青砖：剔除水泥砂浆抹面，更换断裂、损坏青砖，剔凿挖补风化酥碱青砖，用小麻刀灰补勾灰缝。 台帮：剔除水泥砂浆抹面，剔凿挖补风化酥碱青砖，用小麻刀灰补勾灰缝。
散水	拆除酥碱、断裂的散水青砖，用原规格 295mm × 245mm × 80mm 青砖进行补配，灰缝脱落部位用油灰重新勾灰缝，补配（240mm × 120mm × 60mm）青砖牙子一道。
柱顶石	检修柱顶石。 更换、补配素面方平柱顶石。
地面	拆除廊步后改现代地面，用方砖（420mm × 420mm × 70mm）重新十字错缝细墁地面；地面下部做 3∶7 灰土一步；3∶7 灰土下素土夯实。 拆除室内后改现代地面，改为横向错缝铺墁厚 40mm 木地板，木地板下为纵向安装的 120mm × 100mm 木龙骨，木龙骨横向中—中间距 650mm，纵向木龙骨之间用 60mm × 50mm 木支条进行拉结，木支条间距 290mm，每行木龙骨下方砌筑一层宽 240mm 的机砖，机砖下部为 3∶7 灰土一步，3∶7 灰土下素土夯实。
柱	对于糟朽部分进行剔补；对于劈裂部分采取环氧树脂加木条进行镶嵌。
梁架	检修梁架；对于歪闪、变形、拔榫部位进行打牮拨正，并用铁活固定；对于糟朽部分进行剔补。对于劈裂部分采取环氧树脂加木条进行镶嵌。
墙体	前檐墙：剔除水泥砂浆抹面，用小麻刀灰补勾灰缝；室内重新抹灰刷白。 东山墙：剔除水泥砂浆抹面；剔凿挖补墙体风化酥碱青砖（240mm × 120mm × 60mm），用小麻刀灰补勾灰缝；室内重新抹灰刷白。 西山墙：剔除水泥砂浆抹面；剔凿挖补墙体风化酥碱青砖（240mm × 120mm × 60mm），用小麻刀灰补勾灰缝；室内重新抹灰刷白。 后檐墙：用小麻刀灰补勾灰缝；室内重新抹灰刷白。
木装修	对于开裂、变形严重构件进行更换，轻微变形构件进行校正，开裂部位进行嵌补。
木基层	对望砖重新勾缝。
屋面	补配缺失望兽和仙人。 检修屋面，更换补配残损瓦件，对正脊和垂脊重新勾缝。
地仗、油饰	对于下架、上架、木基层、木装修中地仗油饰起皮脱落的部分进行铲除， 重做单皮灰，按原色调重新油饰。

（5）南衙皂房维修设计内容如表3.37所示

表3.37　南衙皂房维修设计内容

部位	修缮设计内容
台明	阶条石：拆除断裂严重的阶条石，按原规格原材质更换新的阶条石，新配的阶条石用桃花浆进行灌注，用大麻刀灰进行勾缝；归安歪闪阶条石。 踏跺：检修踏跺。

续表

部位	修缮设计内容
散水	拆除后改现代地面，用青砖（295mm × 245mm × 80mm）重新一顺出糙墁散水，外侧栽（240mm × 120mm × 60mm）青砖牙子一道，泛水 2%；散水下部做 3：7 灰土一步；3：7 灰土下素土夯实。
柱顶石	更换、补配素面方平柱顶石。
地面	拆除后改现代地面，用方砖（420mm × 420mm × 70mm）重新十字错缝细墁地面；地面下部做 3：7 灰土一步；3：7 灰土下素土夯实。
柱	对于糟朽部分进行剔补；对于劈裂部分采取环氧树脂加木条进行镶嵌。
梁架	检修梁架；对于歪闪、变形、拔榫部位进行打牮拨正，并用铁活固定；对于糟朽部分进行剔补。对于劈裂部分采取环氧树脂加木条进行镶嵌。
墙体	拆除前檐墙后改红机砖墙体；重新淌白三顺一丁砌筑青砖（240mm × 120mm × 60mm）墙体，室内下碱为 240mm × 120mm × 60mm 青砖淌白三顺一丁砌筑，上身为墙面抹灰刷白。 后檐墙：拆除开裂墙体，重新砌筑；补砌坍塌缺失青砖；室内重新抹灰刷白。 东山墙：拆除开裂墙体，重新砌筑；补砌坍塌缺失青砖；室内重新抹灰刷白。 隔断墙：拆除室内后加隔断墙。
木装修	拆除前后檐后改木装修，按院内同时期建筑物恢复木装修。 前檐木装修安装在前金柱轴线上，明间为一扇三抹四块玻璃芯屉门，上为三块玻璃芯屉固定窗；次间为三扇两抹三块玻璃芯屉槛窗，上为三块玻璃芯屉固定窗。后檐木装修安装在后檐柱轴线上，每间为三扇两抹四块玻璃芯屉槛窗，上为三块玻璃芯屉固定窗。
木基层	对于椽子、连檐、瓦口、挂檐板糟朽的部分进行修补。 对望砖重新勾缝。 拆除糟朽苇席，补配望砖。
屋面	拆除后期人为拆改现代屋面；重新苫背瓦布瓦筒瓦卷棚屋面，山面为铃铛排山，施垂脊，瓦件尺寸为 145mm × 195mm。
地仗、油饰	对于下架、上架、木基层、木装修中地仗油饰起皮脱落的部分进行铲除，重做单皮灰，按原色调重新油饰。 对新做木基层和木装修做单皮灰，按建筑物色调进行油饰。

（6）钞关院落维修设计内容如表3.38所示

表3.38　钞关院落维修设计内容

部位	修缮设计内容
院落地面	拆除北穿厅和北衙皂房之间院落后改现代条砖地面，重新铺墁甬路和地趴砖地面；甬路沿北穿厅和北衙皂房之间院落中轴线铺墁，采用九趟方砖（420mm × 420mm × 70mm）十字错缝细墁，外侧栽有两道青砖牙子（240mm × 120mm × 60mm）；其余院落用地趴砖（420mm × 210mm × 85mm）十字错缝铺墁地面；院落地面下做 3：7灰土一步，灰土下进行原土夯实。 清理北衙皂房东西两侧院落和南穿厅西侧院落建筑垃圾，用地趴砖（420mm × 210mm × 85mm）十字错缝铺墁地面；院落地面下做 3：7 灰土一步，灰土下进行原土夯实。

续表

部位	修缮设计内容
院墙	拆除仪门南北两侧临建。 拆除后搭红机砖院墙，重新砌筑青砖院墙。 院墙墙体露明 3.22m（下碱 0.9m，上身 1.63），埋深 1.3m，底部出放脚，墙体下部做 150mm 厚 3∶7 灰土，3∶7 灰土下素土夯实。 院墙（240mm × 120mm × 60mm）青砖淌白三顺一丁砌筑清水墙，上出四层冰盘檐，做（145mm × 195mm）布瓦筒瓦墙帽；院墙内侧散水为青砖（295mm × 245mm × 80mm）一顺出糙墁散水，外侧栽（240mm × 120mm × 60mm）青砖牙子一道，泛水 2%；散水下部做 3∶7 灰土一步；3∶7 灰土下素土夯实。 院落东北角院墙处做两扇铁艺大门，以便车辆出入。
卡子墙	恢复院内北穿厅东西两侧和南穿厅西侧卡子墙，并在院内北穿厅东西两侧和南穿厅西侧各增加一个月亮门，以便出入。 北穿厅东西两侧卡子墙和月亮门：卡子墙墙体露明 3.22m（下碱 0.9m，上身 1.63m），埋深 1.3m，底部出放脚，墙体下部做 150mm 厚 3∶7 灰土，3∶7 灰土下素土夯实；卡子墙（240mm × 120mm × 60mm）青砖淌白三顺一丁砌筑 清水墙，上出四层冰盘檐，做（145mm × 195mm）布瓦筒瓦墙帽；卡子墙两侧散水为青砖（295mm × 245mm × 80mm）一顺出糙墁散水，外侧栽（240mm × 120mm × 60mm）青砖牙子一道，泛水 2%，散水下部做 3∶7 灰土一步，3∶7 灰土下素土夯实。月亮门高 1.88m，直径 2m，下做（950mm × 500mm × 150mm）青石门石一块，为一券一伏券门。 南穿厅西侧卡子墙和月亮门：卡子墙北侧墙体露明 3.22m（下碱 1.34m，上身 1.19m），埋深 1.3m，底部出放脚，墙体下部做 150mm 厚 3∶7 灰土，3∶7 灰土下素土夯实；卡子墙南侧墙体露明 2.47m（下碱 0.59m，上身 1.19m），埋深 2.05m，底部出放脚，墙体下部做 150mm 厚 3∶7 灰土，3∶7 灰土下素土夯实；卡子墙（240mm × 120mm × 60mm）青砖淌白三顺一丁砌筑清水墙，上出四层冰盘檐，做（145mm × 195mm）布瓦筒瓦墙帽；卡子墙两侧散水为青砖（295mm × 245mm × 80mm）一顺出糙墁散水，外侧栽（240mm × 120mm × 60mm）青砖牙子一道，泛水 2%，散水下部做 3∶7 灰土一步，3∶7 灰土下素土夯实。月亮门高 1.88m，直径 2m，下做（950mm × 500mm × 150mm）青石门石一块，为一券一伏券门；月亮门北侧做五步垂带踏跺。

（7）惠通街10号院东房及耳房维修设计内容如表3.39所示

表3.39　惠通街10号院东房及耳房维修设计内容

部位	修缮设计方案
台明	阶条石：剔除水泥砂浆抹面，用桃花浆进行灌浆，用大麻刀灰进行勾缝，归安歪闪阶条石。 踏跺：剔除水泥砂浆抹面，更换断裂、损坏青砖，剔凿挖补风化酥碱青砖，用小麻刀灰补勾灰缝。 台帮：剔除水泥砂浆抹面，更换断裂、损坏青砖，用小麻刀灰补勾灰缝。
散水	拆除后改现代地面，用青砖（295mm × 245mm × 80mm）重新一顺出糙墁散水，外侧栽（240mm × 120mm × 60mm）青砖牙子一道，泛水2%；散水下部做3∶7灰土一步；3∶7灰土下素土夯实。
柱顶石	检修柱顶石。

续表

部位	修缮设计方案
地面	拆除水泥砂浆抹面地面，用方砖（420mm×420mm×70mm）重新十字错缝细墁地面；地面下部做3：7灰土一步；3：7灰土下素土夯实。
柱	对于糟朽部分进行剔补；对于劈裂部分采取环氧树脂加木条进行镶嵌。
梁架	检修梁架；对于歪闪、变形、拔榫部位进行打牮拨正，并用铁活固定；对于糟朽部分进行剔补。对于劈裂部分采取环氧树脂加木条进行镶嵌。
墙体	东房前檐墙：剔除水泥砂浆抹面，去除墙面后刷涂料，用小麻刀灰补勾灰缝；室内重新抹灰刷白。 东房后檐墙：剔凿挖补墙体风化酥碱青砖（250mm×120mm×60mm），用小麻刀灰补勾灰缝；拆除后改红机砖墙体，重新青砖（250mm×120mm×60mm）砌筑墙体；室内重新抹灰刷白。 东房两山墙：剔除水泥砂浆抹面，剔凿挖补墙体风化酥碱青砖（250mm×120mm×60mm），用小麻刀灰补勾灰缝；室内重新抹灰刷白。 南、北耳房前后檐墙和山墙：剔除水泥砂浆抹面，剔凿挖补墙体风化酥碱青砖（250mm×120mm×60mm），用小麻刀灰补勾灰缝；室内重新抹灰刷白。
木装修	对于开裂、变形严重构件进行更换，轻微变形构件进行校正，开裂部位进行嵌补。 东房前檐南次间木装修：拆除上部后改玻璃窗，恢复三扇玻璃窗。 补配南、北耳房前檐过木外缺失、残损方砖。 拆除耳房室内后加吊顶。
木基层	对于椽子、连檐、瓦口糟朽的部分进行修补。 更换糟朽木望板。 更换糟朽苇席。
屋面	东房屋面：瓦顶揭取，拆卸时注意保留瓦件的完整，将瓦件分类码放；补配缺失残损瓦件，重新苫背瓦布瓦合瓦屋面，两山为披水排山，施花瓦正脊，瓦件尺寸为145mm×195mm。 耳房屋面：拆除后期人为拆改现代屋面；重新苫背做灰背屋面。
地仗、油饰	对于下架、上架、木基层中地仗油饰起皮脱落的部分进行铲除，重做单皮灰，按原色调重新油饰。 对新做木基层和木装修做单皮灰，按建筑物色调进行油饰。 剔除木装修后改地仗油饰，重做单皮灰，刷铁红色。

（8）惠通街10号院北房维修设计内容如表3.40所示

表3.40 惠通街10号院北房维修设计内容

部位	修缮设计方案
台明	阶条石：剔除水泥砂浆抹面，用桃花浆进行灌浆，用大麻刀灰进行勾缝。
散水	拆除后改现代地面，用青砖（295mm×245mm×80mm）重新一顺出糙墁散水，外侧栽（240mm×120mm×60mm）青砖牙子一道，泛水2%；散水下部做3：7灰土一步；3：7灰土下素土夯实。
柱顶石	检修柱顶石。
地面	拆除水泥砂浆抹面地面，用方砖（420mm×420mm×70mm）重新十字错缝细墁地面；地面下部做3：7灰土一步；3：7灰土下素土夯实。

续表

部位	修缮设计方案
柱	对于糟朽部分进行剔补；对于劈裂部分采取环氧树脂加木条进行镶嵌。
梁架	检修梁架；对于歪闪、变形、拔榫部位进行打牮拨正，并用铁活固定；对于糟朽部分进行剔补。对于劈裂部分采取环氧树脂加木条进行镶嵌。
墙体	前后檐墙和两山墙：剔除水泥砂浆抹面；剔凿挖补墙体风化酥碱青砖（250mm × 120mm × 60mm），用小麻刀灰补勾灰缝；室内重新抹灰刷白。 隔断墙：拆除室内后加隔断墙。
木装修	对于开裂、变形严重构件进行更换，轻微变形构件进行校正，开裂部位进行嵌补。 后檐东次间木装修：拆除人为后改木装修，恢复玻璃芯屉支窗 拆除耳房室内后加吊顶。
木基层	对于椽子、连檐、瓦口糟朽的部分进行修补。 更换糟朽木望板。 更换糟朽苇席。
屋面	拆除后期人为拆改现代屋面；重新苫背瓦布瓦合瓦屋面，两山为披水排山，施花瓦正脊，瓦件尺寸为145mm × 195mm。
地仗、油饰	对于下架、上架、木基层中地仗油饰起皮脱落的部分进行铲除，重做单皮灰，按原色调重新油饰。 对新做木基层和木装修做单皮灰，按建筑物色调进行油饰。 剔除木装修后改地仗油饰，重做单皮灰，刷铁红色。

（9）后关街159号内7院北房维修设计内容如表3.41所示

表3.41　后关街159号内7院北房维修设计内容

部位	修缮设计方案
台明	阶条石：剔除水泥砂浆抹面，用桃花浆进行灌浆，用大麻刀灰进行勾缝。
散水	拆除后改现代地面，用青砖（295mm × 245mm × 80mm）重新一顺出糙墁散水，外侧栽（240mm × 120mm × 60mm）青砖牙子一道，泛水2%；散水下部做3：7灰土一步；3：7灰土下素土夯实。
柱顶石	检修柱顶石。
地面	拆除水泥砂浆抹面地面，用方砖（420mm × 420mm × 70mm）重新十字错缝细墁地面；地面下部做3：7灰土一步；3：7灰土下素土夯实。
柱	对于糟朽部分进行剔补；对于劈裂部分采取环氧树脂加木条进行镶嵌。
梁架	检修梁架；对于歪闪、变形、拔榫部位进行打牮拨正，并用铁活固定；对于糟朽部分进行剔补。对于劈裂部分采取环氧树脂加木条进行镶嵌。
墙体	前后檐墙和两山墙：剔除水泥砂浆抹面，剔凿挖补墙体风化酥碱青砖（260mm × 130mm × 60mm），用小麻刀灰补勾灰缝；室内重新抹灰刷白。 拆除室内后加隔断板墙。
木装修	对于开裂、变形严重构件进行更换，轻微变形构件进行校正，开裂部位进行嵌补。 前檐明间木装修：拆除后改两扇玻璃芯屉木门，恢复两扇四抹玻璃芯屉门。 拆除室内后加吊顶。

续表

部位	修缮设计方案
木基层	对于椽子、连檐、瓦口、挂檐板糟朽的部分进行修补。 对望砖重新勾缝。 更换糟朽苇席。
屋面	拆除后期人为拆改现代屋面；重新苫背瓦布瓦合瓦屋面，两山为披水排山，施花瓦正脊，瓦件尺寸为145mm×195mm。
地仗、油饰	对于檐头木基层中地仗油饰起皮脱落的部分进行铲除，重做单皮灰，按原色调重新油饰。 对新做木基层和木装修做单皮灰，按建筑物色调进行油饰。 剔除木装修后改地仗油饰，重做单皮灰，刷铁红色。 室内上架大木重刷桐油两道。

（10）后关街159号内7院东房维修设计内容如表3.42所示

表3.42 后关街159号内7院东房维修设计内容

部位	修缮设计方案
台明	阶条石：剔除水泥砂浆抹面，用桃花浆进行灌浆，用大麻刀灰进行勾缝。
散水	拆除后改现代地面，用青砖（29mm×245mm×80mm）重新一顺出糙墁散水，外侧栽（240mm×120mm×60mm）青砖牙子一道，泛水2%；散水下部做3：7灰土一步；3：7灰土下素土夯实。
柱顶石	检修柱顶石。
地面	拆除水泥砂浆抹面地面，用方砖（420mm×420mm×70mm）重新十字错缝细墁地面；地面下部做3：7灰土一步；3：7灰土下素土夯实。
柱	对于糟朽部分进行剔补；对于劈裂部分采取环氧树脂加木条进行镶嵌。
梁架	检修梁架；对于歪闪、变形、拔榫部位进行打牮拨正，并用铁活固定；对于糟朽部分进行剔补。 对于劈裂部分采取环氧树脂加木条进行镶嵌。
墙体	前后檐墙和两山墙：剔除水泥砂浆抹面，剔凿挖补墙体风化酥碱青砖（260mm×130mm×60mm），用小麻刀灰补勾灰缝；室内重新抹灰刷白。 拆除室内后加隔断板墙。
木装修	对于开裂、变形严重构件进行更换，轻微变形构件进行校正，开裂部位进行嵌补。 前檐明间木装修：拆除后改两扇玻璃芯屉木门，恢复两扇四抹玻璃芯屉门。 拆除室内后加吊顶。
木基层	对于椽子、连檐、瓦口、挂檐板糟朽的部分进行修补。 对望砖重新勾缝。 拆除糟朽苇席，补配20mm厚望板。
屋面	拆除后期人为拆改现代屋面；重新苫背瓦布瓦合瓦屋面，两山为披水排山，施花瓦正脊，瓦件尺寸为145mm×195mm。
地仗、油饰	对于檐头木基层中地仗油饰起皮脱落的部分进行铲除，重做单皮灰，按原色调重新油饰。 对新做木基层和木装修做单皮灰，按建筑物色调进行油饰。 剔除木装修后改地仗油饰，重做单皮灰，刷铁红色。 室内上架大木重刷桐油两道。

3. 主要施工工艺及技术

施工中必须严格遵守国家文物修缮工程的法律法规和文物修缮原则，要注意文物建筑的形式、特征、雕刻纹样、节点大样和材料做法，要保持原有文物建筑历史时代的特征和地方特点，保持文物建筑的历史感。

（1）剔凿挖补墙体

对酥碱部位进行剔凿挖补，选责任心较强的工人操作，用扁铲錾子，将留槎部位剔净，保证槎子砖的棱角完整，尽量剔成坡梯，保证挖补部位最上一皮砖为一个单块砖，达到灌浆饱满的目的，以增加墙壁体的耐久性，操作时对半成品砖轻拿轻放，以防碰坏棱角。

墙面剔补时应严格按照设计要求剔补，不能随意增加剔补数量。在施工时特别要注意相邻砖砌块的完整，剔凿时应逐渐扩大，不宜大块剔凿，以避免造成对墙体损伤及相邻砖块的破坏。

（2）木构件修补、铁箍加固

木构件加固用的铁箍应涂刷防锈漆两道，加固方法用圆钉紧固。加固的铁箍与木构件紧箍密实。构件缺损部位采取挖补，朽烂部位采用新木料嵌补并加胶，嵌接部位与整体构件保持平整，嵌补用的新木料应与原构件材质相同。

（3）地面铺墁

①砖加工：选定合格方砖材料，施工时要轻拿轻放，砖的规格、品种、质量等必须符合传统建筑材料和设计的要求。砖的尺寸要一致，四角要格方，棱角必须齐全。

②工序：抄平—周边弹线—冲趟—样趟—揭趟（注意编号）—浇浆（浇满浇实）—刹趟—打点活。

③主要工艺：细墁方砖地面。做好原有基层处理，对经检查合格进场的成砖码放整齐，做好半成品保护，施工中轻拿轻放，以防碰坏棱角。室内地面铺墁须在室内正中拴两道互为垂直的十字线，使砖与房屋轴线保持平行，趟数应为单数，破活应放在罩面或两端，门口必须整活。由技术熟练的技工沿两山各墁一趟砖，然后冲趟，拴好拽线一道卧线进行样趟，打成“鸡窝泥”进行样砖铺墁保证方砖平直，每完成一趟进行揭趟。麻刷沾水将砖肋刷湿，用木宝剑在砖棱均匀挂油灰条，均匀浇浆，重新铺墁，再用礅锤将砖校半校实，砖缝严密。按卧线检查砖棱，进行刹趟。往复循环地面完成后，铲尺缝后墁干活，并擦干净，做好成品保护。

④注意铺墁地面的成品保护：铺墁期间合理安排施工流向，尽量减少上人走动，不允许手推车直接碾压；内墙粉刷前必须将易造成污染的地面进行苫盖保护，其他工种作业时不得碰损和污染地面；为使地面尽快干燥，应加强通风，并不得将水遗撒在

地面上。

（4）墙体砌筑

砖的规格、式样、品种、质量等遵守设计要求。砖的尺寸要符合设计要求，棱角必须整齐。墙体砌筑先将基层清理干净，用墨线弹出墙体厚度，根据设计要求，按设计要求砌筑形式进行试摆，试摆后进行拴线，每砌筑一层砖都要进行干摆、拴线，以保证墙体砌筑平直无凹凸。

灌浆采用桃花浆，分三次灌注，灌浆前要先对墙面进行打点，防止浆液外溢，弄脏墙面。

在第一次灌浆之后，要将砖的上棱高出部分磨去，保证摆砌下层砖时能够严丝合缝。

墙体砌筑完成要进行打点修理，将砖缝处高出部分磨平，用砖面灰填平砂眼。表面平整后用清水和软毛刷将整个墙面清扫、冲洗干净。

（5）油饰工程

为确保油饰施工质量，坚固、延年、耐久，配料前，准备工作应充分，并进行书面交底和对料房人员进行现场口头交底，防止不按要求比例进行配比。大缝塞缝，小缝捉缝，要严要实，保证饱满严实。油饰三道。

4. 主要材料及质量要求

（1）白灰：块状生石灰，灰块比例不得少于灰量的60%，各项指标执行《建筑生石灰》（JC/T497-92）钙质生石灰优等品标准。

（2）泼灰：生石灰用水反复均匀泼洒成为粉状后过5mm细筛。用于制作各种灰浆和灰土的原材料。

（3）青浆：青灰加水搅成浆状后过细筛，网眼宽不超过20mm。

（4）灰土：将生石灰经水泼灰后过筛（筛孔为5mm），黄土过筛（筛孔为20mm），泼灰与黄土按3∶7比例拌和均匀，用于3∶7灰土。

（5）桃花浆：白灰浆加好黏土浆，白灰∶黏土=3∶7或4∶6（体积比）。

（6）大麻刀灰：泼浆灰加水（或青浆）调匀后掺麻刀搅匀，灰∶麻刀=100∶5～4。

（7）小麻刀灰：泼浆灰加水（或青浆）调匀后掺麻刀搅匀，灰∶麻刀=100∶3，麻刀加工后，长度不超过15mm。

（8）油灰：细白灰粉（过箩）、面粉、烟子，加桐油搅匀，白灰∶面粉∶烟子∶桐油=1∶2∶0.5～1∶2～3。

（9）砖：按各殿座设计方案采用优质青砖和方砖。

（10）瓦：更换的瓦件按原规格做法，瓦件规格为 145mm × 195mm。

（11）石材：根据所换石构件材质，选用优质石材。

（12）木材：选用一级松木，所有木材的含水率不大于 25%，木料均应现场烘干。严格控制不应选用有节疤、裂缝严重的木材；选用时参照《中国古建筑修建施工工艺》中的节疤、纹理缝隙标准选材。

第四章　水工设施结构健康监测与加固

南宋末年以来，因北方地区长期战乱，经济凋敝，加之黄河多次决堤泛滥，使运河河道淤浅，不能通航。至元初，只有江南运河、淮南运河以及御河部分河段能较顺利行舟。致使当时漕运路线大致是由杭州至镇江，入淮河，西逆黄河到中滦(今河南封丘)，转为陆路运输至淇门(今河南淇县)，再装船入御河(今卫河)，经直沽转白河，达通州，后陆运至大都。这条运输路线河道迂回曲折，并且水陆交替，需要反复装卸。因为耗费大量人力物力，在元代至元二十六年(1289年)，元世祖下令开凿会通河即山东运河，起自东平路须城县(今山东东平)安山西南，至临清抵达御河，全长二百五十多里，建闸门31道，计役人工二百五十多万工。据《明史·河渠书》记载南旺湖北至临清300里，地降90尺。南至镇口（徐州对岸）290里，地降116尺。为了克服会通河河道比降过大给航运造成的困难，元朝在河道上建成31座坝闸，明朝又建成七座新坝闸，使得会通河上坝闸林立，所以这段河又被称为“闸漕”。

大运河临清段是会通河最北端的河段，把卫河与会通河连接起来，由南北两段水道组成。其中北道称为元运河，西起与卫河交汇处，东至鳌头矶；南道称为小运河，它西起与卫河交汇处，经过鳌头矶，东至邱屯枢纽；两部分运河总长8公里。

临清元运河，东起鳌头矶，西至临清闸入卫处，全长1.2公里，是元代至元二十六年（1289年）开凿，自须城安山至临清御河（卫河）。此河段建有隘船闸、会通闸、临清闸，三闸管控运河蓄泄、启闭船闸升降，确保漕船畅流无滞。此河段又建有鳌背桥、永济桥、月径桥，沟通两岸商贸互市、人员往来，为城市兴旺发展空间形态及保障漕运的繁荣发挥了历史性流通枢纽作用。

临清小运河，东起邱屯“引黄济津闸”，西至小运河入卫河处，全长6.8公里。此河段是明代永乐九年（1411年）工部尚书宋礼、侍郎金纯重加疏浚元代会通河中的一段。其中鳌头矶至入卫河处1.8公里为新开挖运河，永乐十五年（1417年）河成。南板闸和临清砖闸由平江伯陈瑄永乐十五年（1417年）始建，正德八年（1513年）河漕御史刘恺重建，砖闸改砌石墩台、石雁翅，上下两闸互联，前后启闭，蓄泄河水、转输漕船，是明清两代运河之上漕船转漕的管控枢纽。

京杭运河临清段桥闸，历史久远，保存完整，现存的临清闸和会通闸是会通河上仅存的元代古闸。这些设施有着深厚的文化内涵，是研究古代经济、文化、漕运、治水等珍贵的实物资料，是古代劳动人民开凿运河、治理运河的成功典范，是运河变迁的重要佐证，具有较高的文物价值，因此被称之为“国宝”。然而长期以来，由于缺乏完整的保护方案和有效的科技支持，其历史信息正在丧失，文化特色正在减弱。以会通桥（闸）、临清闸（后易名问津桥）为例进行的安全监测和保护研究，通过监测的桥梁基本数据，分析影响或危害桥（闸）的相关因素，为更好地保护运河桥（闸）提供技术支持，2006年会通桥整体被国务院公布为全国重点文物的保护单位。

一、会通桥健康监测与加固保护

（一）临清会通桥（闸）概况

会通闸是现在会通河上仅存的两座元代古闸之一，始建于元代大德二年（1298年），是“运环闸”的船闸上闸。闸由南北闸墩、雁翅、裹头、万年枋、铺底石及木桩组成。闸口宽6.2米，高6米，四向雁翅长14.5～21米不等。明代弘治三年（1490年），户部侍郎白昂治理会通河，行巡临清，曾督理闸墩、雁翅加高扩充，大学士徐溥有《会通东闸记碑》记之。北支运河废弃后，万历年间（1573～1620年）船闸改闸为单孔拱桥。清代维修中增砌桥栏、雁翅挡墙，“会通闸”易名“会通桥”。此建筑闸桥叠砌，元明清三代相继砌筑，至今保存完好，曾出土记有元代至顺四年（1333年）的船闸绞关石。

1. 地理区位及自然环境

会通桥位于临清市的先锋办事处，在北纬 36°50.41′47″，东经 115°41.43′91″，海拔高程 39.6 米。地处黄河冲积平原，地势平缓，沙壤土为主，土层深厚，沙壤粘交互成层，京杭大运河在其中部流过。会通桥为东南—西北走向，砖石结构，砌单孔，孔直径 5.9 米，桥高 11.36 米，桥身长 8.25 米，桥身宽 4.2 米（图4.1～图4.4）。

图4.1　会通桥（闸）南侧全景（维修后）

图4.2　会通桥（闸）南侧全景（维修后）

图4.3 会通桥（闸）位置图

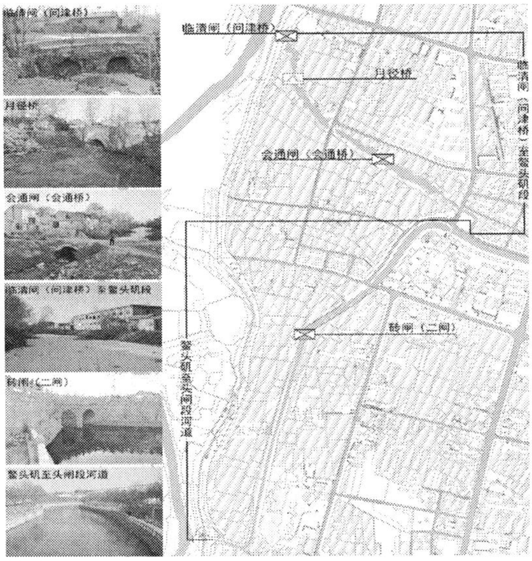

图4.4 会通桥、问津桥区位分布图

2. 历史沿革

会通桥：《临清县志·建置志·交通类·桥梁》中记载："会通桥，鳌头矶北。"原闸为元代元贞二年（1296年）开凿会通河时始建，时称"会通闸"。

明永乐十五年（1417年），宋礼、白英重凿会通河，在临清开挖新河，新建船闸，"会通闸"弃用。

弘治三年（1490年），白昂治水时重新启用此闸。

正德年间（1506～1521年），在"会通闸"两闸墩间起拱为桥，方便两岸交通。

新中国成立后历次运河清淤中对会通桥进行加固维修。

1999年4月成为聊城市市级文物保护单位。

2006年被国务院公布为全国重点文物保护单位。

2014年联合国教科文组织第38届世界遗产大会将临清运河钞关列入世界文化遗产名录。

3. 建筑形制

根据现场勘察，并参考清工部《工程做法则例》，建于元贞二年（1296年）原为"会通闸"的会通桥呈银锭形，两旁宽，中间束腰。为双闸台对称布置。外包青石块，每侧闸台平面由上迎水雁翅、身（桥身）、下分水雁翅、河堤或坝四部分构成。

闸底为木质桩基，预防闸体沉降；桩基上夯槽底三合土（白灰与素土掺和夯打而成）；后在闸台之间铺墁条石或青砖；闸台外侧用青石（石灰岩石质）包砌；包砌条石内侧用300mm × 150mm × 70mm的青砖砌垒砌成背后砖，用以稳固墙体；再在背后砖内回填夯筑三合土，保证整个闸台的稳定性。闸台顶部边缘用青石（石灰岩石质）充当压面石，内侧铺墁条砖；闸台由身部位凿制闸板插口，用来放置木质闸板，闸板底部安置万年枋，用绞关石提起或放下闸板，以起到节制水流的作用；为连接两岸闸台，在其顶部可安装木板桥，以供行人通行（图4.5～图4.8）。

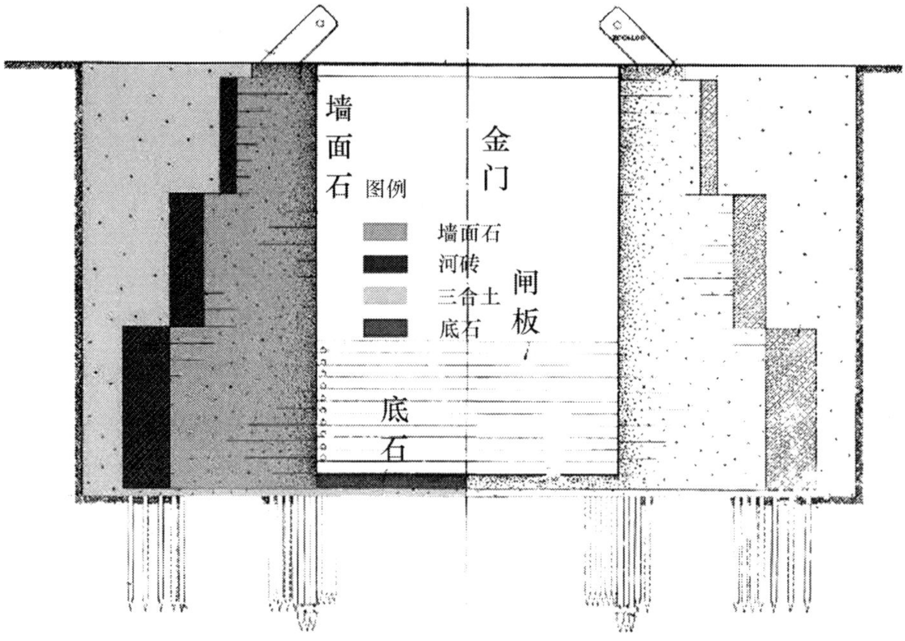

图4.5　截自《清工部工程做法则例图解》单孔闸纵断面

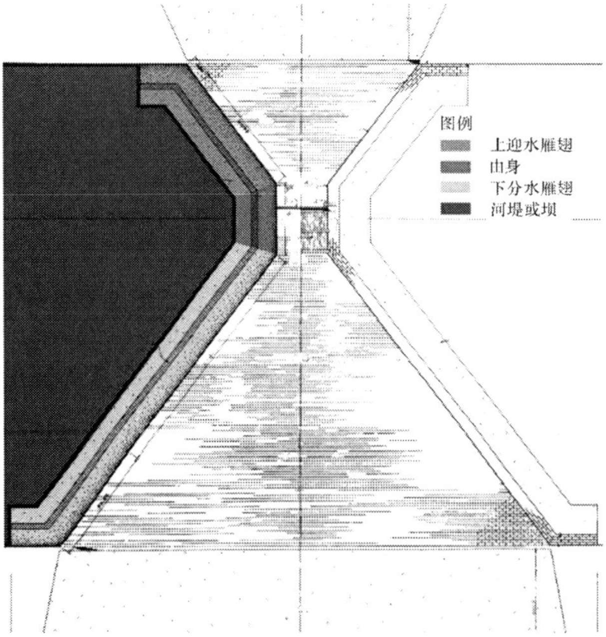

图4.6　截自《清工部工程做法则例图解》单孔闸平面

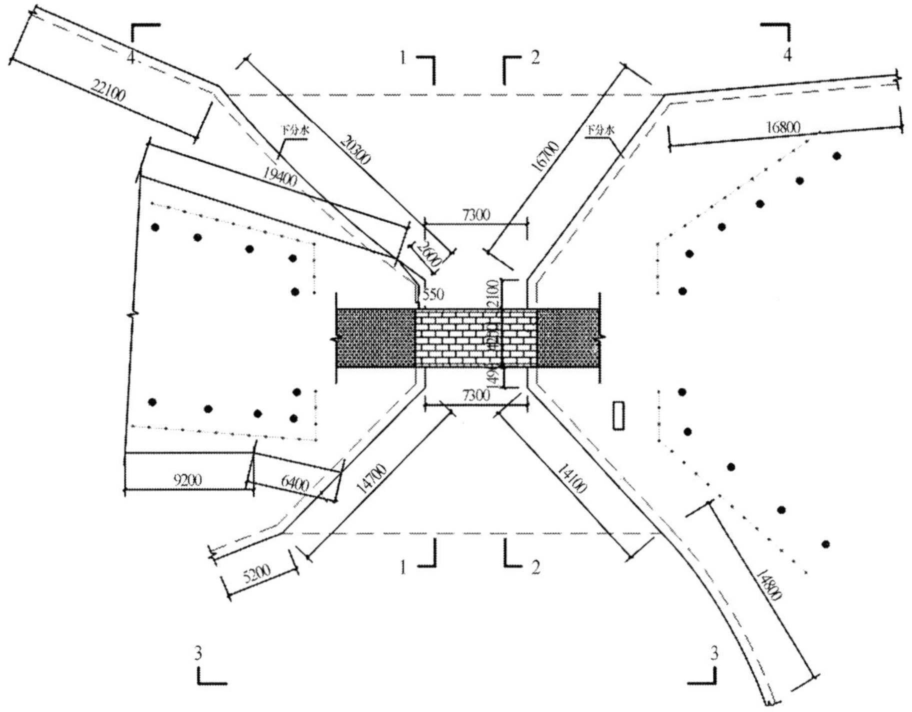

图4.7 会通桥平面图

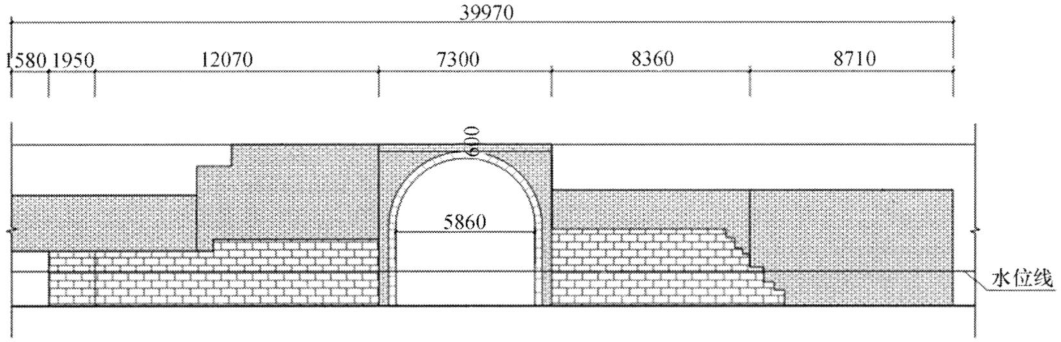

图4.8 会通桥剖面图

4. 遗产本体保护情况

维修前会通桥闸体分东北闸台和西南闸台，东北闸台上迎水雁翅残存长 28.9 米，下分水雁翅残存 33.5 米；西南闸台上迎水雁翅残存长 19.9 米，下分水雁翅残存 42.4 米。维修前砌桥体残损较严重，石砌拱券多处松动，闸墩所砌条石与城砖多有碱蚀剥落，雁翅部分塌毁，保存较差（图4.9）。

会通桥（闸）局部雁翅被民居所占压，周边生活垃圾与建筑垃圾的处理与回收利

图4.9　会通桥（闸）（维修前）

图4.10　会通桥周边环境（治理前）

用措施严重缺乏，造成周边区域污染严重，环境极其恶劣（图4.10）。

（二）会通桥（闸）健康监测与分析

1. 会通桥(闸)外观监测与分析

（1）会通桥(闸)东北闸台外观监测如表4.1所示

表4.1　会通桥东北闸台外观监测

勘察部位	现状和残损记录	破坏因素	照片
底石	两座闸台间应有底石铺墁以抵抗较大水流，此闸处于运河之间，河水抽干后底部堆积大量淤泥，需进行清淤并经考古勘探后得知残损现状。	I类	
压面石	闸台压面石全部缺失，现存闸台被垃圾、杂土等覆盖，表面凹凸不平。	IV类	

续表

勘察部位		现状和残损记录	破坏因素	照片
墙面石	上迎水雁翅	40%为条石砌筑，其余为后期修建桥时用条砖补砌。条石表面局部风化酥碱；后砌条砖顶部缺失，表面外鼓，70%风化酥碱，局部断裂缺失。	I类	
	由身桥身	中间被后砌桥拱券遮挡，外露由身条石50%坍塌缺失，局部后补砌条砖，残损严重；桥身部分松散，条砖风化酥碱较严重。	IV类	
	下分水雁翅	残损严重，大面积条石缺失，现存条石外鼓、松动；表面后包条砖现已坍塌，周边堆积垃圾和淤泥，对整体稳定性造成严重影响。	I类	

（2）会通桥西南闸台外观监测如表4.2所示

表4.2　会通桥西南闸台外观监测

勘察部位	现状和残损记录	破坏因素	照片
底石	两座闸台间应有底石铺墁以抵抗较大水流，此闸处于运河之间，河水抽干后底部堆积大量淤泥，需进行清淤并经考古勘探后得知残损现状。	I类	

续表

勘察部位		现状和残损记录	破坏因素	照片
压面石		闸台压面石全部缺失，现存闸台被垃圾、杂土等覆盖，表面凹凸不平。	IV类	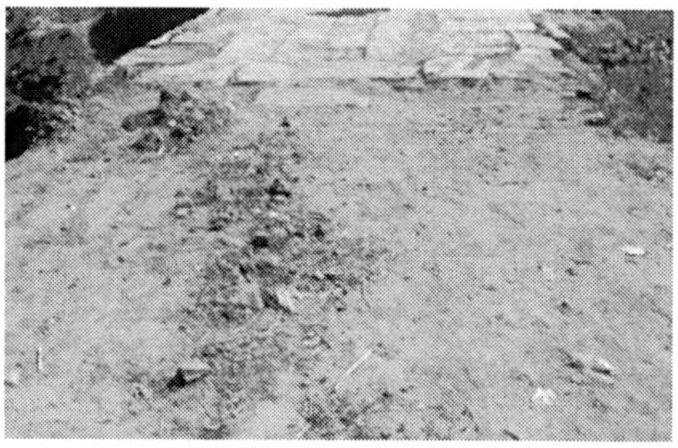
墙面石	上迎水雁翅	下层为条石砌筑，大面积缺失，现存条石表面风化酥碱，30%条石松动；上层为后砌条砖，顶部缺失，条砖表面风化酥碱，30%条砖松动、脱落，周边堆积大量垃圾和淤泥。	II类	
	由身桥身	中间被后砌桥拱券遮挡，外露由身条石60%坍塌缺失，局部后补砌条砖，残损严重；桥身部分松散，条砖风化酥碱较严重。	IV类	
	下分水雁翅	下层为条石砌筑，大面积缺失，现存条石表面风化酥碱，40%条石松动；上层为后砌条砖，现已大面积缺失，现存条砖表面风化酥碱，局部松动、脱落，周边堆积大量垃圾和淤泥。	I类	

2. 会通桥(闸)变形监测与分析

运河水工设施长年露天在外，自然环境和破坏因素复杂，破坏形式多样。在众多破坏因素中，水工设施的基础沉陷和墩台移动是威胁结构安全的主要因素，严重能引起结构的倾斜、断裂甚至坍塌，需严密监控水工设施的竖向变形情况以确保设施安全。因此，需开展水工设施的垂直位移变形监测项目，评价沉降和挠度对结构的综合影响。

（1）监测精度设计

依据中华人民共和国《建筑变形测量规范》（JGJ8-2016）关于变形监测等级和精度标准的规定（见表3.3），同时考虑运河水工设施作为文物建筑的特殊值和意义，确定运河水工设施变形监测采用一级标准。沉降监测点测站高差中误差0.15mm，位移监测点坐标中误差1.0mm。

（2）监测仪器及方法选择

同钞关建筑群监测，选择南方测绘NTS-342R10A全站仪。具体操作方法及步骤如下：在相邻的两个监测点的承台上安放全站仪，后视为已知的控制点，在其余每个监测点的承台上防止三脚架和棱镜，保证承台上三脚架和棱镜处于竖直状态，以确保其相对高度的准确性，通过观测三脚架上的棱镜，确定其高度，确定各个仪器自身的标准高度后，进行其他承台上棱镜高程的观测，当测量数据保存下来后，卸下全站仪，进行位置互换，再次如上述步骤测量，所测高差的算术平均值描述两承台间的高差。

（3）基准点与监测点的建立

①基准点的建立

依照有关规范及会通桥的实际情况，在会通桥附近的道路上布设了3个水准基点BM1，BM2，BM3。由于临清市区控制点离桥体较远，在桥的附近也没有其他任何固定的已知点，所以采取相对高程值。

②沉降监测点的建立

根据监测目的，沉降监测点的布设位置原则为：布设于桥体上明显而又有代表性的部位。按照以上要求，本次会通桥沉降监测共布设14个监测点，其中，上迎水远离桥体侧设置2个（8#、14#监测点），上迎水收水口转折处设置2个（9#、13#监测点），会通桥主体基础及桥顶设置6个（10#、11#、12#、3#、4#、5#监测点），下分水放水口转折处设置2个（2#、6#监测点），下分水远离桥体侧设置2个（1#、7#监测点）。具体情况如图4.11。

（4）观测周期及数据监测

监测周期选择：根据《工程测量规范》GB50026-2016和《建筑变形测量规程》JGJ 8-2016的相关规定，以3个月为1个周期，进行定期的监测。2014年6月对会通桥监测点进行第一次观测，以后每隔3个月观测一次。

具体监测数据如表4.3～表4.5。

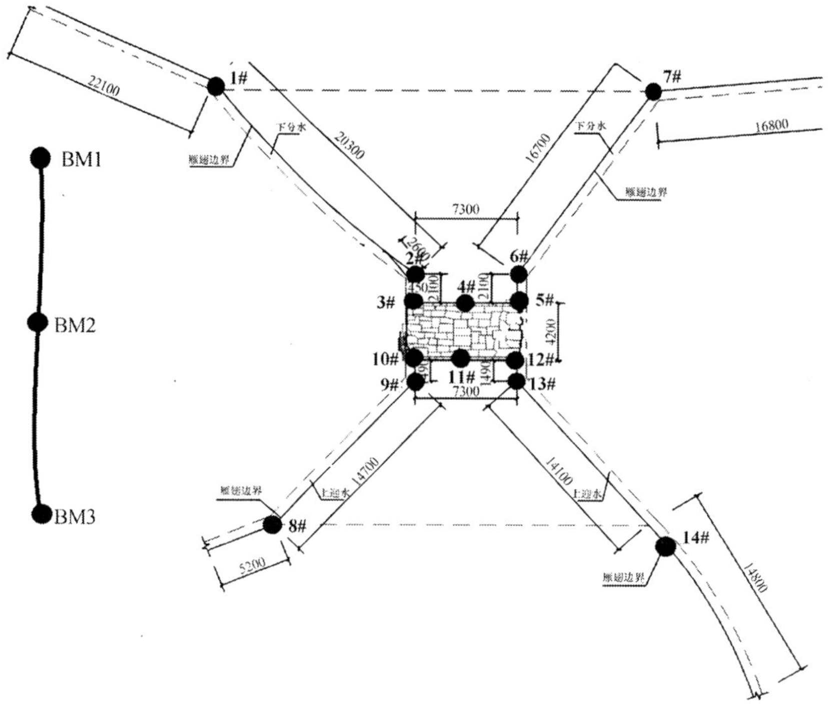

图4.11　会通桥平面图

表4.3　第一、二、三次监测数据分析表

次数	第一、二次			第三次		
点号	高程一（m）	高程二（m）	平均高程（m）	本次测试高程值（m）	单次变化（mm）	累计变化量（mm）
1	32.57621	32.57628	32.57625	32.57620	-0.05	-0.05
2	32.07114	32.07126	32.07120	32.07118	-0.02	-0.02
3	32.06652	32.06660	32.06656	32.06644	-0.12	-0.12
4	32.05541	32.05553	32.05547	32.05533	-0.14	-0.14
5	32.04244	32.04255	32.04250	32.04235	-0.15	-0.15
6	32.03552	32.03548	32.03550	32.03542	-0.08	-0.08
7	32.06757	32.06762	32.06760	32.06735	-0.25	-0.25
8	32.57532	32.57545	32.57539	32.57530	-0.09	-0.09
9	32.07326	32.07323	32.07325	32.07318	-0.07	-0.07
10	32.06925	32.06930	32.06928	32.06915	-0.13	-0.13
11	32.05754	32.05760	32.05757	32.05746	-0.11	-0.11
12	32.04352	32.04347	32.04350	32.04332	-0.18	-0.18
13	32.03844	32.03847	32.03846	32.03825	-0.21	-0.21
14	32.06928	32.06935	32.06932	32.06918	-0.14	-0.14

表4.4 第四、五次监测数据分析表

次数	第四次			第五次		
点号	本测试高程值（m）	单次变化（mm）	累计变化量（mm）	本次测试高程值（m）	单次变化（mm）	累计变化量（mm）
1	32.57598	-0.22	-0.27	32.57579	-0.19	-0.46
2	32.07095	-0.23	-0.25	32.07077	-0.18	-0.43
3	32.06631	-0.13	-0.25	32.06618	-0.13	-0.38
4	32.05514	-0.19	-0.33	32.05492	-0.22	-0.55
5	32.04215	-0.20	-0.35	32.04191	-0.24	-0.59
6	32.03527	-0.15	-0.23	32.03511	-0.16	-0.39
7	32.06713	-0.22	-0.47	32.06695	-0.18	-0.65
8	32.57517	-0.13	-0.22	32.57498	-0.19	-0.41
9	32.07301	-0.17	-0.24	32.07286	-0.15	-0.39
10	32.06900	-0.15	-0.28	32.06878	-0.22	-0.50
11	32.05729	-0.17	-0.28	32.05705	-0.24	-0.52
12	32.04312	-0.20	-0.38	32.04295	-0.17	-0.55
13	32.03806	-0.19	-0.40	32.03792	-0.14	-0.54
14	32.06902	-0.16	-0.30	32.06879	-0.23	-0.53

表4.5 第六、七次监测数据分析表

次数	第六次			第七次		
点号	本次测试高程值（m）	单次变化（mm）	累计变化量（mm）	本次测试高程值（m）	单次变化（mm）	累计变化量（mm）
1	32.57566	-0.13	-0.59	32.57549	-0.17	-0.76
2	32.07055	-0.22	-0.65	32.07037	-0.18	-0.83
3	32.06601	-0.17	-0.55	32.06587	-0.14	-0.69
4	32.05476	-0.16	-0.71	32.05459	-0.17	-0.88
5	32.04180	-0.11	-0.70	32.04165	-0.15	-0.85
6	32.03495	-0.16	-0.55	32.03481	-0.14	-0.69
7	32.06678	-0.17	-0.82	32.06670	-0.08	-0.90
8	32.57478	-0.20	-0.61	32.57465	-0.13	-0.74
9	32.07267	-0.19	-0.58	32.07258	-0.09	-0.67
10	32.06855	-0.23	-0.73	32.06848	-0.07	-0.80
11	32.05689	-0.16	-0.68	32.05679	-0.10	-0.78
12	32.04276	-0.19	-0.74	32.04275	-0.01	-0.75
13	32.03775	-0.17	-0.71	32.03768	-0.07	-0.78
14	32.06853	-0.26	-0.79	32.06848	-0.05	-0.84

（5）数据分析

对会通桥各监测点数据进行分析，沉降量曲线如图4.12～图4.15。

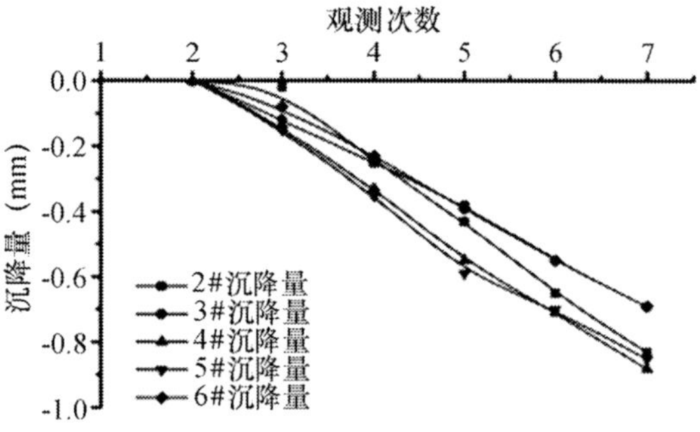

图4.12　点位2–6沉降量曲线

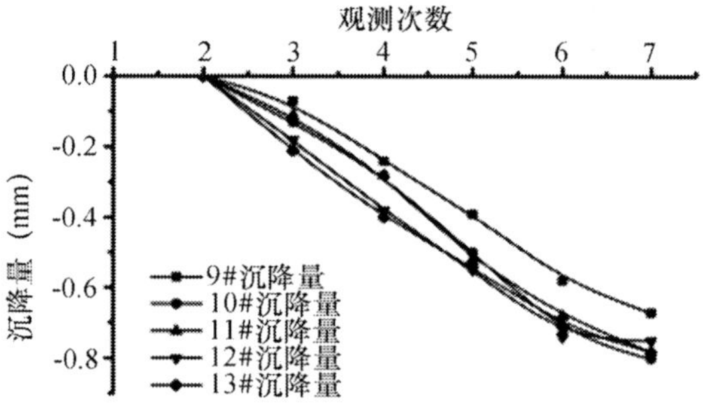

图4.13　点位9–13沉降量曲线

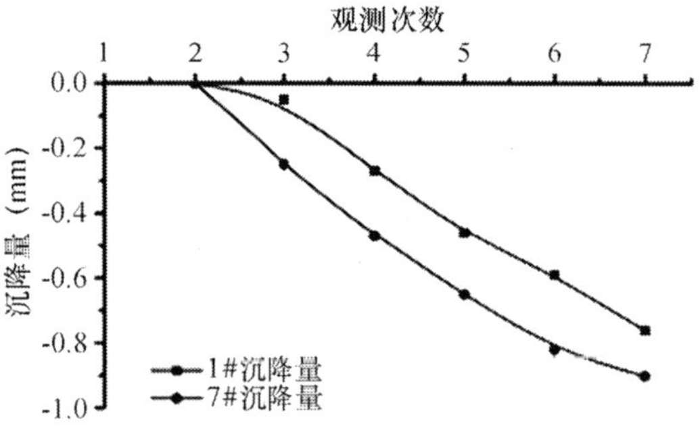

图4.14　点位1、7沉降量曲线

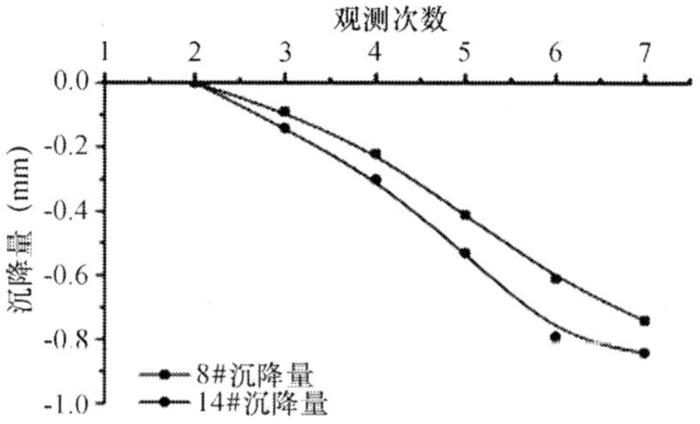

图4.15　点位8、14沉降量曲线

根据会通桥监测数据分析，沉降量最大的点是7#监测点，沉降量0.90mm，沉降量最小的点是9#监测点，沉降量–0.67mm，差异沉降量为0.23mm。综上分析，会通桥各监测点一年多的沉降量均不超过1mm，沉降幅度特别低。各监测点差异沉降量同样是非常低，因此，会通桥各点位沉降量基本稳定，未产生不均匀沉降变形。

3. 会通桥振动监测项目

为研究运河沿岸道路车辆等对会通桥的影响和威胁，通过对会通桥进行定期振动监测，分析环境振动的传播规律及其对它的影响，提供数据评估结构损伤、振动风险，有效地控制和减少因环境振动而对会通桥结构产生的危害，以更好的保障会通桥结构安全。

对会通桥进行的振动监测采用DH5907A无线环境激励实验模态测试系统。

（1）测点布置方案

鉴于会通桥的结构及布局特点，把测点布置在会通桥拱顶，如图4.16、图4.17所示。

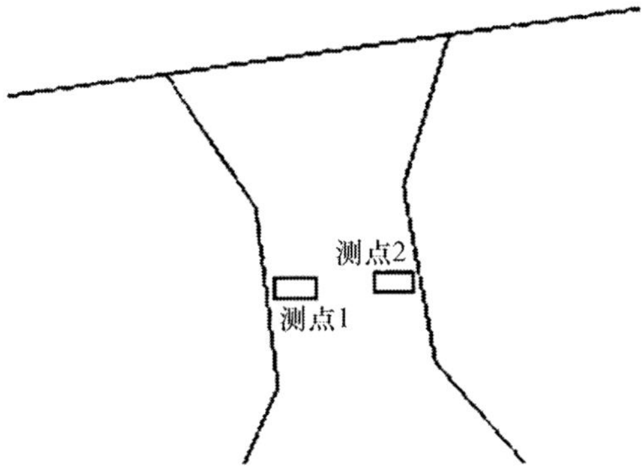

图4.16　会通桥测点分布

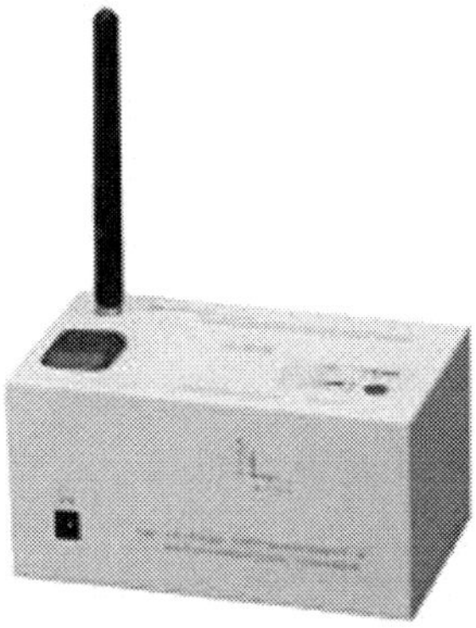

图4.17　无线测试分析系统

（2）现场监测

如图4.18、图4.19所示，现场主要根据测点布置方案进行测点布置，仪器调试和数据记录三部分。

图4.18　测点布置

图4.19　仪器调试、数据监测

（3）监测数据

会通桥测点在典型时段振动速度波形图如图4.20～图4.23所示。

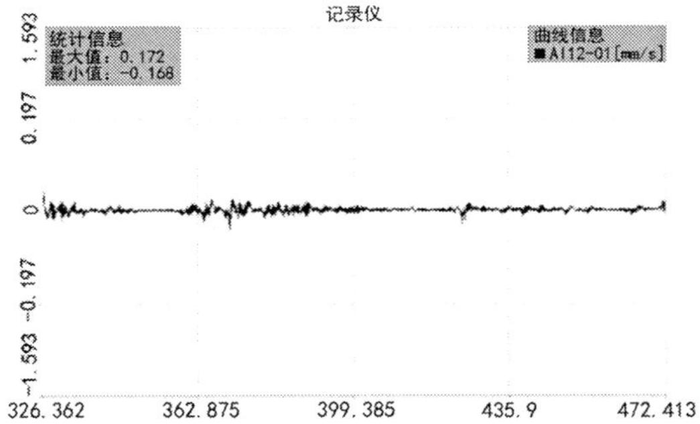

图4.20　测点1 SN方向震动速度波形图

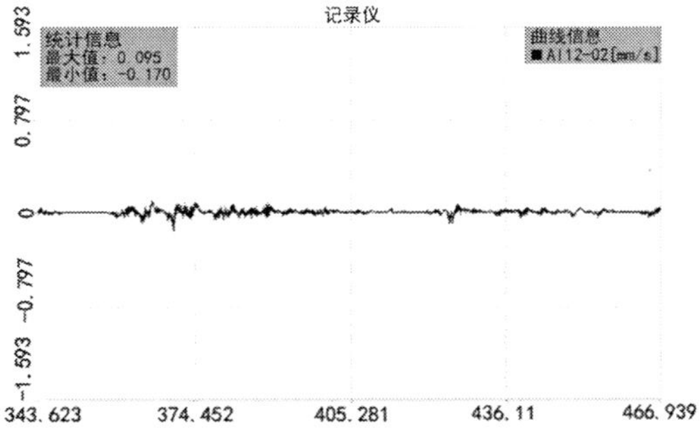

图4.21　测点1 EW方向震动速度波形图

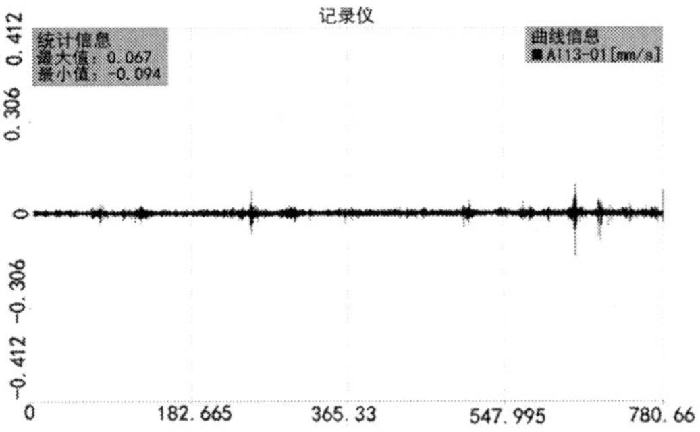

图4.22　测点2SN方向震动速度波形图

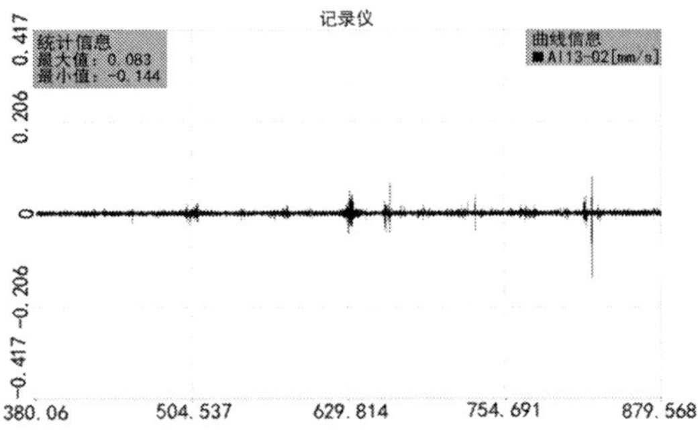

图4.23　测点2 EW方向震动速度波形图

（4）数据分析

如图 4.20～图4.23 振动速度波形图所示，进行信息统计如表 4.6 所示。

表4.6　会通桥振动速度统计

测点号	最大值（mm/s）	最小值（mm/s）
测点1 SN方向	0.172	-0.168
测点1 EW方向	0.095	-0.170
测点2 SN方向	0.067	-0.094
测点2 EW方向	0.083	-0.144

根据《古建筑防工业振动技术规范》要求，古建筑石结构容许振动速度标准为：

全国重点文物保护单位水平方向的容许振动速度为0.20～0.25mm/s；

省级文物保护单位水平方向的容许振动速度为0.35～0.45mm/s；

市、县级文物保护单位水平方向的容许监动速度为0.60～0.75mm/s。

由于会通桥是全国重点文物保护对象，其水平方向容许的振动速度为0.20～0.25mm/s，根据监测数据的统计分析得到，没有超过这一范围的规定数值。

二、临清闸（问津桥）健康监测与加固保护

（一）临清闸（问津桥）概况

临清闸，始建于元代至元三十年（1293年），是会通河入卫河端始船闸，与会通闸、隘船闸三位一体，《元史》称“运环闸”。闸口宽6米，高8.2米，四向雁翅10.5～12米不等。明代弘治三年（1490年）闸墩、四向雁翅加高叠砌2.2米城砖墙，使其牢固。万历年间（1573～1620年）闸河废弃，在两闸墩间砌筑双孔拱桥，“临清

闸”易名“问津桥”。此建筑闸桥叠砌，元明清三代相继砌筑，至今保存完好，曾出土元代船闸绞关石及镇水兽等文物（图4.24、图4.25）。

图4.24　临清闸（问津桥）北侧（维修后）

图4.25　临清闸（问津桥）闸面（维修后）

1. 地理区位及自然环境

问津桥在北纬 36°50.59′90″，东经 115°41′29.03″，海拔高程 37.8米。地处黄河冲积平原，地势平缓，沙壤土为主，土层深厚，沙壤粘交互成层。京杭大运河在其中部流过。 问津桥为南北向，砖石结构，砌双孔，单孔直径1.98米，桥高8.7米，桥身宽4.09米（图4.26）。

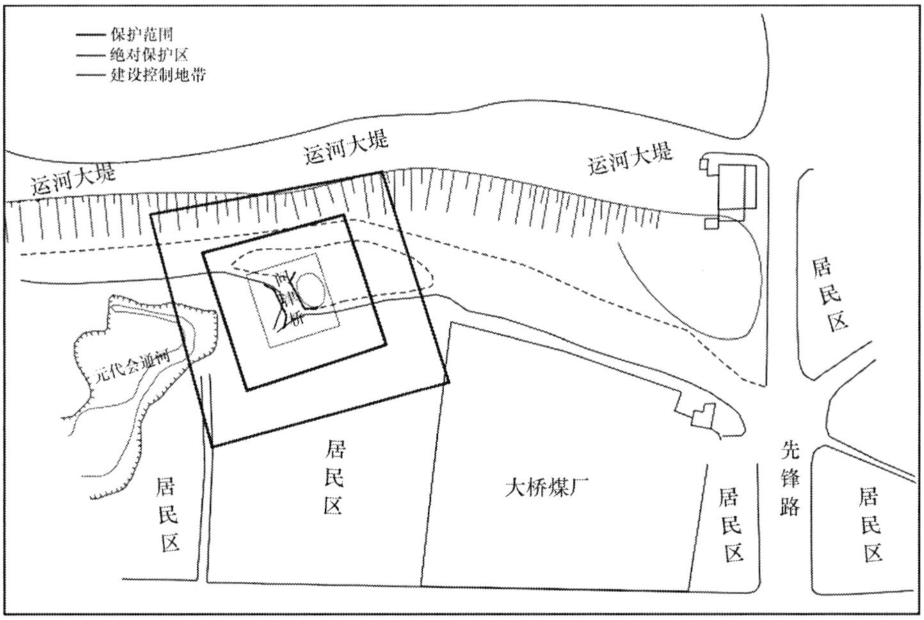

问津桥

图4.26　临清闸（问津桥）区位图

2. 历史沿革

问津桥：《临清县志·建置志·交通类·桥梁》中记载："问津桥，汶河北支入卫处，明万历州人秦大藩重建，崇祯时继修题为问津。"

原闸元代至元三十年（即是1293年）开凿会通河时开始修建，当时称作为"临清闸"。

明永乐十五年（1417年）宋礼、白英重凿会通河时，此闸废弃。

弘治三年（1490年），白昂治水时重新启用此闸。

明代万历年间（1572～1619年）在原闸的闸墩之上起拱为桥，名称"问津桥"。

明代崇祯时续修问津桥。

新中国成立后历次运河清淤都对问津桥进行加固维修。

1999年4月被公布为聊城市市级文物保护单位。

2006年被国务院公布为全国重点文物保护单位。

2014年联合国教科文组织第38届世界遗产大会将临清运河钞关列入世界文化遗产名录。

3. 建筑形制

临清闸(问津桥)始建于元代至元三十年（1293年），原为"临清闸"，呈银锭形，两旁宽，中间束腰。为双闸台对称布置。外包青石块，每侧闸台平面上由上迎水雁翅、由身（桥身）、下分水雁翅、河堤或坝四部分构成（图4.27、图4.28）。

4. 遗产本体情况

问津桥闸体分东闸台和西闸台，东闸台上迎水雁翅残存22.9米、下分水雁翅残存13.2米；西闸台上迎水雁翅残存22.9米、下分水雁翅残存13.08米。现存后砌桥体残损较严重，石砌拱券多处松动，闸墩所砌条石与城砖多有碱蚀剥落，雁翅部分塌毁，保存较差。

同会通桥一样，问津桥局部雁翅被民居所占压，周边生活垃圾与建筑垃圾的处理与回收利用措施严重缺乏，造成周边区域污染严重，环境极其恶劣（图4.29、图4.30）。

（二）临清闸（问津桥）健康监测与分析

1. 临清闸（问津桥）桥(闸)外观监测与分析

运河水工设施长年露天在外，自然环境和破坏因素复杂，破坏形式多样。造成水

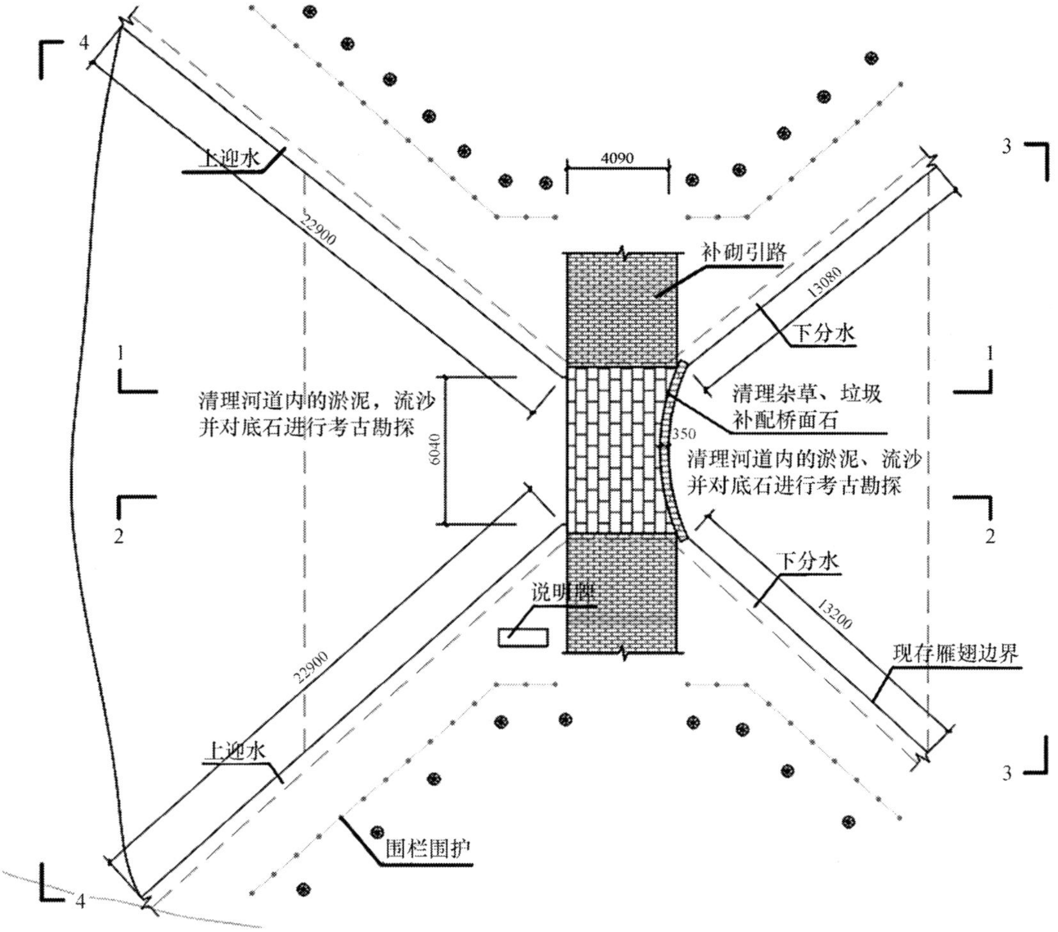

图4.27　问津桥平面图

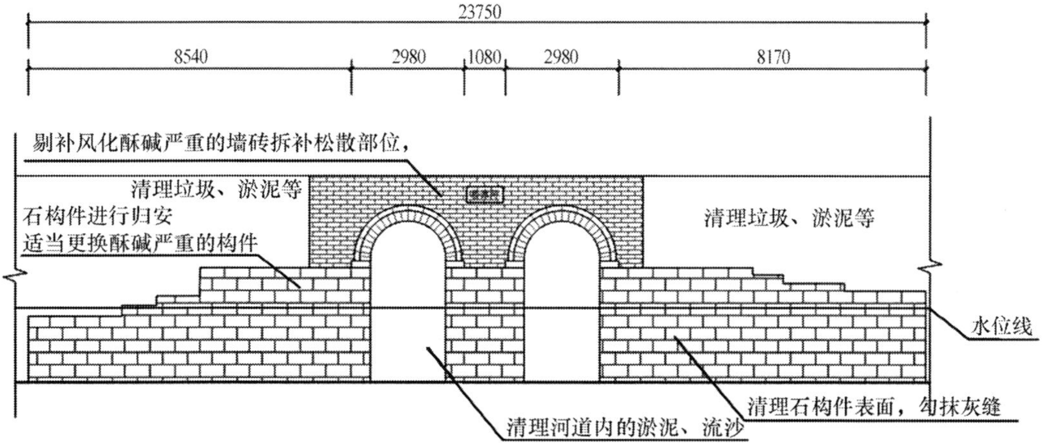

图4.28　问津桥剖面图

图4.29　维修前的临清闸（问津桥）

图4.30　临清闸(问津桥)周边环境（治理前）

工设施残损的主要因素可分为四大类：物理因素、化学因素、生物因素以及人为因素。具体破坏因素及破坏方式如表所示（表4.7）。

表4.7　破坏因素分析表

序号	破坏因素	破坏方式	破坏机理
I类	物理因素	热胀冷缩导致的剥离现象	白天石拱桥暴晒于阳光之下，温度升高，在热胀冷缩的作用下，表面体积变大，而内部接收热度较少，很难受到热力影响。昼夜温差使得文物昼膨胀夜冷缩，表里很难一致，从而导致热力作用的破坏
		冻结与融化导致的冰劈作用	浸入空隙中的水经历冻融循环的作用，使得水分向文物内部浸入，使得文物上的裂纹由小及大，导致最终的破坏
		结晶与潮解导致的晶胀作用	由于毛细作用石孔内部存在大量地下水和可溶性盐。随着白天气温的升高，水分的蒸发，盐分浓度逐渐增大，最终形成晶状物，晶状物的体积是膨胀的，压迫周围的石块，使其酥碱变软。到了夜间，盐分吸收水分溶解。日夜交替循环，温湿度周期性变化，微笑的效应不断积累，最终导致巨大的破坏
		风力剥蚀	风力的作用也不可忽视，它起到去除旧皮，露出崭新石块的作用，使得旧表皮脱落，新表皮接收新一轮的侵蚀
		机械损伤	机械损伤不容小觑，它是一大严重威胁。包括外力扰动、受力不均、地基沉降、自身构造等外力作用特别容易引起的文物开裂现象
		雨水侵蚀	大气降水随地势形成面流与径流会对夯土进行冲刷，且侵蚀其根基，对本体造成破坏
Ⅱ类	化学因素	表面溶蚀	长期遭受雨水等的冲刷而在文物表面形成的坑窝状的溶蚀坑与溶蚀沟槽，酸雨会加剧此现象的发生。长期的酸雨作用会使得坚硬的石块软化最终变成粉末状石膏

续表

序号	破坏因素	破坏方式	破坏机理
Ⅲ类	生物因素	树木、杂草的根劈作用	生长于文物裂隙之间的树木杂草，通过生长根部，撑裂开文物
		苔藓、地衣与藻类菌群、霉菌腐蚀作用	生物新陈代谢及其遗体腐烂后和文物本体发生化学反应，导致文物表面产生“坑窝状”风化
Ⅳ类	人为因素	人为破坏及人类活动	不适当的工程建设，直接或者间接地对文物本体造成了影响
		不恰当的修缮方式	没有按照原有的建筑性质进行修缮以及在修缮过程中使用了不恰当的材料等

（1）东闸台外观监测如下表所示（表4.8）。

表4.8　东闸台外观监测

勘察部位		现状和残损记录	破坏因素	照片
底石		两座闸台间应有底石铺墁以抵抗较大水流，此闸处于运河之间，河水抽干后底部堆积大量淤泥，需进行清淤并经考古勘探后得知残损现状	Ⅰ类	
压面石		闸台压面石全部缺失，现存闸台被垃圾、杂土等覆盖，表面凹凸不平	Ⅳ类	
墙面石	上迎水雁翅	现存下部为条石砌筑，表面风化酥碱严重，20%出现松动、外鼓等残损现象，上部为条砖补砌，30%已缺失，现存条砖表面风化酥碱，局部开裂、坍塌	Ⅰ类	

续表

勘察部位		现状和残损记录	破坏因素	照片
墙面石	由身桥身	被后砌桥拱券遮挡，外露仅存上部条砖砌筑，表面风化酥碱严重，现已大面积松动、坍塌；桥身部分松散，条砖风化酥碱较严重	IV类	
	下分水雁翅	部分条石缺失，现存部分局部出现开裂、外鼓等现象；条石上部砌筑条砖，现已大面积缺失	I类	

（2）西闸台外观监测如下表所示（表4.9）。

表4.9　西闸台外观监测

勘察部位	现状和残损记录	破坏因素	照片
底石	两座闸台间应有底石铺墁以抵抗较大水流，此闸处于运河之间，河水抽干后底部堆积大量淤泥，需进行清淤并经考古勘探后得知残损现状	I类	
压面石	闸台压面石全部缺失，现存闸台被垃圾、杂土等覆盖，表面凹凸不平	IV类	

续表

勘察部位		现状和残损记录	破坏因素	照片
墙面石	上迎水雁翅	下层为条石砌筑，局部已缺失，表面风化酥碱，出现较大裂缝，20%条石松动；上层为后砌条砖，现已大面积缺失，已被夯土代替	I类	
	由身桥身	被后砌桥拱券遮挡，外露仅存两层由身条石，上部为条砖砌筑，表面风化酥碱严重，现已大面积松动、坍塌；桥身部分松散，条砖风化酥碱较严重	IV类	
	下分水雁翅	条石大面积缺失，现存部分出现开裂、外鼓等现象；条石上部砌筑条砖，现已大面积松动、坍塌	I类	

2. 临清闸（问津桥）桥(闸)变形监测与分析

运河水工设施长年露天在外，自然环境和破坏因素复杂，破坏形式多样。在众多破坏因素中，水工设施的基础沉陷和墩台移动是威胁结构安全的主要因素，严重能引结构的倾斜、断裂，甚至是坍塌，需严密监控水工设施的竖向变形情况以确保设施安全，为此，需开展水工设施的垂直位移变形监测项目，评价沉降和挠度的对结构的综合影响。

（1）监测精度设计

依据中华人民共和国《建筑变形测量规范》（JGJ 8—2016）关于变形监测等级和精度标准的规定（见表3.3），同时考虑运河水工设施作为文物建筑的特殊值和意义，确定运河水工设施变形监测采用一级标准。沉降监测点测站高差中误差0.15mm，位移监测点坐标中误差1.0mm。

（2）监测仪器及方法选择

监测仪器及方法选择同会通桥监测，选择南方测绘NTS-342R10A全站仪。

（3）基准点与监测点的建立

① 基准点的建立

依照有关规范及问津桥的实际情况，在问津桥附近的道路上布设了3个水准基点BM1，BM2，BM3。由于临清市区控制点离桥体较远，在桥的附近也没有其他任何固定的已知点，采取相对高程值。

② 沉降监测点的建立

根据监测目的，沉降监测点的布设位置原则为:布设于桥体上明显而又有代表性的部位。按照以上要求，本次问津桥沉降监测共布设14个监测点，其中，上迎水远离桥体侧设置2个（1#、8#监测点），问津桥主体基础设置6个（9#、11#、13#、2#、4#、6#监测点），双拱拱顶设置4个（10#、12#、3#、5#监测点），下分水远离桥体侧设置2个（7#、14#监测点）。具体情况如图4.31。

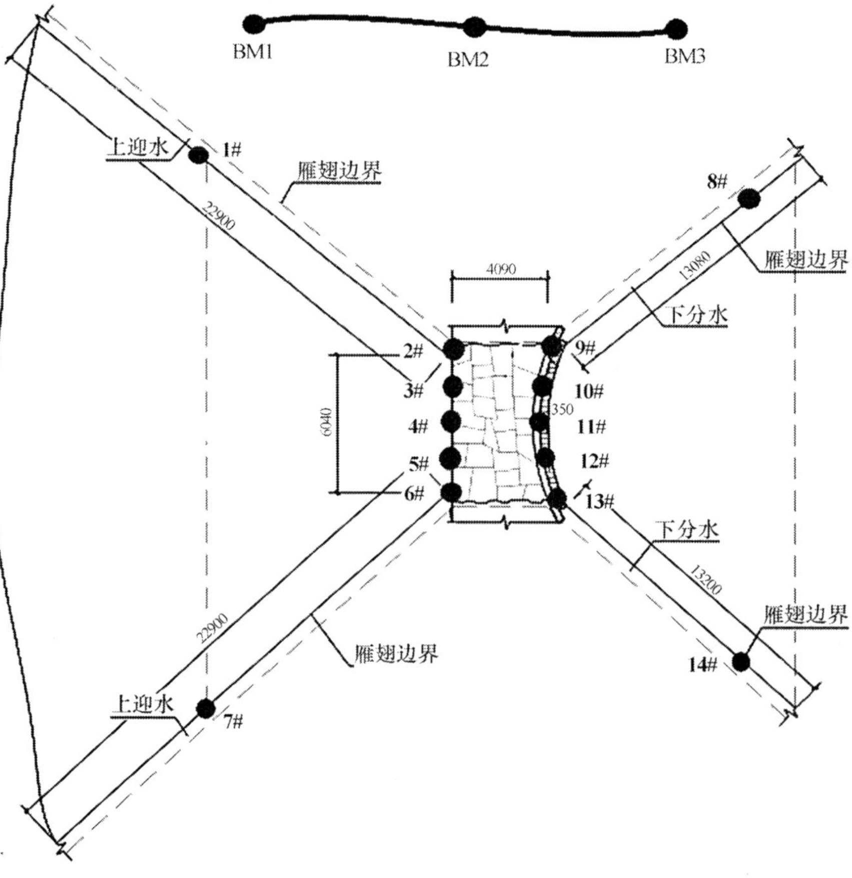

图4.31　临清闸（问津桥）监测点位布置图

（4）观测周期及数据监测

监测周期选择：根据《工程测量规范》GB 50026—2016和《建筑变形测量规程》JGJ 8—2016的相关规定，以3个月为1个周期，进行定期的监测。2014年6月对问津桥上监测点进行第一次观测，以后每隔3个月观测一次。

具体监测数据如表4.10～表4.12。

表4.10　第一、二、三次监测数据分析表

次数	第一、二次			第三次		
点号	高程一（m）	高程二（m）	平均高程（m）	本次测试高程值（m）	单次变化（mm）	累计变化量（mm）
1	32.06711	32.06717	32.06714	32.06700	-0.14	-0.14
2	32.63785	32.63775	32.63780	32.63771	-0.09	-0.09
3	32.67399	32.67381	32.67390	32.67373	-0.17	-0.17
4	32.65932	32.65917	32.65925	32.65908	-0.17	-0.17
5	32.66926	32.66914	32.66920	32.66905	-0.15	-0.15
6	32.71835	32.71822	32.71829	32.71810	-0.19	-0.19
7	32.71656	32.71654	32.71655	32.71639	-0.16	-0.16
8	32.69148	32.69135	32.69142	32.69125	-0.17	-0.17
9	32.69741	32.69700	32.69721	32.69703	-0.18	-0.18
10	32.67285	32.67278	32.67282	32.67276	-0.06	-0.06
11	32.67459	32.67446	32.67453	32.67444	-0.09	-0.09
12	32.69556	32.69562	32.69559	32.69550	-0.09	-0.09
13	32.78871	32.78856	32.78864	32.78845	-0.19	-0.19
14	32.67565	32.67553	32.67559	32.67546	-0.13	-0.13

表4.11　第四、五次监测数据分析表

次数	第四次			第五次		
点号	本次测试高程值（m）	单次变化（mm）	累计变化量（mm）	本次测试高程值（m）	单次变化（mm）	累计变化量（mm）
1	32.06687	-0.13	-0.27	32.06676	-0.11	-0.38
2	32.63756	-0.15	-0.24	32.63746	-0.10	-0.34
3	32.67356	-0.17	-0.34	32.67339	-0.17	-0.51
4	32.65892	-0.16	-0.33	32.65876	-0.16	-0.49
5	32.66901	-0.04	-0.19	32.66894	-0.07	-0.26
6	32.71805	-0.05	-0.24	32.71793	-0.12	-0.36
7	32.71629	-0.10	-0.26	32.71618	-0.11	-0.37

续表

次数	第四次			第五次		
点号	本次测试高程值（m）	单次变化（mm）	累计变化量（mm）	本次测试高程值（m）	单次变化（mm）	累计变化量（mm）
8	32.69119	-0.06	-0.23	32.69115	-0.04	-0.27
9	32.69689	-0.14	-0.32	32.69688	-0.01	-0.33
10	32.67267	-0.09	-0.15	32.67257	-0.10	-0.25
11	32.67438	-0.06	-0.15	32.67429	-0.09	-0.24
12	32.69550	0.00	-0.09	32.69538	-0.12	-0.21
13	32.78837	-0.08	-0.27	32.78828	-0.09	-0.36
14	32.67540	-0.06	-0.19	32.67534	-0.06	-0.25

表4.12　第六、七次监测数据分析表

次数	第六次			第七次		
点号	本次测试高程值（m）	单次变化（mm）	累计变化量（mm）	本次测试高程值（m）	单次变化（mm）	累计变化量（mm）
1	32.06657	-0.19	-0.57	32.06643	-0.14	-0.71
2	32.63736	-0.10	-0.44	32.63728	-0.08	-0.52
3	32.67335	-0.04	-0.55	32.67325	-0.10	-0.65
4	32.65873	-0.03	-0.52	32.65864	-0.09	-0.61
5	32.66883	-0.11	-0.37	32.66869	-0.14	-0.51
6	32.71776	-0.17	-0.53	32.71763	-0.13	-0.66
7	32.71607	-0.11	-0.48	32.71598	-0.09	-0.57
8	32.69108	-0.07	-0.34	32.69096	-0.12	-0.46
9	32.69674	-0.14	-0.47	32.69667	-0.07	-0.54
10	32.67237	-0.20	-0.45	32.67236	-0.01	-0.46
11	32.67414	-0.15	-0.39	32.67405	-0.09	-0.48
12	32.69518	-0.20	-0.41	32.69505	-0.13	-0.54
13	32.78816	-0.12	-0.48	32.78806	-0.10	-0.58
14	32.67519	-0.15	-0.40	32.67504	-0.15	-0.55

（5）数据分析

对问津桥各监测点数据进行分析，沉降量曲线如图4.32～图4.34所示。

3. 问津桥振动监测项目

为研究运河沿岸道路车辆等对会通桥的影响和威胁，通过对问津桥进行定期振动

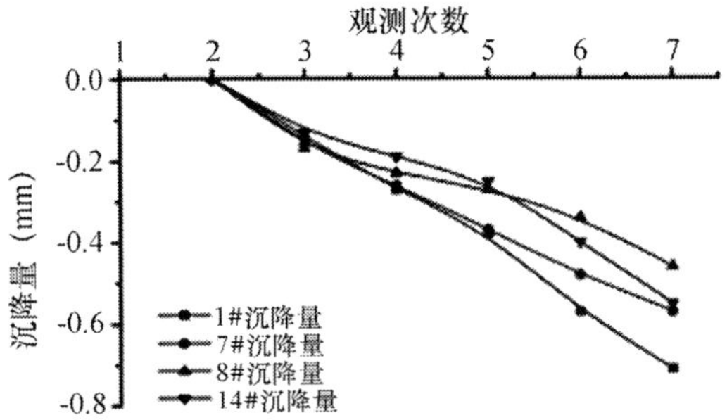

图4.32　点位1、7、8、14沉降量曲线

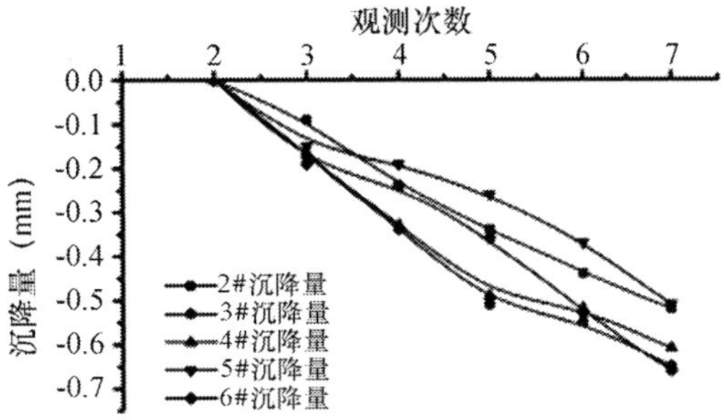

图4.33　点位2、3、4、5、6沉降量曲线

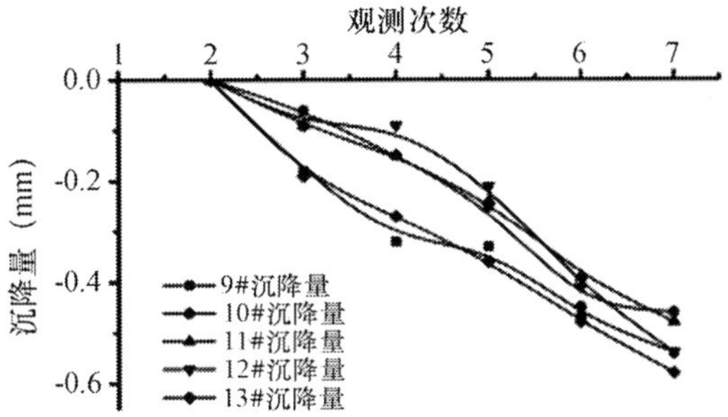

图4.34　点位9、10、11、12、13沉降量曲线

监测，分析环境振动的传播规律及其对它的影响，提供数据评估结构损伤、振动风险，有效地控制和减少因环境振动而对问津桥结构产生的危害，以更好的保障会通桥结构安全。

对问津桥进行的振动监测采用DH5907A无线环境激励实验模态测试系统。

（1）测点布置方案

鉴于问津桥的结构及布局特点，把测点布置在会通桥拱顶，如图4.35、图4.36所示。

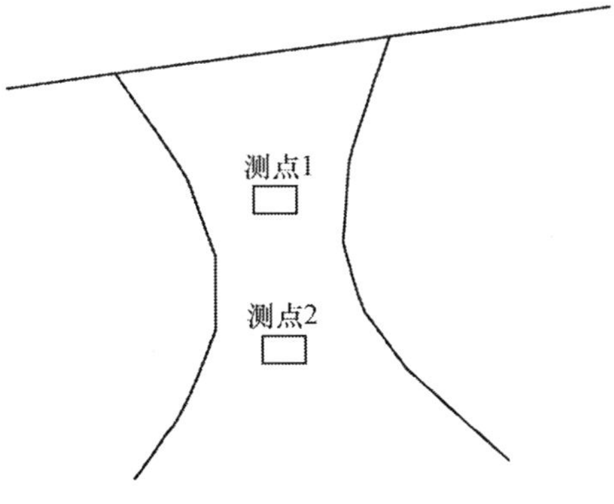

图4.35　问津桥测点分布

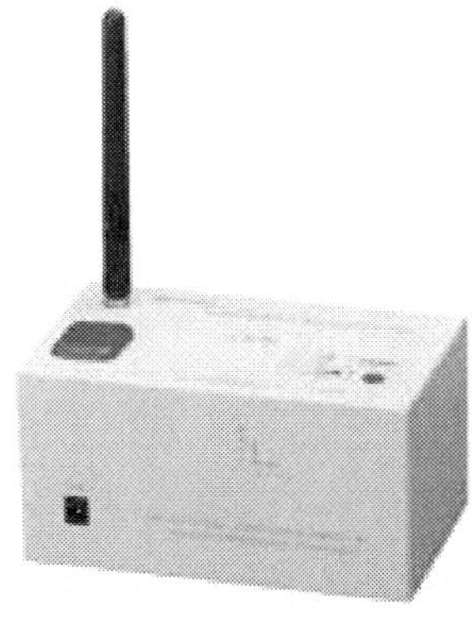

图4.36　无线测试分析系统

（2）现场监测

现场主要根据测点布置方案进行测点布置，仪器调试和数据记录三部分。

（3）问津桥测点在典型时段振动速度波形如图4.37 ~ 图4.40所示。

（4）数据分析

如图4.37、图4.40振动速度波形图所示，进行信息统计如表4.13所示。

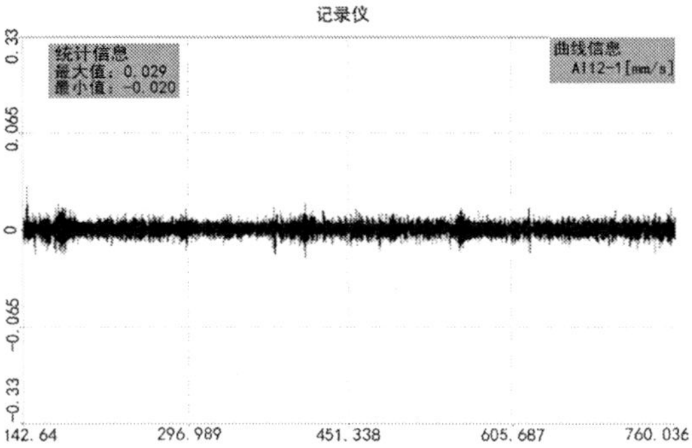

图4.37　问津桥测点1 SN方向震动速度波形图

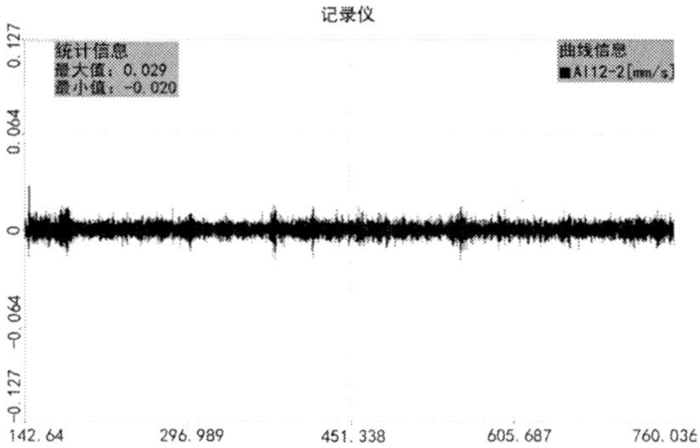

图4.38　问津桥测点1 EW方向震动速度波形图

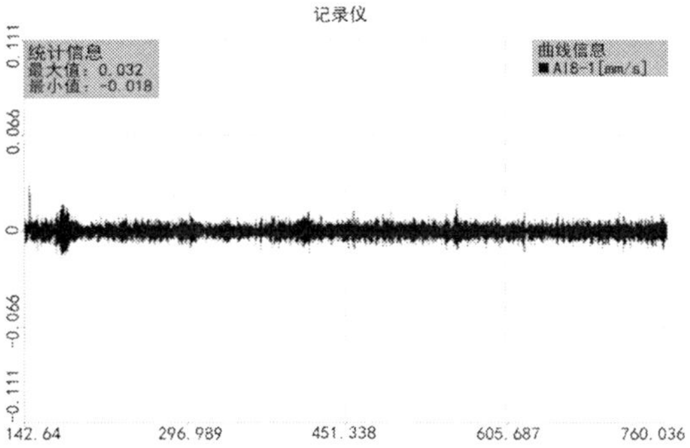

图4.39　问津桥测点2 SN方向震动速度波形图

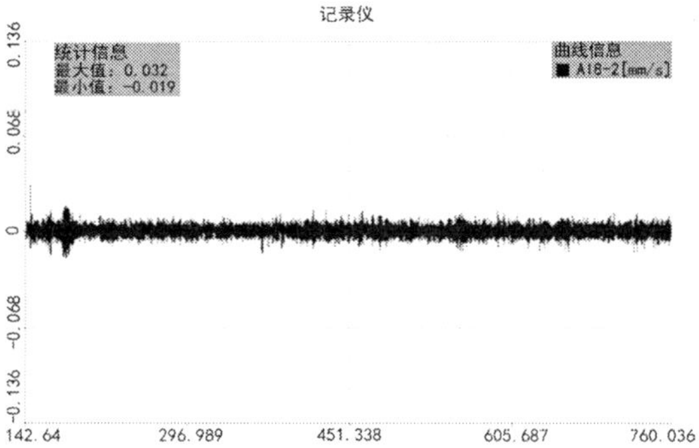

图4.40　问津桥测点2 EW方向震动速度波形图

表4.13　问津桥振动速度统计（mm/s）

测点号	最大值	最小值
测点1 SN方向	0.029	-0.020
测点1 EW方向	0.029	-0.020
测点2 SN方向	0.032	-0.018
测点2 EW方向	0.032	-0.019

根据《古建筑防工业振动技术规范》要求，古建筑石结构容许振动速度标准为：

全国重点文物保护单位水平方向的容许振动速度为 0.20 ~ 0.25mm/s；

省级文物保护单位水平方向的容许振动速度为 0.35 ~ 0.45mm/s；

市、县级文物保护单位水平方向的容许振动速度为 0.60 ~ 0.75mm/s。

全国重点文物问津桥的水平方向容许的振动速度为 0.20 ~ 0.25mm/s，根据监测数据的统计分析看到，没有超过这一范围的规定值。

三、会通桥、问津桥维修加固方案

（一）石拱桥的保护原则

①本修缮工程必须在充分研究原状的基础上，遵循“不改变文物原状”的原则，最大限度保护和修缮原有构件；

②尽可能多地保留文物本体的历史遗存和自身特点，最大限度保留文物本体的历史信息。

③必须尽量利用原有材料，尽可能多的减少干预。为了增强文物本体的结构稳定性和持久性，可以适当采用一些新材料、新工艺。修复措施及使用新材料完全是对原结构加固和保全，所修复的部分也是为了最大限度地保证文物本体的安全。

④但凡是需要新添加的部分，在原则上要求具有可逆性操作，即在必要的时候，可以将添补部分的内容拆除掉而不影响原有的历史构件。

（二）修缮设计方案

1. 各项工程前的拆除、清理

拆除会通桥、问津桥两侧占压河堤的民房及临时建筑，清理闸台周边生长的杂草，生活垃圾。清理散落的石构件，并按所处位置分别存放，避免磕碰，以备再用。

2. 清理河道淤泥

由于会通桥、问津桥均位于河道之内，因此需先清理河道内的淤泥、流沙及掩埋闸基的泥土、垃圾等。清理散落在河道内的石构件，并按所处位置分别存放，避免磕碰，以备再用。

3. 考古、勘测

组织专业考古机构对会通桥、问津桥及其周边的保存现状进行勘测和评估，明确闸体位于淤泥以下部分的结构、形制、材料和功能，并根据评估结论制定相应的保护措施。

（三）主要技术措施和做法说明

1. 清除石构件表面及勾缝处水泥砂浆

清除墙面石表面的水泥砂浆，凡被水泥砂浆抹面的部位，均存在程度不同的风化酥碱现象。在进行水泥砂浆抹面清除时根据砂浆与石材和砖结合情况可采用人工扁铲剔凿、人工打磨、角磨机打磨等不同方法，将砂浆清除，最后用人工清理干净，为下一步石材的保护创造条件。在水泥砂浆清除时切不可生砸硬凿，以免对石材和砖造成损坏。

2. 走闪变形石构件的归安

对走闪变形的墙面石等石构件重新归安时，对需拆除的石构件进行编号。要尽可能地避免拆除残损石构件，如若非要拆除，一定要采取加固的相关措施，以确保整个石构建的安全。按照编号进行原状归位，用碎石垫牢后灌桃花浆，缺失部分用同规格同材质石材补配，石材勾缝用油灰勾缝。

3. 风化酥碱石构件防护和酥裂石构件的加固

石构件因物理因素与化学因素产生的风化酥碱，应先将酥碱部分清理干净，再在表面涂刷防护剂。防护剂和部位由专门做石质保护单位进行试验后确定，不宜大面积实施。

4. 修补残缺石构件

对于因风化酥裂等原因严重造成石构件局部残缺的应采用“补石药”粘补齐整。修补前先将残缺表面酥碱部分剔除干净，用预先配好的材料进行粘补齐整，修补完成后待“补石药”完全固化后再在表面进行剁斧和做旧处理，以与周边石材协调。“补石药”由环氧树脂掺合同石质石粉及色料配成，正式修补前应进行试验，以使其色泽和效果达到技术要求。 对表面裂隙和断裂的石构件，应用环氧树脂填充裂隙或粘接断裂处、粘接之前先对断裂石料两面进行清理，粘接的时候要注意，距离表面应预留有0.5～1.0 cm的缝隙，待主体粘牢后，再用白色水泥掺原色石粉补抹齐整，尽量取得与原石材色泽一致。

5. 补配严重残损和缺失的石构件

对残损石构件应以修补加固为主，当残损严重时可进行适当的补配石构件。对缺失石构件可进行适当补配，补配石材应用原石质、原规格石料，做到与周边石构件的协调。

6. 剔补青砖

对风化酥碱严重的青砖（酥碱深度超过砖厚的 1/2 以上）且对周围河砖产生影响的，应采用剔补的方法进行维修。施工时注意相邻河砖的完整，先用钻子和小铲（或凿子）由外向里逐渐扩大将酥碱部分的河砖剔除干净，根据剔凿砖的规格进行砖加工，按原做法重新补砌好，里面用灰浆塞实，用磨头将砖与砖接缝高出部分磨平，使新剔补上的砖与相邻砖砌体相交处的衔接与过渡协调。

7. 补砌青砖

对于残损的青砖应以修补加固为主，当残损严重时，可对此段青砖进行局部拆砌。砌筑尽量选用原有青砖。对因人为破坏及人类活动而缺失的墙面，可进行适当补砌。补砌缺失的青砖规格、材质要与现存材料一致。

砌筑时，先将其接触面清理干净。用满铺灰浆砌筑，灰缝 8 ~ 10mm。砌好后分层灌注桃花浆。同时要注意前后错层。

（四）主要技术措施与破坏因素对照

根据勘察报告对危害闸体的破坏因素的分析，在此基础上提出对闸体的具体保护措施。详见表4.14。

表4.14　主要技术措施与破坏因素对照表

<table>
<tr><th colspan="2">破坏因素</th><th colspan="2">针对的主要技术措施</th></tr>
<tr><td rowspan="6">物理因素</td><td>热胀冷缩导致的剥离现象</td><td rowspan="4">风化酥碱石构件防护和酥裂石构件的加固</td><td rowspan="4">修补残缺石构件</td></tr>
<tr><td>冻融循环导致的冰劈作用</td></tr>
<tr><td>结晶与潮解导致的晶胀作用</td></tr>
<tr><td>风力剥蚀</td></tr>
<tr><td rowspan="2">机械损伤</td><td colspan="2">走闪变形石构件的归安</td></tr>
<tr><td colspan="2">补配严重残损和缺失的石构件</td></tr>
<tr><td>化学因素</td><td>表面溶蚀</td><td colspan="2">风化酥碱石构件防护和酥裂石构件的加固</td></tr>
</table>

续表

破坏因素		针对的主要技术措施	
生物因素	树木、杂草的根劈作用	清理植被	
	苔藓、地衣与藻类菌群、霉菌腐蚀作用	风化酥碱石构件防护和酥裂石构件的加固	
	不恰当的修缮方式	清除石构件表面及勾缝处水泥砂浆	补配严重残损和缺失的石构件

（五）修缮加固与保护方案

1. 会通桥（闸）、临清闸（问津桥）建筑单体修缮内容和措施

（1）会通桥

会通桥修缮内容如表4.15、表4.16所示。

表4.15　东北闸台技术措施、做法说明及要求说明表

部位		采取的主要技术措施、具体的做法
底石		清理河道内的淤泥、流沙。并对底石进行考古勘探。将走闪变形的构件进行归安，缺失部分用同规格同材质材料补配
压面石		清理杂草、垃圾、拆除后期构筑物，拆除桥体后按水泥块，进行适当的补配，补配的石材应用原石质、原规格石料，做到与周边石构件的协调，补砌桥面两侧引道
墙面石	上迎水	清理植被、垃圾等，对走闪变形石构件进行归位，归位后用碎石垫牢后灌桃花浆，石材勾缝用油灰勾缝。将部分周边散落的石构件按照其原有位置进行归安，按原规格适当补配缺失雁翅墙面石，使其高出河道最高水位； 对风化酥碱严重的青砖，采用剔补的方法进行维修；对于残损的青砖应以修补加固为主，当残损严重时，可对此段青砖进行局部拆砌，砌筑时尽量选用原有青砖，保证与其周边青砖的协调
	由身桥身	清理淤泥、垃圾等，将石材酥碱部分清理干净，对部分出现风化裂隙及溶蚀坑等现象的石材进行修补，对部分残损严重或缺失的石构件可进行适当补配，施工时注意对桥体进行必要的支护，以防坍塌
	下分水	清理植被、垃圾等，对走闪变形石构件进行归位，归位后用碎石垫牢后灌桃花浆，石材勾缝用油灰勾缝。将部分周边散落的石构件按照其原有位置进行归安，按原规格适当补配缺失雁翅墙面石，使其高出河道最高水位； 对风化酥碱严重的青砖，采用剔补的方法进行维修；对于残损的青砖应以修补加固为主，当残损严重时，可对此段青砖进行局部拆砌，砌筑时尽量选用原有青砖，保证与其周边青砖的协调

表4.16　西南闸台技术措施、做法说明及要求说明表

部位		采取的主要技术措施、具体的做法
底石		清理河道内的淤泥、流沙。并对底石进行考古勘探。将走闪变形的构件进行归安，缺失部分用同规格同材质材料补配
压面石		清理杂草、垃圾、拆除后期构筑物，拆除桥体后按水泥块，进行适当的补配，补配的石材应用原石质、原规格石料，做到与周边石构件的协调，补砌桥面两侧引道
墙面石	上迎水	清理植被、垃圾等，对走闪变形石构件进行归位，归位后用碎石垫牢后灌桃花浆，石材勾缝用油灰勾缝。将部分周边散落的石构件按照其原有位置进行归安，按原规格适当补配缺失雁翅墙面石，使其高出河道最高水位； 对风化酥碱严重的青砖，采用剔补的方法进行维修；对于残损的青砖应以修补加固为主，当残损严重时，可对此段青砖进行局部拆砌，砌筑时尽量选用原有青砖，保证与其周边青砖的协调
	由身桥身	清理淤泥、垃圾等，将石材酥碱部分清理干净，对部分出现风化裂隙及溶蚀坑等现象的石材进行修补，对部分残损严重或缺失的石构件可进行适当补配，施工时注意对桥体进行必要的支护，以防坍塌
	下分水	清理植被、垃圾等，对走闪变形石构件进行归位，归位后用碎石垫牢后灌桃花浆，石材勾缝用油灰勾缝。将部分周边散落的石构件按照其原有位置进行归安，按原规格适当补配缺失雁翅墙面石，使其高出河道最高水位； 对风化酥碱严重的青砖，采用剔补的方法进行维修；对于残损的青砖应以修补加固为主，当残损严重时，可对此段青砖进行局部拆砌，砌筑时尽量选用原有青砖，保证与其周边青砖的协调

（2）临清闸（问津桥）

临清闸（问津桥）修缮内容如表4.17、表4.18所示。

表4.17　东闸台技术措施、做法说明及要求说明表

部位		采取的主要技术措施、具体的做法
底石		清理河道内的淤泥、流沙。并对底石进行考古勘探。将走闪变形的构件进行归安，缺失部分用同规格同材质材料补配
压面石		清理杂草、垃圾、拆除后期构筑物，拆除桥体后按水泥块，进行适当的补配，补配的石材应用原石质、原规格石料，做到与周边石构件的协调，补砌桥面两侧引道。
墙面石	上迎水	清理植被、垃圾等，对走闪变形石构件进行归位，归位后用碎石垫牢后灌桃花浆，石材勾缝用油灰勾缝。将部分周边散落的石构件按照其原有位置进行归安，按原规格适当补配缺失雁翅墙面石，使其高出河道最高水位； 对风化酥碱严重的青砖，采用剔补的方法进行维修；对于残损的青砖应以修补加固为主，当残损严重时，可对此段青砖进行局部拆砌，砌筑时尽量选用原有青砖，保证与其周边青砖的协调
	由身桥身	清理淤泥、垃圾等，将石材酥碱部分清理干净，对部分出现风化裂隙及溶蚀坑等现象的石材进行修补，对部分残损严重或缺失的石构件可进行适当补配，施工时注意对桥体进行必要的支护，以防坍塌

续表

部位		采取的主要技术措施、具体的做法
墙面石	下分水	清理植被、垃圾等，对走闪变形石构件进行归位，归位后用碎石垫牢后灌桃花浆，石材勾缝用油灰勾缝。将部分周边散落的石构件按照其原有位置进行归安，按原规格适当补配缺失雁翅墙面石，使其高出河道最高水位； 对风化酥碱严重的青砖，采用剔补的方法进行维修；对于残损的青砖应以修补加固为主，当残损严重时，可对此段青砖进行局部拆砌，砌筑时尽量选用原有青砖，保证与其周边青砖的协调

表4.18　西闸台技术措施、做法说明及要求说明表

部位		采取的主要技术措施、具体的做法
底石		清理河道内的淤泥、流沙。并对底石进行考古勘探。将走闪变形的构件进行归安，缺失部分用同规格同材质材料补配
压面石		清理杂草、垃圾、拆除后期构筑物，拆除桥体后按水泥块，进行适当的补配，补配的石材应用原石质、原规格石料，做到与周边石构件的协调，补砌桥面两侧引道
墙面石	上迎水	清理植被、垃圾等，对走闪变形石构件进行归位，归位后用碎石垫牢后灌桃花浆，石材勾缝用油灰勾缝。将部分周边散落的石构件按照其原有位置进行归安，按原规格适当补配缺失雁翅墙面石，使其高出河道最高水位； 对风化酥碱严重的青砖，采用剔补的方法进行维修；对于残损的青砖应以修补加固为主，当残损严重时，可对此段青砖进行局部拆砌，砌筑时尽量选用原有青砖，保证与其周边青砖的协调
	由身桥身	清理淤泥、垃圾等，将石材酥碱部分清理干净，对部分出现风化裂隙及溶蚀坑等现象的石材进行修补，对部分残损严重或缺失的石构件可进行适当补配，施工时注意对桥体进行必要的支护，以防坍塌
	下分水	清理植被、垃圾等，对走闪变形石构件进行归位，归位后用碎石垫牢后灌桃花浆，石材勾缝用油灰勾缝。将部分周边散落的石构件按照其原有位置进行归安，按原规格适当补配缺失雁翅墙面石，使其高出河道最高水位； 对风化酥碱严重的青砖，采用剔补的方法进行维修；对于残损的青砖应以修补加固为主，当残损严重时，可对此段青砖进行局部拆砌，砌筑时尽量选用原有青砖，保证与其周边青砖的协调

2. 防护围栏

依据地形地貌现状，对文物保护范围进行必要性的围护，保护围栏采用预制透空栅栏，并树立保护界标和标识牌。

3. 周边房屋与环境整治

为便于管理，对文物周边环境进行整治，减少和杜绝物理因素、化学因素、生物因素及人为因素的影响，使文物保护处于良性循环的状态，更有利于对外展示。

严格控制会通桥、问津桥周边房屋的随意建设，禁止占压本体建筑，拆除周边临建及乱搭乱建的构筑物，对于未占压本体的民房，进行统一的外观整治，对建筑高度进行控制。

清理周边建筑及生活垃圾，统一运送到回收站进行无公害处理，采用当地绿色植被对周边进行绿化并加强日常维护。

4. 主要材料及质量要求

（1）石构件：当地石灰岩，表面做细剁斧，补配的石材应与原石材材质和色泽一致，构件的规格尺寸必须与原构件尺寸相同，质量符合 CJJ 39—1991 规范相关要求。

（2）桃花浆：白灰：黏土=4：6（体积比）。

（3）油灰：白灰：生桐油：麻刀=100：20：8。

（4）土：粉质黏土，10 < Ip < 17，有机质含量不得大于 5%，用于三七灰土的土需要过筛，不得含有大于 30mm 的土块。

（5）白灰：块状生石灰，灰块比例不得少于灰量的 60%，各项指标执行《建筑生石灰》（JC/T 497—92）钙质生石灰优等品标准。

（6）条砖：500mm × 240mm × 130mm。

质量要求：①砖的尺寸允许偏差：长度 −3 ~ 5mm，宽度 −3 ~ 5mm，高度 −1.5 ~ 1.5mm；②两条面高度差：不大于5mm；③弯曲：不大于2mm；④石灰爆裂：不允许；⑤抗压强度：平均值≥7.5MP；⑥泛霜：不得严重泛霜；⑦抗冻性：15 次冻融循环后外观无残损；⑧其他：不允许有欠火砖和酥砖，砖不得出现隐残。砖质细腻密实。

（7）泼灰：生石灰用水反复均匀泼洒成为粉状后过5mm细筛，用于制作灰浆和灰土。

（8）泼浆灰：白灰和清灰的比例为100：13。

（9）灰土：将泼灰后过筛（筛孔为5mm），黄土过筛（筛孔为20mm），泼灰与黄土按设计比例拌和均匀。

5. 主要施工工艺及技术

（1）剔凿挖补墙体

对酥碱部位进行剔凿挖补，选责任心较强的工人操作，用扁铲錾子，将留槎部位剔净，保证槎子砖的棱角完整，尽量剔成坡梯，保证挖补部位最上一皮砖为一个单块砖，达到灌浆饱满的目的，以增加墙壁体的耐久性，操作时对半成品砖轻拿轻放，以防碰坏棱角。

墙面剔补时应严格按照设计要求剔补，不能随意增加剔补数量。在施工时特别要注意相邻砖砌块的完整，剔凿时应逐渐扩大，不宜大块剔凿，以避免造成对墙体损伤及相邻砖块的破坏。

（2）地面铺墁

① 砖加工

选定合格方砖材料，施工时要轻拿轻放，砖的规格、品种、质量等必须符合传统建筑材料和设计的要求。砖的尺寸要一致，四角要格方，棱角必须齐全。

② 工序

抄平—周边弹线—冲趟—样趟—揭趟(注意编号)—浇浆(浇满浇实)—刹趟—打点活

③ 主要工艺

细墁方砖地面。做好原有基层处理，对经检查合格进场的成砖码放整齐，做好半成品保护，施工中轻拿轻放，以防碰坏棱角。室内地面铺墁须在室内正中拴两道互为垂直的十字线，使砖与房屋轴线保持平行，趟数应为单数，破活应放在罩面或两端，门口必须整活。由技术熟练的技工沿两山各墁一趟砖，然后冲趟，拴好拽线一道卧线进行样趟，打成“鸡窝泥”进行样砖铺墁保证方砖平直，每完成一趟进行揭趟。麻刷沾水将砖肋刷湿，用木宝剑在砖棱均匀挂油灰条，均匀浇浆，重新铺墁，再用礅锤将砖校半校实，砖缝严密。按卧线检查砖棱，进行刹趟。往复循环地面完成后，铲尺缝后墁干活，并擦干净，做好成品保护。

④ 注意铺墁地面的成品保护

铺墁期间合理安排施工流向，尽量减少上人走动，不允许手推车直接碾压。

内墙粉刷前必须将易造成污染的地面进行苫盖保护，其他工种作业时不得碰损和污染地面。

为使地面尽快干燥，应加强通风，并不得将水遗撒在地面上。

（3）墙体砌筑

砖的规格、式样、品种、质量等遵守设计要求。砖的尺寸要符合设计要求，棱角必须整齐。墙体砌筑先将基层清理干净，用墨线弹出墙体厚度，根据设计要求，对砌筑形式进行试摆，试摆后进行拴线，每砌筑一层砖都要进行干摆、拴线，以保证墙体砌筑平直无凹凸。

灌浆采用桃花浆，分三次灌注，灌浆前要先对墙面进行打点，防止浆液外溢，弄脏墙面。

在第一次灌浆之后，要将砖的上棱高出部分磨去，保证摆砌下层砖时能够严丝合缝。

墙体砌筑完成要进行打点修理，将砖缝处高出部分磨平，用砖面灰填平砂眼。表面平整后用清水和软毛刷将整个墙面清扫、冲洗干净。

6. 施工说明

要求参与施工的单位除具备施工资质外，还要具备极高的文物保护意识，保护文物本体及周边环境；

在维修过程中，针对历史遗留物件要做好收集，整理在一块，以备后用。对于用不上的历史文物及时归档，最大限度的保留历史文物；

每道工序施工前，要编制出具体的施工组织设计和对文物的保护措施，待甲方和监理部门审查通过后方可施工。

施工过程中，如遇到设计及施工问题，要与设计方取得联系，不得盲目施工或随意更改设计。

第五章　大运河河道及周边环境的治理

一、大运河河道及周边环境治理综述

（一）大运河河道及周边环境现状调研

被世界文化遗产名录收录的中国大运河，穿越2700多公里华夏大地，造就了富饶的华北平原和秀丽的江南水乡。其途经北京、天津、河北、山东、江苏、浙江六省，湖州、沧州、淮北、嘉兴、廊坊、聊城、苏州、衡水、临清、无锡、邢台、北京、常州、邯郸、济宁、镇江、安阳、枣庄、宿州、鹤壁、邳州、徐州、新乡、淮安、泰安、焦作、扬州、德州、宿迁、天津三十三市，是我国古代南北交通运输主干线。

中国大运河由隋唐大运河、京杭大运河以及浙东运河三大部分十段运河河道组成。中国大运河的多次改建变迁，加之我国地势与气候的巨大差异，特别是南北方差异明显的降水量，使南北各段河道兴废不一。隋唐运河河道大部分为遗址，从洛阳至淮安段的隋唐通济渠为地下遗址；从洛阳至北京的隋唐永济渠，小部分为遗址，大部分为自然河道，不通航。元明清京杭大运河河道，济宁以南历史城区中虽保留了原有河道的风貌，但多进行了公园化改造，留存的古驳岸很少；城区外河道为满足航运要求进行了截弯取直绕行改造，能够通航但河道原真性差；济宁以北山东地段多为灌溉渠道，河北地段运河河道断流但河段原真性和生态保持较好。

通过调研发现，在城市化进程的飞速推进的过程中，城市化和运河遗产保护真实性及完整性之间、运河遗产保护与经济发展之间的日益突出的矛盾使运河河道保护面临巨大挑战。主要表现在以下几个方面：

1. 运河河道功能变迁

交通运输业的飞速发展、思维理念和时间观念的转变以及古运河航道的一些航道基础设施较为陈旧，导致运河起到的运输作用日益降低。现阶段，除了部分河段仍然发挥少量的运输作用外，其余大部分运河航道供游客旅游、赏玩的作用远远大于运输作用。各个地区围绕运河河道及周边环境所设计建设的景区日渐增多，相关的配套设施也日渐齐全，运河河道及周边环境所发挥的作用也处于不断变化之中。

2. 运河沿线亲水性差异明显

通过调查发现，城区与乡村的堤岸亲水性差异明显。

许多流经城区的运河堤岸大多数都存在着相关的“工程建设项目”，这些项目大部分都是以控制洪水，建设风景区线路为主进行规划，运河堤岸的设计与建设是以“筑堤修坝、控制洪水”为目的进行的，为此运河堤岸多用混凝土或者砖砌石材对沿岸进行加固硬化处理。这些处理方式确实提高了河道的泄洪能力，但是加固硬化的沿岸处的水流速度加快，破坏了运河水系与周边土壤和生物环境的物质能量循环以及河流的自净能力；堤岸的设置阻断了水路之间的生态水文联系，对原本的地貌及生物关系产生了影响，导致整体生态系统有所退化。这种以防洪及风景区线路为主要目设计建设的堤岸还容易让人产生单一的视觉效果，同时也降低了居民与运河水系之间的亲水性。也有一些城镇为了便于交通运输，将运河沿线的坑塘和湿地联系起来，建设了很多的隔断型运河堤岸道路，这些道路的设置多是单纯的考虑通行运输问题，没有从整体上对堤岸两边的水的流通和动态平衡进行考虑，从而对于整个运河沿线堤岸在亲水性上都具有极大的阻挠性。

相比较而言，大部分乡村的堤岸则保持着较为良好的自然状态，运河沿线堤岸的风貌保存较为完好，植被较本土化且四季分明。但是，由于缺乏相应的管理与保护，部分运河沿线的植物生长较为混乱，且存在养殖业主私自占用运河沿线堤岸、破坏沿线地貌植被等现象。

3. 运河河道水质污染严重

运河河道水质威胁主要来自三个方面。一是运河沿岸轻工业、手工业、食品加工业以及电子加工产业迅速发展兴盛，使得大量相关产业产生的大量工业废水直接或间接排入运河河道；二是运河沿线居民随意将生活垃圾、建筑垃圾及生活垃圾倾倒在运河周边形成的水污染，以及生活区富营养成分极高的生活污水的随意排放；三是运河沿岸许多地区利用运河河水对农田进行灌溉，或是未经过处理的含有喷洒农药、污染残留物等物质的农业用水和污水对运河水质的污染（图5.1、图5.2）。由于缺乏相应的监控管理，运河沿线配套设施设置不足，这些工业污水，生活、农业用水在未经处理的情况下随意排放至运河河道，使运河河道水质污染严重。以苏南运河镇江段为例，在运河河道水质治理之前，运河主要污染物排放构成比例见表5.1，可见运河河段水质的富营养化等现象给运河水环境治理带来了很大困难。

图5.1　生活污水直接倒入运河（治理前）

图5.2　生活污水直接倒入运河（治理前）

表5.1　运河主要污染物排放构成比例（苏南运河镇江段治理前）

污染物	化学需氧量		氨氮		含氮量		含磷量		污染负荷比例（%）
	排放量（t）	比重（%）	排放量（t）	比重（%）	排放量（t）	比重（%）	排放量（t）	比重（%）	
工业废水	314.6	9.4	31.9	6.8	103.7	10.3	1.93	1.6	10
生活污水	2170	64.4	264.2	56.8	564.2	56	17.74	14.3	56.8
农业污水	822.1	24.5	165.1	35.3	330.1	32.8	103.6	83.8	32.3
流动源	44	1.3	4.4	0.9	8.8	0.9	0.44	0.4	0.9
合计	3350.7	100	465.5	100	1006.8	100	123.71	100	100

4. 运河堤岸污染破坏严重

运河沿线堤岸坍塌、污染、破坏等情况不容乐观。由于大多数运河堤岸均处于地上，受外界环境因素、人为因素以及地质因素等原因的影响比较大；极少数由于地质活动掩埋，位于地下的运河堤岸也由于部分地区对开发监管不到位等原因，造成了许多的破坏。

在北方地区许多已经出现局部甚至全部断流的运河河段，特别是当运河河段部分地区处于配套设施设置不健全的城乡接合部或者是老城区，由于沿线相关的环境保护机构不健全，甚至部分地区出现了“三不管”，使监管制度难以落实。沿线居民将运河堤岸作为垃圾倾倒场，随意丢弃建筑、生活垃圾，造成了运河沿线垃圾成山，运河堤岸成了垃圾存放地，严重的已经填埋了部分运河河段（图5.3）；居民在堤岸进行焚烧垃圾等行为屡见不鲜，环境污染现象极为严重（图5.4）。这对大运河的保护产生了很大的阻碍。

图5.3 大运河聊城段堤岸垃圾（治理前）

图5.4 居民在运河堤岸焚烧垃圾（治理前）

5. 运河河道被侵占或阻塞

运河河道两岸建筑分布密集，由于部分运河河段已经没有水流，许多沿线居民在干涸的河道及堤岸为所欲为，违法乱建建筑物（图5.5），或者私自将河道改做耕地使用（图5.6），河道阻塞现象也很明显，这些现象严重影响运河沿线的景观风貌及河道行洪。近年来，房地产行业发展的巨大利益需求，使“填河造地建楼”、“滨水豪宅”等现象成为运河河道及堤岸的另一威胁。开发商为追求利益最大化，在临近滨水的区域建设了许多“滨水豪宅”，由于这些建筑紧贴着水边，严重阻碍了其他居民的亲水需求（图5.7）。而且，许多已经建成的区域未能从运河风貌的保护和城镇游憩的需要来考虑，各自为政严重影响了滨水区风貌带的营造和大众公共活动的需要。

（二）国外运河河道及周边环境的治理理论与实践

1. 国外运河河道及周边环境的治理理论

国外针对运河河道及周边环境的治理理论主要有自由主义、制度主义和生物环境主义这三个流派，它们分别的实践代表作是荷兰莱茵河三角洲的治理、法国米迪运河以及美国伊利运河河道及周边环境的治理。流派之间争论的根本问题在于：是以运河遗产保护为主的方式来促进经济的发展，还是以经济发展为主带动对遗产的保护，谁主谁辅，遇到问题时优先考虑哪方面。

自由主义保护理论：自由主义理论的提出始于19世纪末荷兰莱茵河三角洲的开发。自由主义保护理论主张人的主观能动性应该在运河河道及周边环境的治理中发挥主导作用，治理工作应该围绕人们的客观需求开展。当时为了供给数量剧增的西欧人口， Corbulo将军和Drusus将军把墨兹河、埃塞尔河和莱茵河连在了一起，在此项治理

图5.5　占用运河河道建房子

图5.6　占用运河河道种菜

图5.7　运河沿线建设的豪宅

措施实施后，被严格控制的莱茵河水系的缺陷就逐步显现出来。被引入的河流控制措施，如堤坝、河道约束、裁弯取直，均导致河流系统水文活动的丧失。而且导致未来洪水的潜在威胁程度大幅增加，最后只能依靠巨大的投入和代价才能防止。

相关的治理导致莱茵河流域的河流景观与罗马时代的莱茵河相比已经面目全非。莱茵河三角洲开发项目的破产，导致自由主义思想流派受到较为广泛的质疑。

制度主义保护理论：制度主义保护理论主张通过建立健全运河河道及周边环境治理的法律法规、政策以及管理机构来实现对运河的有效保护。制度主义保护理论强调通过完善的运河河道及周边环境保护法律法规，设立健全的运河管理机构，明确管理机构的责任，加强对管理机构的管理与控制，使运河河道及周边环境治理的过程中能够处在一种有法可依、受法规约束、有部门管理、有机构保护的可控状态。

生物环境主义保护理论：该保护理论认为：生态系统是世界上所有事物的综合体，任何事物都是相互关联、相互作用、相互影响的。人类属于生态系统中的一小部分，人类的生存依赖于生态系统，且人类对任何事物的改变都不能也无权破坏其完整性。

生物环境主义保护理论主张进行运河河道及周边环境治理时，以维护整体生态系统平衡为前提，以确保运河遗产的整体性与真实性为宗旨，制定的治理措施要保持运河遗产的原始地形地貌和文化风貌。

2. 国外运河河道及周边环境的实践

不同国家和地区在运河河道及周边环境治理保护的实践中，积累了一些成功的经验，对我国开展运河河道及周边环境的治理保护具有重要的借鉴意义和启示作用。

（1）美国伊利运河

伊利运河全长584公里，宽12米，深1.2米，共有83个水闸，水闸宽27米，高4.5米。伊利运河的通航，标志着苏必利尔湖、密歇根湖、休伦湖、伊利湖和安大略湖与哈德逊河成功连接。它的通航不仅提高了运输速度，更将沿岸地区与内陆地区的运输成本减少了95%。这是第一条贯穿美国东西两端的快速水上运输通道。调研资料表明：伊利运河通航后，通过纽约港进入美国的外来商品由1800年的9%猛增至1860年的62%，纽约人口数量也上翻了8.7倍。

针对运河河道及周边环境的治理保护问题，美国政府采取的是遗产廊道政策。“遗产廊道”是美国出台的，专门针对境内的遗产古迹进行地域性保护的政策。该政策符合生物环境主义，主张将运河河道及周边环境视为生态系统的一部分，人类在进行运河河道及周边环境治理保护的过程中应该注重整体生态系统的平衡，采取的任何治理措施不得破坏运河遗产的整体性与真实性。

伊利运河于2000年获得美国国家遗产廊道认证。伊利运河遗产廊道将含有大量体现本区域的、纽约州的乃至整个美国所特有的文化、精神、美德、思想传递给世界各地的游客。

根据调研资料，美国伊利运河遗产廊道对运河河道及周边环境的治理所采取的措施及解释如表5.2所示。

表5.2 美国伊利运河河道及周边环境治理保护措施

遗产类别	重点保护古迹	具体保护措施	保护意义	实践案例
乡村景观	古农场、建筑物、构筑物、森林以及沿线土地	保护森林、对古农场的农业互动进行保护宣传、赋予建筑物、构筑物新的作用	古老的乡村风情、农副产品采摘促进旅游	水上农夫市场 湖区 AIDER
船舶、水上设备	古运河船舶残骸、水上设备	对水上设备进行恢复，对古运河船舶残骸进行鉴定及修复	进行旅游开发	拖船“Urger”号; Waterford拖船大会
遗址、文物	美洲原住民遗址运河相关的古文件	根据国家出台的历史保护法案及部落遗址维护法案保护	保留遗址的完整性，通过现代技术增加宣传力度	

续表

遗产类别	重点保护古迹	具体保护措施	保护意义	实践案例
民俗风情	野史、民间传说、工艺品展示	根据遗产廊道要求进行保护	保护遗产的真实性、完整性、再现性	
运河河道	古运河河道	对运河河道进行保护，恢复原始形态	使运河河道保持原有风貌，通过对河道附属设施的修复，增加河道的商业休闲功能	Buffalo运河港口； Byron港运河遗址公园； 旧伊利运河州立公园
运河聚落	历史闻名的保护意义深远又遭受巨大威胁的经济发展薄弱的沿河小镇	依据遗产保护规划、经济发展要求、沿线居民要求开展保护的开发工作	为古运河聚落带来新的发展机遇、提高商业价值	Fairport Oswego Canastota Vischers Ferry Waterford Whitehall
工业景观	古运河时期遗存的港口、街区、发电设施级磨坊	依据规划拆除污染景观的污染源与滨水设施构筑	增加滨水街区商业、文化、休闲用地，增加运河文化氛围	Canajoharic; Buffalo; Cohoes

通过上述治理保护措施的制定实施，伊利运河遗产廊道的遗产保护工作取得了很大的胜利。

据《纽约时报》报道，2014年，纽约州的经济活动有60亿美元是运河系统赞助的。针对运河河道及周边环境治理建设的伊利运河遗产廊道项目，提供了丰富的就业岗位，创造了高达7亿美元的税收收入。纽约州有关统计部门表示：仅运河游艇旅游观光项目，每年待客12万人次；单纯依靠运河遗产廊道，旅游业的年产值可达到3.8亿美元。

（2）法国米迪运河

位于法国南部的朗格沃克运河，全长360公里，一条联通大西洋与地中海的内地航运通道。整个通航路程包括船闸65座，渡槽、桥梁、泄洪道和隧道等建筑工程设施263处。朗格沃克运河于1789年更名为米迪运河。路易十四国王开凿米迪运河的目的是开辟一条快捷、安全且可以避开西班牙关税的小麦运输通道。随着现代交通运输业的快速发展，米迪运河的货运功能已经微乎其微，取而代之的旅游休闲业却蓬勃发展起来。因此，法国当局对运河河道及周边环境的治理上着重考虑的是：如何协调旅游休闲与运河河道及周边环境保护之间的动态平衡关系。并提出一项原则：进行旅游发展的前提是文化建设先行，经济发展速度和效率不能作为考核地方经济的唯一标准。

健全的法律法规体系和各司其职的管理机构，是法国成功开展河道及周边环境治理与保护的保障。

① 健全的法律法规体系

穆朗法令：是法国管理者制定的、专门进行水路管理的并且规定了米迪运河公共领域的专项法令，以其为编制基础进行更新、扩展、强化、编纂、完善的法令有《十月法令》以及《法国公共水域及运河条例》。

文物建筑保护法：从属于《遗产法典》的《文物建筑保护法》，主要内容是将遗产古迹划分为列级文物建筑与登录文物建筑两大类，并规定了保护区面积要求和对文物古迹进行修缮、治理、保护及相关工作的受理单位等内容。

景观法：由国家相关部门参与保证实施的，规定遗产古迹保护区范围内的各项治理保护工作的开展流程及注意事项的法律制度。

法国公共水域及运河条例：在条文中明确规定了米迪运河涉及到的公共领域范围：米迪运河河道及周边附属设施、建筑物、构筑物、景观、古迹以及与其相关的各类形式的古代遗留物。

其他法律：为了对米迪运河进行相关的管理与保护，法国相关政府部门还制定了《文物建筑周边环境法》、《城市规划法典》、《马尔罗法》、《广告法》、《地方分权法》、《城市规划法典》以及《社会团结和城市更新法》等，这些相关法律法规的制定为米迪运河及其他遗产的保护与治理提供了法律依据。

② 各司其职的管理机构

米迪运河涉及遗产种类繁多，管理部门也不尽相同，需要协同展开运河的治理与保护工作。VNF（法国国家航道管理局）和可持续生态发展、交通和住宅部等部门机构是米迪运河的实际管理者。

VNF（法国国家航道管理局）及下属机构：VNF的主要职责就是保护运河河道及周边环境相关遗产的真实性与完整性，监督关于运河遗产保护的相关法律法规的实施与执行程度，保证商业开发与运河遗产相关联的新建景观、建筑物、构筑物及相关附属设施的建设不会破坏、影响遗产地形地貌。

米迪运河一线管理部门为图卢兹水运管理处，相关机构及其组织分工如图5.8所示。

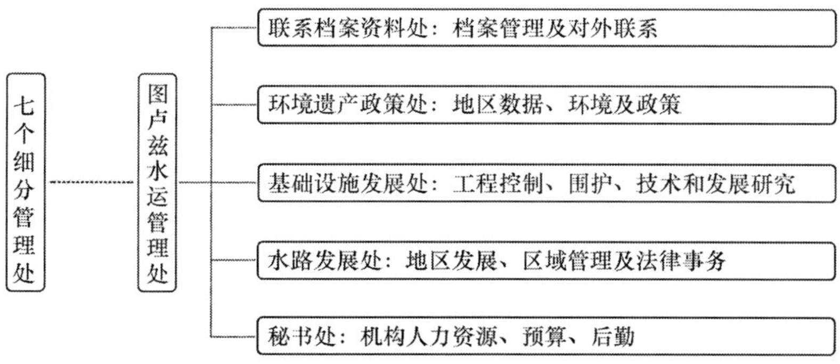

图5.8　图卢兹水运管理处相关机构及其组织分工图

可持续生态发展、交通、住宅部及下属机构的主要职责是对运河河道及相关水域上的水上交通运输进行监管，负责水上交通运输的安全及进行航道影响因素的控制与治理。其下属环境司的主要职责是对运河河道及周边环境相关遗产、建筑物、构筑物和沿线景观进行监督保护，对运河河河道及周边环境中的市政建设项目、水利工程项目、建设工程项目、城市规划设计、沿线建筑形式、广告牌设置等问题进行治理措施的制定与实施。

法国米迪运河严密的立法制度和责任明确的管理机构，使法国米迪运河河道及周边环境的治理保护取得了很大的成效。但是，近年来，米迪运河沿线出现的环境问题也较为突出。例如米迪运河两岸的数量多达四万两千多棵的法国梧桐树因外来物种影响而染上无法治愈的溃疡病，需要全部砍除后用白蜡树和抗病梧桐替代，这一点提醒我们在运河保护中进行主动干预事先防范，避免悲剧在我国上演。

（3）加拿大里多运河

被列入世界文化遗产名录的里多运河（Rideau Canal）是加拿大九个古运河之一，它北起渥太华，南至安大略湖畔的京斯顿（Kingston）海港，横贯加拿大安大略省，总长202公里。它是19世纪初英国政府为对抗美国而规划的一条能够为加拿大北部的英属殖民地提供物资的水上运输的军事运河，设计师约翰·柏（John By）采用了先进的雍水系统（slackwater system），建造了53个高坝提高水位以适用于船只航行，修建了47个专供蒸汽动力船航行的大尺寸石建水闸。被誉为19世纪工程技术奇迹，是世界运河体系的典范之作，时至今日仍保持着高度的完整性。

高效的价值层级管理是里多运河在河道及周边环境保护方面给予的启示。

里多运河保护面临的主要问题：一是由于城市发展造成的压力，二是自然的损害。位于渥太华南部的运河岸边和里多湖周围建设了大量的住宅，虽对文物古迹进行了保护，但建设行为依然危及到文物的布局特征和古迹间的视线通廊；自然损害主要来自由于特大洪水造成的水坝和河岸的毁坏。

① 划分遗产保护层级

为更好地保护里多运河，加拿大公园局以“展现特定时期的遗迹发展”作为主要理念展开对里多运河的保护。20世纪70年代前遗产保护以更新为主，70年代到80年代末遗产保护由更新转变为重现， 80年代末到90年代中期，遗产保护政策不鼓励重现，而是以稳定为主，力求对遗产物质影响的最小化。加拿大于1971年组建环境部（Environment Canada），其职责是制定并落实实施有关环境保护的政策法规。加拿大公园局（Parks Canada）是其下属机构，主要职责是保护加拿大自然和优秀文化遗产。里多运河由加拿大公园局管理并保护。里多运河采取的景观廊道策略（Rideau Corridor Landscape Strategy）是自2007年里多运河被认定为世界遗产后以加拿大公园局

（ParksCanada）为主导，沿河各政府和广泛的非政府组织团体联合促进里多运河保护和发展的组织。加拿大对文化遗产保护实行分级保护和管理，里多运河及其沿线相关遗产元素划分了三个层级，第一级是世界遗产，第二级是作为国家历史性场所一级资源的运河的原初建造形制、闸站、运河历史环境、运河岸线的历史及生态景观因素等历史文化资源；第三级是作为国家历史性场所二级文化资源的“运河商业和休闲功能的结合、运河系统和廊道的生物群落的结合、工程技术的变化、运河手动运转模式”等。这种层级式的保护策略，能够保证不同级别的遗产元素的有机联系，展现多方面多层次价值。

② 根据等级制定保护管理规划

里多运河管理保护规划始于1990年，在1996年完成规划编制， 2005年完成修编。

里多运河管理保护规划把遗产本体保护的内容分为两个等级：第一级为运河水坝、门闸、围堰、桥、闸门监管人住房，第二级是与运河相关联的军事防御设施。同时还制定了运河遗产廊道的文化景观（包括历史村镇和自然生态景观）的保护规划。

里多运河拥有工程构造物、建筑物、遗址景观、文物等丰富的遗产资源。为保护遗产资源，加拿大公园局负责监督、管理运河遗产资源，保护其安全并参与里多运河相关的规划和土地开发，确保岸线开发以维持历史原貌和景观特征。同时倡导公众参与，积极吸纳运河廊道居民共同保护运河廊道，使之得到社会的关注。

里多运河世界遗产地的分层级的保护管理做法和发展为我国大运河河道保护与治理提供了借鉴与参考，值得我们学习思考。

（三）国内运河河道及周边环境的治理理论与实践

1. 国内运河河道及周边环境治理的理论

如前所述，我国关于大运河的保护研究成果非常丰富，形成整体保护和预防性保护相结合的保护理论，但针对运河河道保护治理的理论研究和实践较少，致使近年来，大运河河道面临三大严重危机：

断流：目前北部运河（山东济宁以北段）基本断流，中部和南部运河虽然还有水，但也时刻面临断流的威胁。虽然个别城市为改善城市环境、打造旅游资源，打造运河供水系统（如山东聊城、天津杨柳青等），但并未改善城区外围运河的窘境。断流不仅使运河河道丧失基本功能，难以维持原貌和体现历史文化价值，更直接导致运河河道被农田蚕食或变成垃圾坑。

水体污染严重：漕运时期运河两岸曾是经商生活居住的上佳位置，但因长时期疏于保护及管理，大量工业企业及居民区布置在运河沿岸，加之我国城市排污设施不完善，缺乏有效地城市管理监督，使运河成为“排污渠”，断面水质监测达标率低，水体污染严重，局部河段还呈恶化趋势，水体基本失去自净和自我修复能力。

丧失真实性：运河多个河段出现开发过度，严重损害了运河特有的文化遗产信息，使遗产价值严重丧失，运河沿线的风俗民情和民间艺术逐渐消失。

2. 国内运河河道及周边环境治理的实践

（1）天津南运河的治理

元代挖通济州河、会通河和通惠河，使大运河贯通。大运河分段命名，卫河下至三岔口称卫漕，属漳卫南运河水系，又称南运河。南运河南接山东临清卫运河，至三岔河口与北运河汇合后流入海河，由古至今兼起航运、输水、行洪和排涝的功能。建国后南运河虽几经治理，但运河河道及周边环境的保护形势依然严峻。未治理前，仅在天津境内运河的部分河段被沿岸居民建房侵占，造成河道淤废功能丧失；沿途或支流大量的工业废水和生活污水的排入运河，使运河水质恶劣，河道污染严重，河边杂草丛生，周边垃圾成堆。2001年起，天津市陆续开展南运河的治理与保护，通过河道综合治理，使南运河水质达标，排涝功能得到恢复，并通过河道两岸区域水环境的改善，使城市面貌得到很大改观。

根据天津市河湖水系规划，南运河定位为一条“贴近生活、融入生活、丰富生活”的景观河道。其功能只排涝不行洪，兼具通航和景观功能，据此开展了南运河综合治理工程。先后进行了河道清淤、挖填土方、改建排水口门、新建跨河闸、新建沿河道路、铺设雨水和截污管道、新建雨水泵站、新建桥梁、形成绿地等工程。

① 生态治理成效显著

天津市在开展运河治理时，遵循“超前意识、环保意识、人文意识”三大意识和“社会效益、环境效益、经济效益”三大效益协调统一的原则，秉持“生态、自然”的治河理念，制定了包括外源污染控制和内源污染控制的《河道水质保持方案》。这个方案是“生态+工程+管理”三大措施有机结合的综合性方案。

其外源污染控制方案核心是污水截流工程。通过平行运河河道方向铺设污水截流管道，把所有通往运河的污水排放口进行截流，排入污水处理厂，最大限度防止工业废水和生活污水对运河河道造成的污染。外源污染控制方案还强调了河道污染控制管理制度，通过严格管理，禁止向河道倾倒生活垃圾等污染废弃物、定时打捞河道漂浮物、定期清洁运河堤岸垃圾，确保河道的零污染。治理经验表明进行外源污染控制，是恢复运河水质、减轻河流污染、恢复河流生态功能的最直接有效地措施。

其内源污染控制方案是水体的净化。通过控制污染物的富集和释放，实现运河水体内各营养物质的动态平衡，达到运河水质长期保持的良好效果。天津市制定了《天津市中心城区河湖水系沟通与循环规划》，通过在境内形成“子牙河—外环河—南运河—海河”和“南运河—津河—海河”两个水体循环圈，并将海河引入南运河作为补充水源，通过水体循环圈再将水排入海河的人工水体置换调控措施，降低水体营养物质浓度，避免水体的富营养化。特别值得一提的是生态护岸技术（即利用植物或者植物与土木工程相结合对河道坡面进行防护）的使用，使河水、植被、水生动物和两栖类动物连成一体，构成完整的河流生态系统。这种治理方法克服了以往运河治理中通常采用的砌化、硬化等传统手法造成的河道与河畔植被的水气循环被阻隔的弊端，对我国北方运河的治理具有重要借鉴价值。

② 生态景观丰富实用

在对南运河开展生态治理的基础上，天津市结合城市景观规划，充分考虑运河沿岸居民和游人的活动需求及环境感受，依托运河河道原有的蜿蜒曲折的河流走势，进行堤岸景观设计、塑造和改造，弱化河道驳岸水线的生硬感，形成丰富多变的河坡线。并通过设置缓坡、台阶、平台，创造较为丰富的滨水景观；通过设置码头、桥梁，方便交通及游览，满足实用要求，使南运河生态景观带集生态宜居、旅游观光、休闲娱乐为一体。

（2）大运河淮安段的治理

京杭大运河在淮安境内的贯穿长度为68公里，时至今日该段河道及其水利工程仍起到泄洪、排涝、航运的重要作用，也是我国南水北调综合水利工程的重要通道。大运河淮安段并存着运河河道、堤坝、涵闸、码头等水利工程设施和河沿岸公署、钞关、驿站、官仓等相关管理机构的多处遗址和遗产形式。（李倩，程杰，徐业龙，淮安运河文化遗产现状调查和价值评估，2010.5010.5第32卷哲学社会科学版淮阴师范学院学报679-685）淮安段周边人口和经济的高速增长，城区面积不断扩大和建筑物密度持续增加，沿岸居民违章建筑侵占蚕食河道、两侧垃圾成堆挤占河床，致使河道淤积，其泄洪、排涝、航运功能逐步退化。但对运河主体保护影响最大的是河水水质严重恶化问题。大量排放的生活废水和工业废水导致运河水体污染严重，使运河保护面临严峻挑战。

① 实施水环境整治

运河淮安段的水体污染源自两个方面。一是淮河中上游水体污染造成的运河水体污染。运河淮安段的水源来自洪泽湖，洪泽湖的水源主要来自淮河，因此中上游水体污染直接影响到运河淮安段的水质。二是淮安城市的工业污水和生活废水造成的运河水体污染。为此，淮安市实施运河水环境整治工程，首先在里运河沿线地域埋设了地下污水管道，把工业废水、居民生活污水同时汇集到污水管道，送至淮安市第二污水处理厂净化处理;同时在确保运河古堤、古闸安全的情况下，对36公里的里运河段实施水下清淤，以确保里运河水质不受污染。同时加大对淮河流域的污染治理，并对运河河道及水利设施进行修缮与治理，建设生态型运河漫滩作为一种保持水土的介质，恢复运河水体的自我修复功能。

②治理与修复并重

为对大运河淮安段运河河道及周边环境进行更好治理保护，淮安市编制了大运河（淮安段）遗产保护规划，根据规划，淮安市首先在2000年进行了运河扩容，2004年至2007年间完成运河淮安段航道整治工程，2008年开展生态护坡建设、水下土方综合利用等工程，使运河通航条件得到极大改善，保障了苏北运河安全畅通。

同时，淮安市将淮河特色文化与运河遗产的历史背景相结合，对老城区范围内遭到破坏的运河河段进行了必要的生态修复和功能再造；在新城区以运河遗产为依靠进行了大规模文化项目、休闲公园、生态风景区、主题公园更新与建设，使新老城区形成一个沿线景区连续无间断的、文化底蕴深厚的、淮安地区特有的生态文化完美结合线。在确保运河遗产的真实性与完整性的基础上，丰富了旅游资源使“走遍万水千山，不比淮河两岸”盛况得以复现（图5.9）。

图5.9　淮安市区里运河两岸水乡风光

但是，有些运河周边地区的修复工作不尊重原有历史文化遗存加以整修如故，而是片面随意追求商业价值，使得“保护性的破坏”成为比较突出的问题。

（3）大运河安徽段的治理

隋唐大运河在安徽境内全长182公里，其中淮北市境内约为42公里，宿州市境内约为140公里。此段河道长埋地下，原始状态保存完好（图5.10），根据大运河线性文化

图5.10　大运河安徽段示意图

遗产的特点和运河文化遗产保护的要求，围绕运河河道及周边环境进行的治理保护，主要进行了运河故道、河道遗址和重要遗产点段三个方面的保护实践。

①运河故道的治理与保护：为体现运河故道的突出价值和稀缺性。对于宿州市泗县段运河开展的保护工作，主要是保持运河故道原始景观环境，拆除、迁移或者改造破坏运河故道原始景观的建筑；保护周边水系及生态平衡，保护现存的古树名木及植被，对重点生态环境进行恢复和控制；根据行业技术标准和运河保护管理规定，对运河故道进行清淤、疏浚，并开挖引河、整治航道，对遗存的水工设施，如堤防、驳岸、坝、桥、闸进行修复；对仍在使用的运河故道土质岸坡进行维护，保持其稳定及驳岸生态；提升并改善运河水质，改善沿线公共卫生设施，杜绝城市污水及工业废水对运河生态的破坏，完善周边村落的基础设施，保持其特有风貌及文化风俗。

②河道遗址的治理与保护：编制并完善河道遗址保护规划及方案，通过把河道遗址的土地性质规划为“文物古迹用地”加以保护，运河故道沿线规划的非建设用地作为运河故道风貌区，据此展开沿线典型地域景观的保护和治理；清理河道遗址及周边环境，拆除占压河道遗址的违章建筑，对破坏遗产整体风貌的进行整改；根据遗产文物保护的相关规定间隔设置文物保护标识，根据文物本体的特点及损伤实施科技保护，如通过在线管理监测与维修保养，把各种损害降到最低。

③重要遗产点段的治理与保护：对已发掘的重要遗产点段，通过回填、覆罩等有效措施进行严格管控和科技保护。对无需露天展示的遗产点段根据遗址所在地的土质及地下水文条件制定回填方案并回填保护，回填后应恢复遗址原貌；对需要露天展示遗址，根据遗址的特点并结合其所在地的地理及气候特点，制定涵盖遗址及周边环境的保护方案，结合遗产所在地的历史文化，进行科学规划及设计，使露天展示遗址能够全方位、立体的展示遗产的历史风貌，体现其丰富的历史价值。例如对于已发掘的柳孜石质构筑物遗址，当地文物部门对柳孜遗址进行了严格的环境考古研究，严格按文物保护规范要求，从严控制遗址建控地带内的相关建设，搬迁占压运河遗址的相关

民居，统筹策划河道遗址范围标识、断面保护、现代水渠治理和建筑环境整治工作，逐步恢复其相应的历史环境，对柳孜遗址发掘进行系统展示。

大运河安徽段在治理过程中，也出现了运河河道景区旅游人数增多造成的生态破坏现象，部分河段及周边环境的过度开发，破坏了运河的原始风貌，这些问题需要警惕和反思。

根据上述国内外运河治理理论及实践的分析，不难发现，国外针对于物质文化遗产及非物质文化遗产的治理保护工作开展较早，逐渐健全的法律法规及管理机构为保障运河遗产提供了法律基础，并将科学技术的新发现应用于运河的保护，使运河遗产的治理保护状态良好，治理中介入现代工程，通过依靠运河遗产及运河的通航、文化等功能带动旅游业发展经济。相对于国外的其他运河，中国大运河的治理保护起步较晚，地域跨度广泛，涉及的协同作业数量巨大。再加上地域文化、管理方式、治理措施的不同，导致各个地段运河保护情况差距较大。但在治理过程中，形成了基于整体性的治理保护理念，做到了规划先行，逐步建立健全各项保护制度，并注重发展与保护的动态平衡。国内部分运河河段效仿国外开展的运河航道旅游项目，开展运河河道载客航运旅游项目，为当地旅游业的发展增添了很大的吸引力。我国运河治理也有自己的独到之处，譬如我国依靠运河实施的南水北调工程，不仅解决了我国北方群众季节性缺水以及农田灌溉的难题，还将活水引进了古运河河道，给大运河的发展带来了新的机遇。

3. 我国运河河道遗产保护不足之处

（1）群众保护意识淡薄，相关法律法规不健全

首先，中国大运河地域跨度广泛，各个地区对运河遗产保护的方针与策略有所不同。部分运河段落的群众对运河河道及周边环境保护重要性的意识不足、部分地区为了单方面的促进经济发展、盲目的将运河河道及周边环境进行了商业化改造等等这些不文明现象的出现严重威胁、破坏了运河遗产的完整性与真实性。

其次，目前国内现行的与运河河道及周边环境相关的法律法规不健全，特别是针对性较强的地方性法规以及相应的监管机构的缺乏，导致部分运河河段出现了河道坍塌无人管理，工业废水、生活污水以及农业污染水在未经处理的情况下随意排放进运河，沿线居民任意侵占河道及堤岸、乱建私盖建构筑物、随意在运河堤岸倾倒生活垃圾、盲目改造运河沿线景观、私拉乱扯运河沿线广告牌等不文明现象。

（2）经济发展与运河保护的不协调

快速的城市化进程、大规模的土工作业、开发商的盈利模式等诸多因素的存在，使许多未被充分调研、保护的运河遗产被侵占、破坏。甚至，部分地区以运河遗产破

坏为代价换取片面的经济增长。未经充分调研进行的运河景区的开发与利用，破坏了运河河道及周边环境所营造的整体文化氛围。诸如此类的发展与保护的不协调，造成我国大运河遗产部分段落运河文化遗产的缺失。

（3）治理保护机制严重滞后

中国大运河的地域跨度广泛，运河河道及周边环境的治理保护属于跨地域、跨部门协同作业管理的方式。正是由于协同作业管理交叉点较多，导致部分地区管理区域模糊，出现问题找不到管理者或者追责不确定等现象的出现。同时，较为传统的遗产保护机制不适用于运河遗产、跟不上经济爆发式增长的趋势、现代科学技术应用到运河遗产保护的案例及措施较少等现象的存在，使我国运河河道及周边环境的治理保护机制严重滞后。

二、大运河临清段河道及周边环境治理

（一）大运河临清段河道及周边环境现状分析

1. 大运河临清段河道地理区位分析

大运河临清段属于会通河，临清段河道共分为两段，河道涵盖了2段大运河、4座水工设施及一处运河沿岸古建筑（图5.11）。第一段为临清闸（问津桥）至鳌头矶段河道，北至临清市临清闸北50米，南至临清市鳌头矶，全长1.3km。坐标范围为北至北纬36°50′60″，东经115°41′30″29″，南至北纬 36°50′30″，东经 115°41′59″；第二段为鳌头矶至头闸段河道，北至临清市鳌头矶，南至头闸排灌所，全长2km。坐标范围为北至北纬 36°50′30″，东经 115°41′59″，南至北纬 36°50′44″，东经 115°41′14″（图5.12）。

2. 大运河临清段（会通河）运河河道及周边环境已开展的治理保护

临清政府及文物保护部门针对运河河道及周边环境开展了一系列治理和保护工作。针对大运河临清段的非物质文化遗产资源的种类、数量、区位、保护现状及存在的问题等方面在开展普查、鉴定登记的基础上，根据大运河临清段的实际情况，按照国家相关法律法规要求，设立了运河遗产保护区域，对区域内的遗产状态及原因做了相应的汇总分析，并备注相关的治理保护意见，制定了保护治理规划及方案；对填埋或堆积在运河河道及周边的垃圾进行清理，排除已经污染的河水，引入清水改善运河水质；同时进行了广泛的运河遗产保护宣传工作，通过广泛发放宣传资料，定期开展免费讲座、发布电视公益广告等方式，向当地群众宣传运河遗产保护的重要性，引导沿线群众自觉维护运河河道及周边的环境卫生。

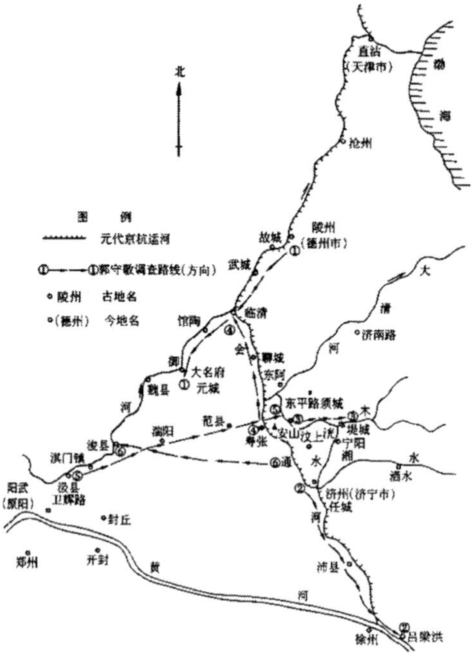

图5.11　大运河临清段（会通河）区位图

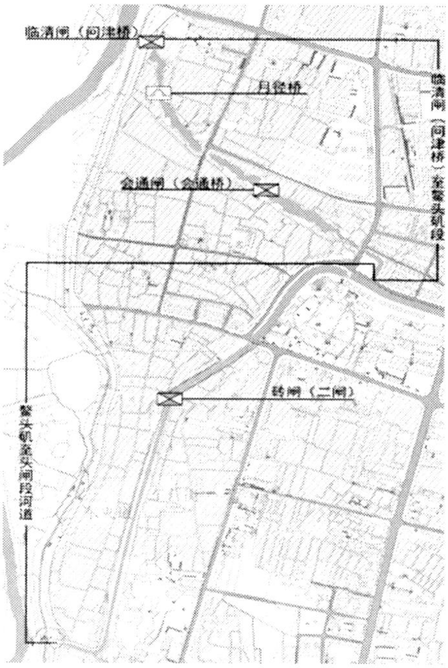

图5.12　大运河临清段（会通河）组成

3. 大运河临清段河道的真实性、完整性的现状分析

临清段的两段运河河道位置基本保持原状，均属于城区内河道。临清闸（问津桥）至鳌头矶段的运河河道两岸没有进行硬化处理，基本形制保存较好，而鳌头矶至头闸段河道 50%进行了园林景观化的河岸硬化，基本形制保存一般。两段运河河道均为不通航河段，主要作为排灌、行洪使用。总体而言，大运河临清段真实性较好，完整性一般。

4. 运河河道及其周边环境现状分段分析

为更好地开展大运河临清段河道及周边环境治理与保护，根据会通河临清段两段运河河道真实性、完整性及其周边环境特征不同，将会通河临清段运河治理范围内的区域划分为6段河道。具体划分段落如图5.13所示。

（1）大运河临清A段落存在问题

大运河临清段A段落存在的问题有：河岸坍塌、沿线建筑及生活垃圾侵占河道、建筑风貌与运河风貌不协调等。其中较为突出的沿线生活垃圾侵占河道及沿线建筑侵占河道现象如图5.14与图5.15所示。

（2）大运河临清段B段落存在问题

大运河临清段B段落存在的问题有：河床淤积、沿线建筑及生活垃圾侵占河道、建

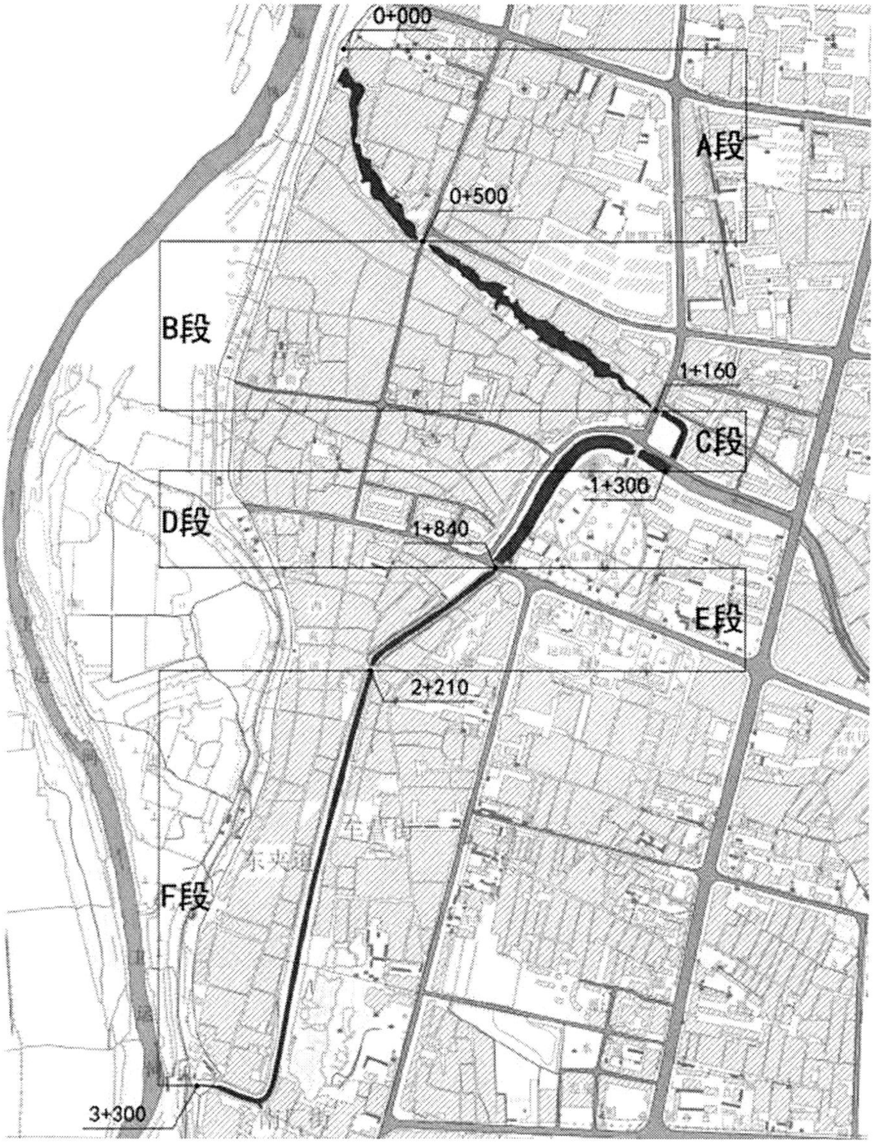

图5.13　会通河临清段分段示意图

图5.14　A段落河道垃圾

图5.15　A段落沿线建筑侵占河道

筑风貌与运河风貌不协调等。其中较为突出的河床淤积及沿线建筑风貌与运河风貌不协调现象如图5.16与图5.17所示。

图5.16　B段落河床淤积

图5.17　B段落建筑风貌与运河风貌不协调

（3）大运河临清段C段落存在问题

大运河临清段C段落存在的问题有：河床淤积、沿线建筑及生活垃圾侵占河道、建筑风貌与运河风貌不协调、沿线广告牌设置混乱以及堤岸亲水性差等。其中较为突出的是堤岸亲水性差和沿线广告牌设置混乱现象如图5.18与图5.19所示。

图5.18　C段落沿线广告牌设置混乱

图5.19　C段落堤岸亲水性差

（4）大运河临清段D段落存在问题

大运河临清段D段落存在的问题有：河床淤积、沿线建筑及生活垃圾侵占河道、建筑风貌与运河风貌不协调以及沿线广告牌设置混乱、沿线景区开发配套设施不健全等。其中较为突出的沿线广告牌设置混乱和沿线景区开发配套设施不健全现象如图5.20与图5.21所示。

（5）大运河临清段E段落存在问题

大运河临清段E段落存在的问题有：河岸坍塌、河床淤积、沿线建筑及生活垃圾侵

图5.20　D段落广告牌设置混乱

图5.21　沿线景区配套设施不健全

占河道、建筑风貌与运河风貌不协调以及沿线景区配套设施不健全等。其中较为突出的沿线生活垃圾侵占河道及沿线景区配套设施不健全现象，如图5.22与图5.23所示。

图5.22　E段落景点配套设施不健全图

图5.23　E段落垃圾侵占河道

（6）大运河临清段F段落存在问题

大运河临清段F段落存在的较为严重的问题有：运河堤岸坍塌、河床淤积、沿线建筑及生活垃圾侵占河道等。其中较为突出的沿线生活垃圾侵占河道及沿线建筑侵占河道现象如图5.24与图5.25所示。

图5.24　F段落堤岸坍塌

图5.25　F段落垃圾侵占河道

每段河道及其周边环境存在的问题详见表5.3所示。

表5.3　临清段大运河河道及其周边环境分段分析表

段落	现状说明
A	（1）本段河道属于元代会通河的一部分，河道明代已废弃。现存河道基本保持元代运河走向，河岸坍塌，河道淤积，使得河道断面被破坏的较为严重。 （2）河道沿线密集分布着大量1～2层的坡顶砖混建筑。建筑外墙主要是以裸露的红砖及水泥整体抹面混水墙为主，绝大部分建筑外墙表面不做任何装饰处理。 （3）沿线地区基础设施极为落后，造成许多居民直接将生活污水直接排入运河河道，不仅造成运河水质被污染，而且影响了运河沿线的景观风貌。 （4）沿线地区缺少必要的垃圾收集装置及约束，生活垃圾随意倾倒在运河河岸，造成河道被垃圾阻塞，河水被垃圾污染。
B	（1）本段河道属于元代会通河的一部分，河道明代已废弃。现存河道基本保持元代运河走向，河岸坍塌，河道淤积，使得河道断面被破坏的较为严重。 （2）河道沿线主要建筑与A段相同，但局部地段存在少量3～6层的平顶砖混建筑。运河沿线建筑呈现出逐渐向河道内发展的趋势，局部地段已经出现侵占河道现象。 （3）沿线地区基础设施极为落后，造成许多居民直接将生活污水直接排入运河河道，不仅造成运河水质被污染，而且影响了运河沿线的景观风貌。 （4）沿线地区缺少必要的垃圾收集装置及约束，生活垃圾随意倾倒在运河河岸，造成河道被垃圾阻塞，河水被垃圾污染。
C	（1）本段河道属于元代会通河的一部分，河道明代已废弃。现存河道已被治理过，石质护岸等呈现出过度的园林景观化。 （2）河道沿线主要以3～6层的多层建筑为主，建筑外墙主要是以白色、灰色等颜色涂料为主。建筑外墙表面没有任何富有当地特征的装饰。
D	（1）本段河道属于明清会通河的一部分。现存河道已被治理过，石质护岸等呈现出过度的园林景观化。 （2）沿线建筑主要分布在河道西侧，以3～4层的多层建筑为主，建筑外墙主要是以白色、灰色等颜色涂料为主。建筑外墙表面没有任何富有当地特征的装饰。 （3）运河东侧是大众公园这一运河沿线大型开放空间。
E	（1）本段河道属于明清会通河的一部分。现存河道已被治理过，石质护岸等呈现出过度的园林景观化。 （2）河道沿线密集分布着大量1～2层的坡顶砖混建筑。建筑外墙主要是以裸露的红装及水泥整体抹面混水墙为主，绝大部分建筑外墙表面不做任何装饰处理。局部地段曾出现过建筑外立面改造行为，改造措施仅限于在红砖墙体外侧粉刷白色涂料。建筑立面色彩不一，缺乏整体规划。
F	（1）本段河道属于明清会通河的一部分。现存河道已被治理过，石质护岸等呈现出过度的园林景观化。 （2）河道沿线密集分布着大量1～2层的坡顶砖混建筑。建筑外墙主要是以裸露的红砖及水泥整体抹面混水墙为主，绝大部分建筑外墙表面不做任何装饰处理。 （3）运河沿线建筑虽然没有出现B段侵占河道的现象，但局部地段建筑已经开始占用河岸土地。 （4）沿线地区基础设施极为落后，造成许多居民直接将生活污水直接排入运河河道，不仅造成运河水质被污染，而且影响了运河沿线的景观风貌。 （5）沿线地区缺少必要的垃圾收集装置及约束，局部地段出现生活垃圾随意倾倒在运河河岸的现象。

经前面分析，可知：随着河道水量逐渐减少，运河河道的航运功能逐渐丧失，现

在主要作为排灌、行洪使用，局部地段河道被改造为城市景观河，其他地段的河道则面临着河岸坍塌、河道淤积等问题；本段运河属于城镇型河道，河道沿线基础设施较为落后。沿线的工业、农业及生活污水在未经过处理的情况下，直接排入运河河道，对河道水质造成了严重的污染，破坏了运河的生态环境；运河沿线垃圾、杂物被随意倾倒在河岸上，不仅影响了运河沿线的景观风貌，而且造成河道水质被垃圾污染；临清段运河处于临清市旧城区，河道两岸建筑分布密集，部分紧邻运河河道的民房侵占了原有运河河道，严重影响运河沿线的景观风貌及河道泄洪能力；运河沿线建筑修建于不同的年代，主要分为坡顶建筑、平顶建筑、青砖建筑三种建筑类别，其建筑保存质量也不尽相同。这种情况造成部分建筑外立面色彩、材质与当地运河沿线风貌不协调，影响运河沿线历史风貌的整体性；部分运河沿线的商铺广告牌设置形式不规范，出现了广告设置密度大、比例尺度混乱，与墙体广告混淆，遮挡建筑立面等问题。

5. 大运河临清段周边环境植物绿化分析

临清闸（问津桥）至鳌头矶段运河主要在运河河道两岸上不均匀地分布着杂乱种植杨树、柳树等乔木，此段河道周边环境绿化较差；鳌头矶至头闸段河道在运河沿线分布有大众公园、龙山两处开放空间，且沿运河河道两岸均匀地种植着杨树、柳树等乔木及其他植物，这段河道周边环境绿化较好。

（二）大运河临清段运河河道及周边环境的治理

1. 治理目标

依据我国对非物质文化遗产保护工作的指导思想与基本方针，针对大运河临清段河道及周边环境所面临的具体问题，在保持大运河临清段非物质文化遗产真实性及完整性的基础上，修复因各种因素对运河河道及周边环境造成的不同程度的破坏，恢复运河遗产的原始地形地貌和文化风貌，实现运河整体生态系统平衡，展示临清运河遗产特色文化，丰富运河旅游资源。

2. 治理依据

（1）国家及地方法律法规

《中华人民共和国文物保护法》（2015 年修正）

《中华人民共和国文物保护法实施条例》（2017年修正）

《中华人民共和国城乡规划法》（2015 年修正）

《中华人民共和国水法》（2016 年修正）

《中华人民共和国土地管理法》（2004 年）

《文物保护工程管理办法》（2003 年）

（2）相关文件、技术标准、规范

《中国文物古迹保护准则》（2015 年修正）

（3）相关资料

《大运河遗产山东聊城段保护规划》（2010 年）

《大运河遗产保护与管理总体规划》（2013 年）

《大运河遗产聊城段本体保护工程设计》（2011 年）

《临清市城市总体规划》（2013 年）

3. 治理原则

（1）维持原状原则：即不改变文物原状，保持文物及其人文环境的真实性、完整性、延续性。

（2）趋利避害原则：即保护为主，抢救第一，合理利用，加强管理。

4. 治理措施（详见表5.4）

①恢复运河河道形态：对运河河道进行清淤工程，并对坍塌严重河岸按其原有形制，恢复其原有河道形态。

②治理运河水质污染：禁止向运河河道内排入任何未经处理的工业及生活污水，运河沿线设置污水收集、处理装置，收集运河沿线向运河河道内排入的任何未经处理的工业、农业及生活污水，经过相应的无害化处理操作后进行循环利用或排放；每隔1000米设置一个公共卫生间，配备专职人员进行管理。

③清理运河周边垃圾：在运河沿线增设垃圾收集站或中转站，清理运河河道及周边环境保护区域范围内的垃圾，将垃圾定期运送至垃圾处理厂统一处理。与此同时，垃圾收集站的选址应该通过听证会等方式听取沿线居民意见，且应选在远离运河河道的地方。

④整治运河周边建筑：拆除运河沿线临建、废弃建构筑物，对沿线与会通河临清段风貌不协调的建筑外观进行治理；清除任何对河道及沿线堤岸的建设侵占行为；统一设计、规范、调整运河沿线店铺、门头房的牌匾以及户外广告设施设置，调整运河沿线地带整体商业风貌（图5.26）。

⑤净化运河周边景观环境：规范城市牌匾、户外广告设施设置行为，整合城市空间资源，制定广告牌匾整改的通则及牌匾样式选型。

⑥智慧治理与动态治理相结合：建立运河动态智慧治理系统，汇总、分析、预

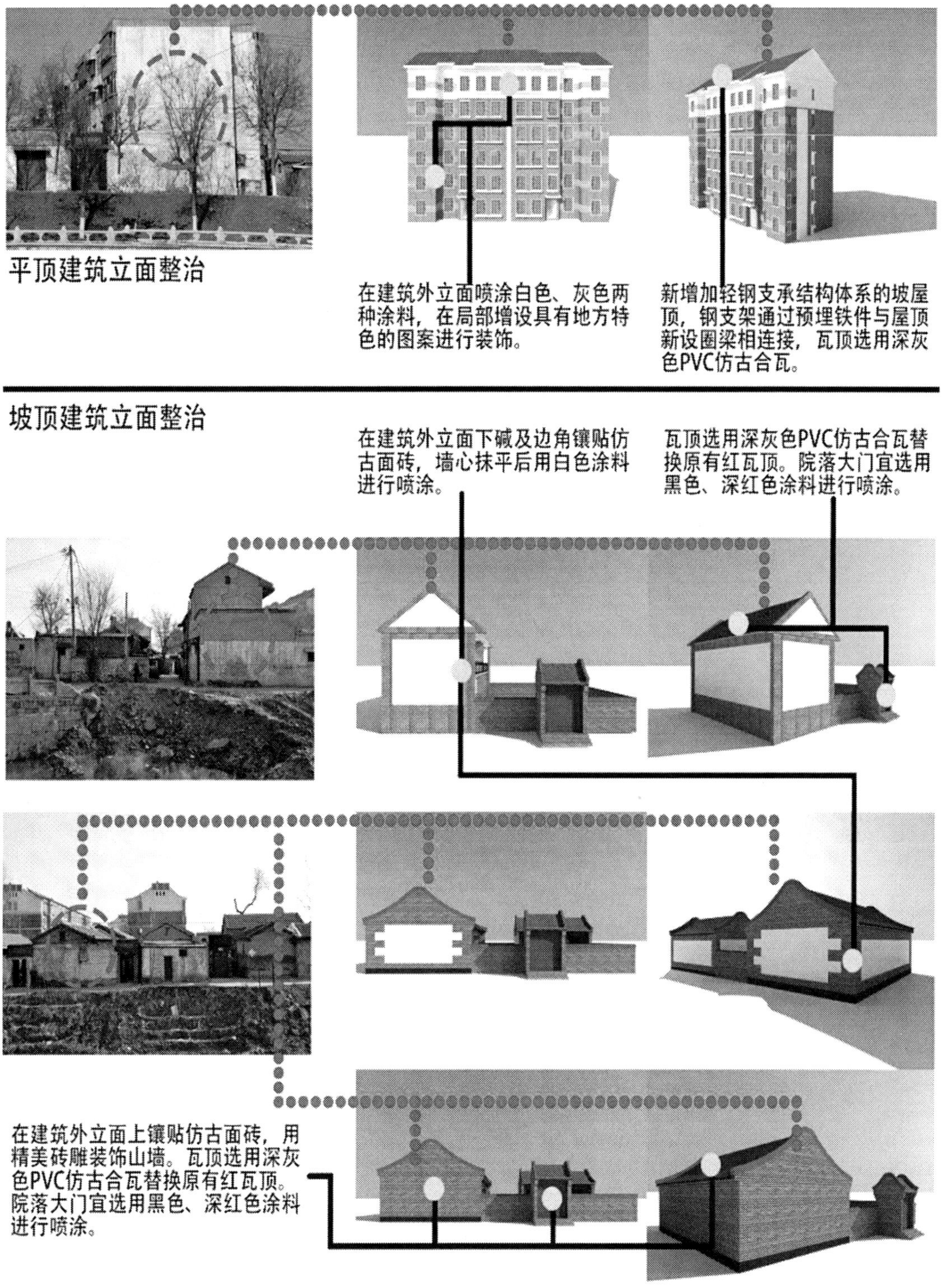

图5.26　建筑外墙面治理示意图

测、响应运河河道及周边环境变化的相关信息资源。通过设置固定监测站、流动检查巡视小组以及实时监控中心等机构组织，获取运河河道及周边环境的实时资料。利用现代网络技术，搭建能够广泛吸取各方面专家以及当地居民对运河河道及周边环境保护治理的意见及建议的网络信息交流平台。

⑦建立健全运河保护及管理的法律法规：加快关于运河河道及周边环境保护相关法律法规的制定研究，健全运河河道及周边环境保护治理机构的建设，制定与运河河道及周边环境保护的法律法规条例。

⑧加强宣传，发动群众，群策群力共同治理：利用广播电视、公益广告、宣传彩页、免费讲座、手机APP应用和相关互联网技术等手段，加大运河河道及周边环境保护的宣传力度，提升当地居民对运河河道及周边环境保护重要性的认识，增强当地群众的责任心，发挥当地居民的创造力与想象力；加大奖惩力度，对运河河道及周边环境保护与治理做出突出贡献的单位和个人进行表彰奖励，要加强公职人员的模范带头作用。

表5.4　会通河临清段段落治理措施说明

<table>
<tr><th>影响现象</th><th>治理措施</th><th colspan="2">治理措施说明</th></tr>
<tr><td>河岸坍塌
河床淤积</td><td>治理河道</td><td colspan="2">（1）A、B段河道应保持并恢复河道原有形态及原有河道走向，疏浚河道、修复河道护岸。在河道沿线清理出沿河小道及沿河绿化带。
（2）E、F段河道应保持并恢复河道原有形态，疏浚河道、修复河道护岸。将运河沿线原有道路连通，构成沿河小道及沿河绿化带。
（3）C、D 段河道应维持现有河道走向不变，改造现有石质护岸，恢复河道原有形态。</td></tr>
<tr><td>排放污水</td><td>禁止排放</td><td colspan="2">禁止未经处理的污水排入运河，清理运河周边污水管道及污水渠。</td></tr>
<tr><td>垃圾侵占</td><td>清理垃圾</td><td colspan="2">清理治理范围内的垃圾，运送至垃圾处理厂统一处理，增设垃圾收集装置，禁止向运河河道、河岸倾倒垃圾。</td></tr>
<tr><td>建筑侵占</td><td>拆除迁移</td><td colspan="2">拆除侵占河道及水工设施本体的各类建（构）筑物及运河沿线临时搭建的简易建筑及废弃建筑。</td></tr>
<tr><td rowspan="3">建筑风貌
不协调</td><td rowspan="3">建筑治理</td><td rowspan="2">坡顶建筑</td><td>在建筑外立面上镶贴仿古面砖，用精美砖雕装饰山墙。瓦顶选用深灰色PVC仿古合瓦替换原有红瓦顶。院落大门宜选用黑色、深红色涂料进行喷涂。</td></tr>
<tr><td>在建筑外立面下碱及边角镶贴仿古面砖，墙心抹平后用白色涂料进行喷涂。瓦顶选用深灰色 PVC 仿古合瓦替换原有红瓦顶。院落大门宜选用黑色、深红色涂料进行喷涂。</td></tr>
<tr><td>平顶建筑</td><td>在建筑外立面喷涂白色、灰色两种涂料，在局部增设具有地方特色的图案进行装饰。新增加轻钢支承结构体系的坡屋顶，钢支架通过预埋铁件与屋顶新设圈梁相连接，瓦顶选用深灰色PVC仿古合瓦。</td></tr>
</table>

5. 治理内容

依据运河及其周边环境已经划分的相关段落为基础（图5.27），同时考虑运河河道保存现状及周边景观风貌的协调与否，将运河及其周边环境划分为重点治理、一般治理、维护修整三种治理类别进行分级，采用分段分级治理模式，详见表5.5。

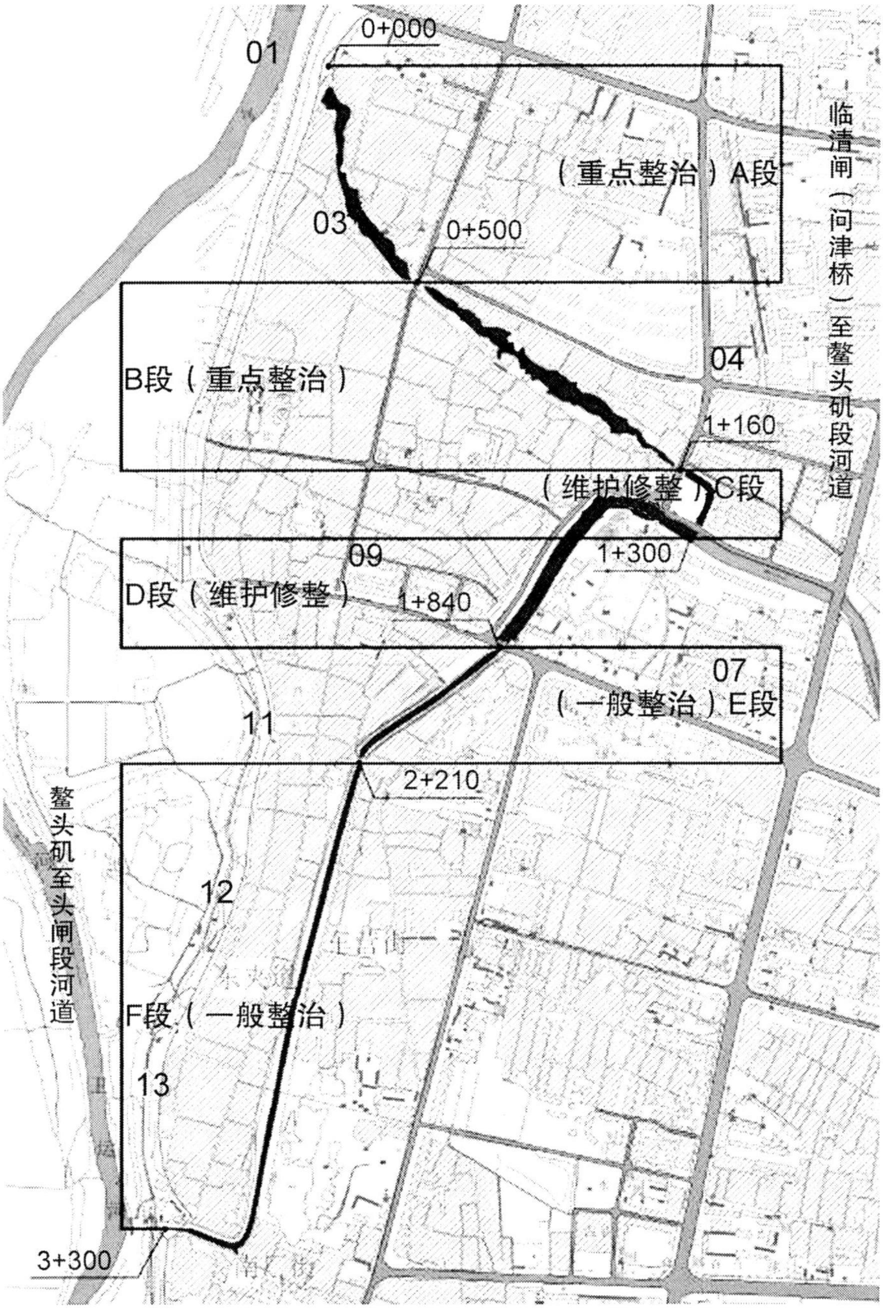

图5.27 会通河临清段分段治理措施示意图

表5.5　运河及其周边环境分段分级治理内容

治理类别	主要措施	针对段落
重点治理	疏浚河道、修复河道护岸、清理治理范围内垃圾、修建垃圾收集站、治理不协调建筑、拆除废弃建（构）筑物、拆除侵占河道的建筑	A段、B段
一般治理	修复河道护岸、清理治理范围内垃圾、修建垃圾收集站、治理不协调建筑、拆除废弃建（构）筑物等	E段、F段
维护修整	改造现有石质护岸，恢复河道原有形制、增设标示牌等展示设施、增设公厕等服务设施	C段、D段

表5.6　大运河临清段河道及其周边环境分段治理说明表

治理类别	段落名称	治理说明
重点治理	A段	（1）结合现有河道遗存保持并恢复河道原有形态及走向，疏浚河道、修复河道护岸。河岸应使用土质河岸，严禁使用石质护岸，避免现存运河河道显现出园林景观化的趋势。 （2）拆迁侵占河道的建（构）筑物，拆除紧邻运河搭建的临时建筑，根据建筑外立面特征对治理范围内不协调建筑进行立面改造。 （3）在运河沿线合理增加公共厕所的数量，用以解决沿线居民生活污水的排放。 （4）清理治理范围内的垃圾，并在沿线地区建立垃圾收集站。垃圾收集站应远离运河，靠近沿线主要道路，方便居民使用。将垃圾收集站中的垃圾统一运送到本市的垃圾处理厂，对垃圾进行无害化处理。
重点治理	B段	（1）结合现有河道遗存保持并恢复河道原有形态及走向，疏浚河道、修复河道护岸。河岸应使用土质河岸，严禁使用石质护岸，避免现存运河河道显现出园林景观化的趋势。 （2）拆迁侵占河道的建（构）筑物，拆除紧邻运河搭建的临时建筑，根据建筑外立面特征对治理范围内的不协调建筑进行立面改造。 （3）在运河沿线合理增加公共厕所的数量，用以解决沿线居民生活污水的排放。 （4）清理治理范围内的垃圾，并在沿线地区建立垃圾收集站。垃圾收集站应远离运河，靠近沿线主要道路，方便居民使用。将垃圾收集站中的垃圾统一运送到本市的垃圾处理厂，对垃圾进行无害化处理。
维修修整	C段	（1）改造现有石质护岸，去除石质护岸，将其恢复成为土质护岸或生态护岸。本段河道及其沿线建筑在近期出现过治理行为，所以本段运河沿线应以完善运河沿线展示服务设施为主，如在鳌头矶增设标识牌。 （2）规范沿线建筑牌匾，按照传统风貌的广告牌匾制定整改通则及牌匾样式。
维修修整	D段	（1）改造现有石质护岸，去除石质护岸，将其恢复成为土质护岸或生态护岸。本段河道及其沿线建筑在近期出现过治理行为，所以本段运河沿线应以完善运河沿线展示服务设施为主，如在大众公园内增设标识牌及公共厕所。 （2）规范沿线建筑牌匾，按照传统风貌的广告牌匾制定整改通则及牌匾样式。

续表

治理类别	段落名称	治理说明
一般修整	E段	（1）本段河道在近期出现过治理行为，所以本段运河沿线应以完善运河沿线展示服务设施为主，如在二闸旁增设标识牌。 （2）拆迁侵占河道的建（构）筑物，拆除紧邻运河搭建的临时建筑，根据建筑外立面特征对治理范围内的不协调建筑进行立面改造。 （3）应在运河沿线合理增加公共厕所的数量，用以解决沿线居民生活污水的排放。 （4）清理运河河道及周边环境保护区范围内的垃圾，并在沿线地区建立垃圾收集站。垃圾收集站应远离运河，靠近沿线主要道路，方便居民使用。将垃圾收集站中的垃圾统一运送到本市的垃圾处理厂，对垃圾进行无害化处理。
一般修整	F段	（1）应保持并恢复河道原有形态及河道走向，合理改造运河沿线原有道路，运河沿线植物种植应疏朗有序，空间开合有度，保持道路与运河之间视线的相对通透。 （2）拆迁侵占河道的建（构）筑物，拆除紧邻运河搭建的临时建筑，根据建筑外立面特征对治理范围内不协调建筑进行立面改造。 （3）在运河沿线合理增加公共厕所的数量，用以解决沿线居民生活污水的排放，同时关闭向运河内排污的管道。 （4）清理治理范围内的垃圾，并在沿线地区建立垃圾收集站。垃圾收集站应远离运河，靠近沿线主要道路，方便居民使用。将垃圾收集站中的垃圾统一运送到本市的垃圾处理厂，对垃圾进行无害化处理。

6. 生态修复及提升

（1）生态修复及提升原则

①植物种类的选择及配置，应遵循乡土化原则，应以地带性植被、乡土植物为主，以培育地方性的耐水性植物或水生植物为主。

②运河滨水景观采用自然化设计，自然化的植被设计要求植物的搭配为地被、花草、低矮灌丛与高大树木的层次和组合，符合滨水植被群落结构，避免采用几何式的绿化造园。

③营造开放亲水空间，并利用运河沿线绿化带合理串联运河沿线的开放亲水空间，并合理利用运河沿线现有的大众公园、龙山公园等城市开放空间，构成连贯有序的运河开放亲水空间。

（2）运河沿线绿化景观植物配置

①植被配置方式

模拟当地植物群落结构，形成乔、灌、草相结合的立体或复层式群落结构，具体方式为在河道内种植芦苇等水生植物，河道边坡上及河岸边缘种植低矮灌木和草，整治范围外边缘种植高大乔木；在整治范围内植物种植方式以聚落式和散落式相结合，有疏有密，空间开合有度，避免视觉疲劳，创造有趣的空间节奏；在整治范围边缘用绿色植物突出运河的线性，以行列种植为主，自然聚落和散落为辅，在河道两侧形成线性绿化带。

②植被配置种类

河道沿线乔木、灌木及水生植物的植被配置应采用乡土植物，详见表5.7。

表5.7　植物配置表

植被类型	树种
乔植被类型	树种
乔木	垂柳、杨树、桃树、榆树、槐树等
灌木	琼花、紫薇、木槿、枸骨、紫叶李等
水生植物	芦苇、菖蒲、香蒲等

（3）河道断面设计

①设置有机驳岸。所有的河岸与河底不做硬质衬砌。两侧设3米游园路，游园路与河岸间设置不低于2米的绿化带（图5.28）。

②以草坡入水，加以水生植物及垂柳、水杉等耐涝树木护岸（图5.29）。

7. 设置服务与展示设施

根据《大运河遗产展示与标识系统设计指导意见》中关于运河展示方式的相关建议，结合本地情况，设置服务与展示设施。主要是确定采用标识、标牌系统揭示临清段运河的历史格局、重要河道、水利水工设施、运河市镇、生态环境、非物质文化遗产等。

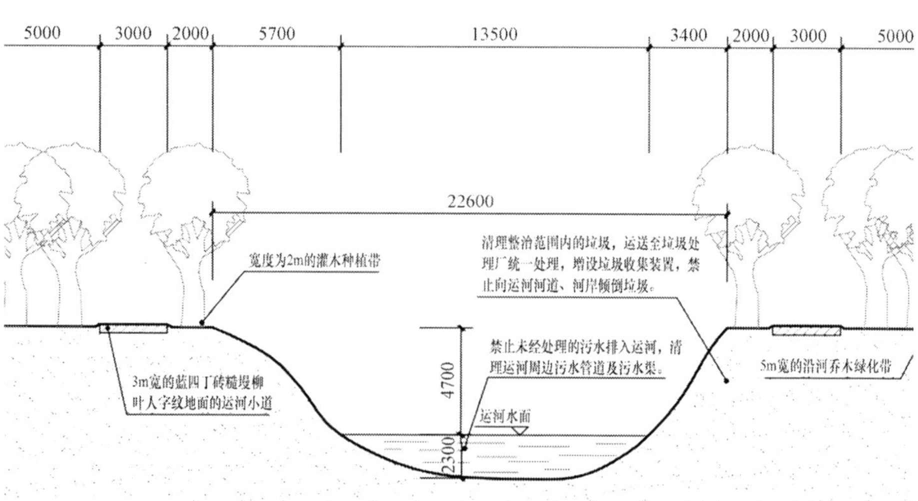

图5.28　运河河道剖面设计图

（1）完善展示设施

大运河遗产标识系统由引导标识系统、解说系统和安全警示系统组成。

①引导标志系统：由遗产标志碑及引导标志碑组成引导标识系统。应根据《大运河遗产展示与标识系统设计指导意见》及《GBT 22527—2008 文物保护单位标志》的要求并结合本地情况设置标志牌。遗产标志碑形式应采用基座式，材质采用当地石材（图5.30）。

②解说系统：由点段解说牌构成（图5.31）。

③安全警示系统：由警示牌构成（图5.32）。

图5.29　运河堤坝设计意向图

图5.30　遗产标志碑

图5.31　点段解说牌

图5.32　安全警示牌

（2）完善服务设施

①公共厕所：合理利用运河沿线原有的公共厕所，同时在运河钞关、鳌头矶、临清闸附近各建设一个公共厕所。公共厕所采用具有节能节水、自动除臭、电子导风、绿色环保等特点的环保旅游厕所。公厕应便于寻找，且与文物环境相协调。

②休憩设施：合理利用河道沿线的原有休憩设施，同时在未设置休憩设施的河道

沿线每隔1000～2000 米设置必要的休憩设施。

③在运河沿线每间隔 300～400 米设置垃圾箱 1 个，定时定点将垃圾收集到规划的垃圾转运站，并统一运送到市区的垃圾处理厂，对垃圾进行无害化处理。

（三）河道及周边环境治理的技术手段及保障措施

1. 构建虚拟电子运河动态模型，进行实时监控

构建虚拟电子运河河道及周边环境实时状况模型，利用运河沿线设置的宽带固定网络、无线网络、移动通讯网络，以及传感网络等实时监控系统，把运河河道及周边环境的实时状况连接起来，并将由系统回传的实时信息反映在电子运河模型上，从而帮助运河管理者从全局的角度分析并实时解决问题。其次，将运河河道按照每1000米作为一个单位的网格状单元，应用GPS系统、运河管理监控系统、流动检查监测系统、固定检查监测点等，提供运河的综合实时信息，对运河河道及周边环境进行预测并做出判断，为管理者提供翔实的运河信息，以应对运河河道及周边环境的变化。为运河河道及周边环境的突发状况提供实时动态报告，便于管理者积极合理地调动各类资源等。

2. 普及运河遗产文物的保护意识

首先，从中小学开始设置运河河道及周边环境保护课程，从小培养学生保护运河意识，激发他们对运河的热爱之情。其次，有关部门定期举办各种形式的保护活动，加大运河河道及周边环境保护的宣传力度。以文化遗产日为契机，举办免费讲座，宣传运河河道及周边环境保护的观念、政策和方法，营造保护运河河道及周边环境的良好氛围，提高公众保护意识，发动群众共同参与、关注和保护运河河道及周边环境。最后，充分发挥媒体宣传作用，通过公益广告、纪录片、写真等方式，积极传播运河河道及周边环境保护的思想，提升保护运河的荣誉感，增强群众的保护意识。以此来发动群众积极参与到运河河道及周边环境保护的行动中来。

3. 加强地方性保护条例的制定及相关机构的建设

根据我国对非物质文化遗产保护的指导思想和基本方针，从《宪法》、《环境保护法》、《文物保护法》等基本法出发，针对运河河道及周边环境现状，当地政府及相关管理单位制定相应的法律法规条例，为当地进行运河河道及周边环境的治理提供法律依据，做到有法可依。设立自上而下的运河管理机构，根据当地实际情况，设置定点观测点、动态观察点、流动检查队以及实时信息电子反馈点等方式，明确各单位

责任，将责任落实到单位、个人，层层把关，实时反馈，使运河治理过程中所遇到的问题可以及时的解决处理。

4. 注重多方参与、统筹兼顾、持续治理

首先，加大调研力度，增加非利益机构与公众利益相关方的介入，充分调动人民群众的积极性。通过发放宣传单、调查问卷、免费讲座、设置运河治理意见箱、举办运河治理听证会等方式广泛吸取群众意见。其次，治理方案的制定、实施以及后续改进工作进行，应该注重各参与单位、部门及相关责任方的沟通与信息的共享，以此为契机，对方案实施过程中出现的问题进行及时的反馈与处理，为后续的治理工作提供详尽的资料，保证治理措施的顺利实施。最后，方案的制定、实施到后续工作的跟进，应该具有持续性。方案的制定应该从运河河道及周边大环境出发，整体考虑整个方案的可行性，然后在小范围内试用后，确认此方案是积极、可行、有益的情况下，再进行大范围的应用。对于存在段落不周全的方案，一律不得使用。且在方案实施工程中，要注意相关资料的收集汇总处理，为下阶段开展的治理工作提供翔实的资料。

第六章　运河文化信息展示与管理系统

随着Internet技术、Web技术和传统的GIS技术的不断成熟，利用互联网发布地理信息，让客户通过浏览器浏览和获取地理信息系统中的数据和功能服务，已成为信息化时代的发展趋势。通过开发运河文化遗产信息展示与管理系统，为社会各界人士特别是文物管理部门更好地了解展示运河、管理运河、研究运河提供一个良好的网络交流环境，提高运河文化遗产管理的科学性和合理性，对大运河保护及科学管理提供技术支持。

一、文化信息展示与管理系统设计

（一）系统功能设计

本系统是基于WebGIS技术搭建B/S和C/S混合架构的面向大众的运河文化展示和管理系统，集展示、管理于一体。系统开发建设主要完成软件系统的设计编码工作，以实现大运河临清段信息展示与管理的各类功能。

系统总体功能：面向大众的集展示、管理和健康监测于一体的运河文化展示和管理系统，需要实现功能总体设计如下（图6.1）：

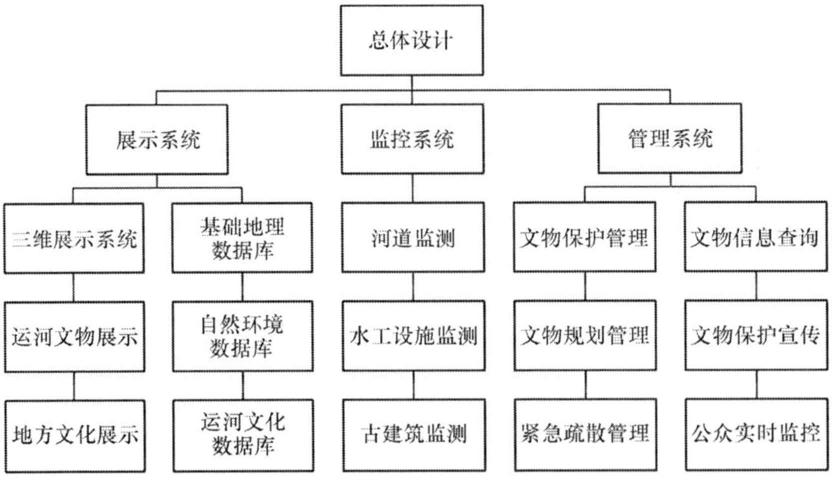

图6.1　系统功能总体设计图

1. 展示系统功能分析

主要任务是面向公众进行运河文化遗产的宣传、地方文化展示，使公众能够更加深入更加快捷更加全面的了解大运河文化遗产所承载的各种信息，包括文化和旅游两部分。主要功能要求实现：三维交互浏览功能，即利用三维GIS开发手段实现沿运河临清段文化遗址及相关建筑等地物的空间信息虚拟展示，并能通过各类可操作途径进行交互浏览操作；遗产信息检索查询功能，即系统能够通过点击相应地物或遗址查询对象的各类属性信息，并且实现通过名称快速检索定位到相应地物等；公众互动功能，能对公众提出的关于运河遗产的相关问题或反馈信息进行互动。

2. 管理系统功能分析

主要实现文物资料管理、文物信息查询、文物保护宣传、公众实时监督及应急疏散辅助管理等功能。包括对古建筑、文物保护资料及数据等的管理，文物维护信息、文物单体信息信息查询，借助监控，运用GIS分析功能，提供实时监督及应急疏散辅助管理功能。

（二）系统整体设计

1. 整体架构设计

基于信息展示于管理的具体需求分析，本系统整体架构设计如图6.2所示：

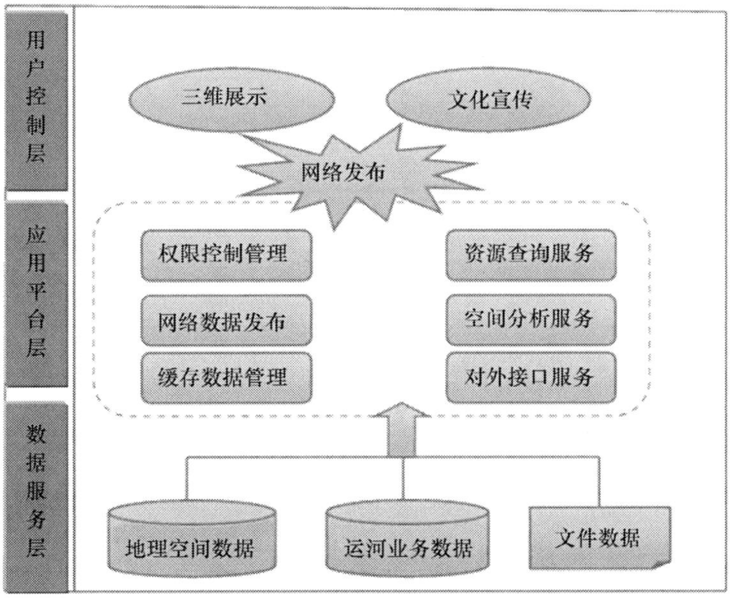

图6.2　系统整体构架图

①用户控制层：通过网络发布后，各应用端用户可以对系统进行的各项操作和浏览。

②应用平台层：包括权限控制、资源查询、网络发布、空间分析、缓存管理、接口管理等服务，有效利用数据，给用户提供基础功能支持。

③数据服务层：包括地理空间数据、业务数据、模型数据、影像、图片、文档等数据的整合，提供平台的数据支持。

2. 系统部署设计

基于webGIS的信息展示与管理系统采用Skyline三维GIS平台作为基础二次开发平台，构建基于WebGIS技术搭建B/S和C/S混合架构的运河遗产信息展示和管理系统，采用Oracle10g以及以上版本建立数据库，信息展示与管理系统网络结构图如图6.3所示。

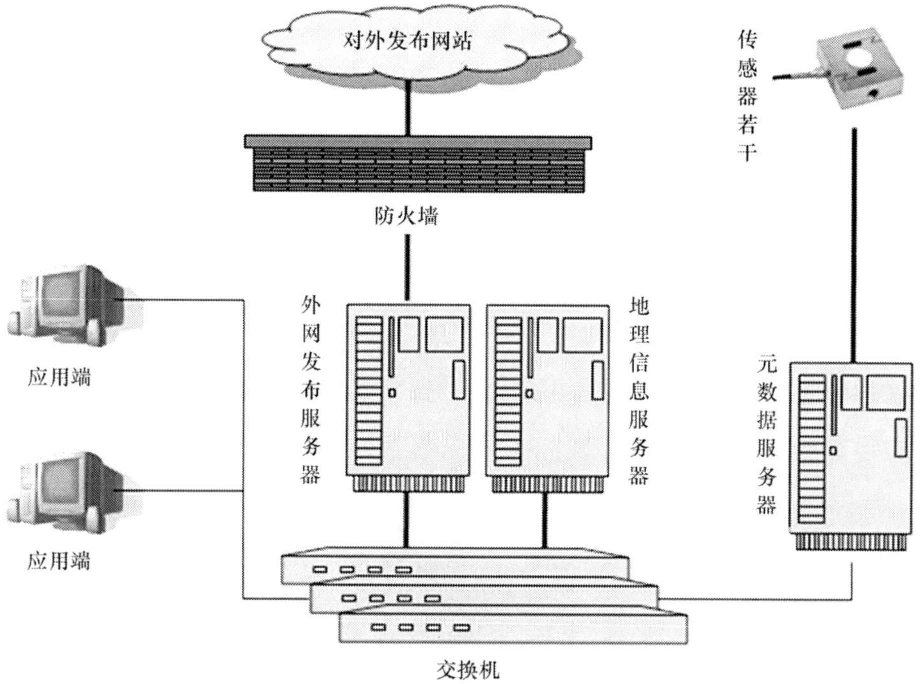

图6.3　信息展示与管理系统网络结构图

3. 技术要求

①系统技术构架：采用B/S和C/S结合的方式管理，运用WebGIS展示。

②开发语言与工具：采用Net技术与VS2010开发平台。

③数据库：采用Oracle10g以及以上版本。

④GIS平台：采用Skyline三维GIS平台作为基础二次开发平台。

⑤三维纹理数据外业采集：专业的采集人员现场拍摄纹理数据，建筑结构，整理入库。

⑥三维建模：用城市建模的方法实现。相关软件技术：Photoshop 、CAD、3Dmax。

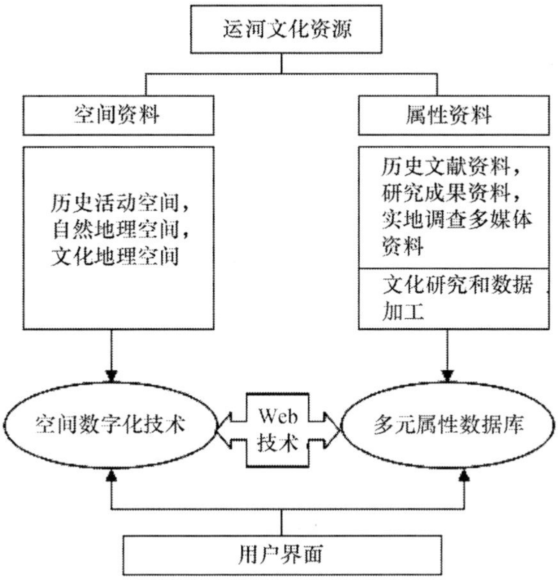

图6.4　技术路线图

（三）模块设计

1. 展示导游模块

展示导游模块的主要任务是面向公众进行运河文化遗产的宣传、地方文化展示，使公众能够更加深入、更加快捷、更加全面地了解大运河文化遗产所承载的各种信息。

主要功能要求包括文化和旅游两部分：

①运河文化展示：对沿运河段的相关文化遗址，提供各类专题资料的展示手段，如文字描述、图片、扫描文档、调查监测数据、全景图、视频、音频、建筑复原、VR虚拟现实体验、有关运河的游戏互动、电子商务、品牌建设等。通过这些最直观、最生动、最有身临其境的方法，将运河的过去、现在和未来全方位、生动、立体地展现出来，传播出去。

②遗产信息检索查询：要求系统中能够通过点击相应地物或遗址查询对象的各类

属性信息，并且实现通过名称快速检索定位到相应地物等。

③三维交互浏览：要求系统能够利用三维GIS开发手段实现沿运河临清段文化遗址及相关建筑等地物的空间信息虚拟展示，并能通过各类可操作途径进行交互浏览操作。

④景点漫游：通过设定特定路径，实现沿路径的自动漫游。

⑤与公众互动：对公众提出的关于遗产的相关问题或反馈信息进行互动。

2. 网络监管模块

网络监管模块主要实现文物资料管理、文物信息查询、文物保护宣传、公众实时监督及应急疏散辅助管理等功能。

①文物资料管理：包括对古建筑、文物保护资料及数据等的管理。

②文物信息查询：包括维护信息、文物单体信息等。

③文物保护宣传：包括保护条例、参观文物时的注意事项等。

④公众实时监督及应急疏散辅助管理功能：可借助监控，运用GIS分析功能，提供疏导人流等功能，以更好地应对景区发生应急事件。

⑤用户管理功能：系统要求通过用户管理，保证系统的登录安全。对不同用户拥有不同的权限。

二、文化遗产信息展示与管理系统的功能实现

基于WebGIS的文化遗产信息展示与管理系统的文化、旅游、管理三大功能和监测呈现在系统首页（图6.5）。

（一）文化模块

文化模块包括认识运河、运河文化、运河景点、新闻动态、服务中心五个部分（图6.6）。

①认识运河模块通过临清钞关三维场景及一些人文视频向我们展示了临清的运河历史（图6.7）。

②运河文化模块对临清运河文化、名胜、名人、名吃进行系统性的介绍和全方位解析，使用户对运河文化有更为深入的了解。

③运河景点模块向我们展示临清丰富多样的运河景点并进行了详细阐述。

④通过新闻动态模块用户可以实时掌握临清文物动态要闻。

图6.5 基于WebGIS的文化遗产信息展示与管理系统首页

图6.6 系统文化模块

⑤服务中心模块为游客提供了更为优质的服务。点击游客中心。可查看游客中心免费服务项目；点击游客留言，输入留言主题，联系方式，留言内容，点击提交，在页面下方即可查看留言内容和回复内容。其他游客服务提供了温馨提示和临清居民公约，使服务更为人性化。

图6.7　系统旅游模块三维场景

文化模块系统源代码：

```
ase href="<%=basePath%>">
 <meta http-equiv="Content-Type" content="text/html; charset=utf-8" />
 <title>临清运河管理系统</title>
 <linkrel="stylesheet"href="AAlinqingxitong/stylesheets/foundation.css">
 <link rel="stylesheet" href="AAlinqingxitong/stylesheets/app.css">
 <script src="../../html5shiv.googlecode.com/svn/trunk/html5.js"></script>
 <![endif]-->
</head>
<body>
<div class="container">
 <header>
        <div class="row">
               <div id="logo">
                      <a href="lvyou.action"><h1>临清运河</h1></a>
               </div>
               <div id="phone">Ph.: 0635-2346930</div>
               <nav>
                      <ul id="primary-nav" class="sf-menu">
```

```
                    <li><a href="lvyou.action" class="active">首页</a></li>
                    <li><a href="AAlinqingxitong/about.html">认识运河</a>
                        <ul>
                <li><a href="AAlinqingxitong/about.html">运河介绍</a></li>
                <li><a href="AAlinqingxitong/about1.html">视频欣赏</a></li>
                        </ul>
                    </li>
            <li><a href="AAlinqingxitong/portfolio.html">运河文化</a>
                    </li>
            <li><a href="AAlinqingxitong/portfolio-single.html">运河景点</a>
                    </li>
                    <li><a href="relynews.action">新闻动态</a>
                    </li>
            <li><a href="AAlinqingxitong/contact.html">服务中心</a>
                        <ul>
            <li><a href="AAlinqingxitong/contact.html">游客中心</a></li>
                            <li><a href="rely.action">游客留言</a></li>
            <li><a href="AAlinqingxitong/contact3.html">其他游客服务</a></li>
                        </ul>
                    </li>
                </ul>
                <!-- END .sf-menu navigation -->
                <div class="clearfix"></div>
            </nav>
            <!-- END nav -->
        </div>
        <!-- END .row -->
</header>
<!-- END header -->
<div id="heading-wrapper" class="heading-slider">
        <div class="hs-loading"><span>Loading...</span></div>
        <div class="hs-container">
            <div class="hs-content">
```

```
<span class="big bgc"><strong>运河临清欢迎您的到来！</strong></span><br/>
<span class="text bgc">LinQing canal welcome your arrival!</span>
            </div>
            <img src="AAlinqingxitong/images/demo/1.jpg" alt="" class="bg"/>
            <div class="hs-content">
<span class="big bgc"><strong>一个完整的临清，运河遗风！</strong></span><br/>
  <span class="text bgc">A complete, Linqing canal relic!</span>
            </div>
<img src="AAlinqingxitong/images/demo/2.jpg" alt="" class="bg"/>
            <div class="hs-content">
      <span class="big bgc"><strong>一览临清名人</strong></span><br/>
                <span class="text bgc">Linqing celebrity list</span>
            </div>
            <img src="AAlinqingxitong/images/demo/8.jpg" alt="" class="bg"/>
            <div class="hs-content">
      <span class="big bgc"><strong>品尝临清美味小吃</strong></span><br/>
                <span class="text bgc">Linqing taste delicious snacks</span>
            </div>
  <img src="AAlinqingxitong/images/demo/4.jpg" alt="" class="bg"/>
      </div>
      <div class="hs-nav">
            <a href="#" class="prev">&lsaquo;</a>
            <a href="#" class="next">&rsaquo;</a>
      </div>
      <div class="hs-bullets"></div>
</div>
```

（二）旅游模块

旅游模块界面如图6.8所示。

1. 天气查询

主界面上方可查看日期时间以及天气状况。

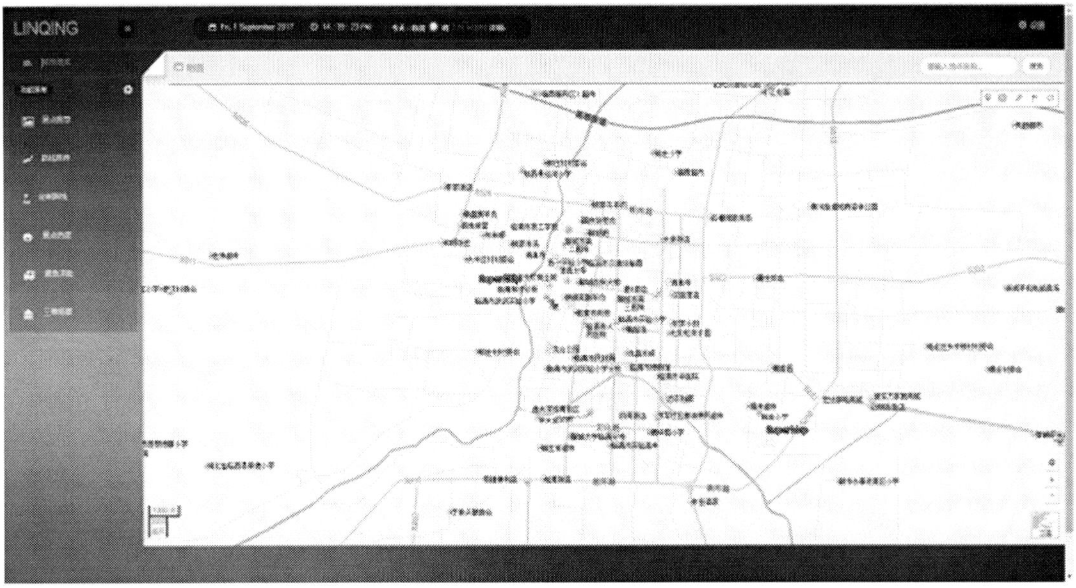

图6.8　系统旅游模块

2. 皮肤选择

主界面右上方可根据用户喜好更改界面皮肤，系统提供了12种不同的皮肤供使用者选择。

3. 文物位置检索

在地图面板的搜索框中输入我们需要搜索的地名可进行地名检索，也可通过点击下拉列表选项进行分类搜索，点击图中红色标记即可查看当前地点信息。点击界面下方定位、放大缩小按钮即可实现地图的定位、缩小放大。点击地图切换按钮进行卫星图与普通地图的切换。

地图面板的工具条方便用户对临清进行更深入得了解，提高用户旅游体验。如点击定位按钮可获取当前地理位置，点击路况按钮查看临清市实时路况，方便游客在旅游过程中的路线选择。

点击测量工具，可对地图点进行长度测量。

点击标记工具，选择地图中的感兴趣点进行标记，输入标记题目及备注，点击保存。添加标记完成后，点击图标即可查看我们刚刚添加的标记。

4. 旅游路线（导游）模块（图6.9）

功能菜单上方的菜单搜索框可使用户更方便快捷的找出自己所需的菜单。

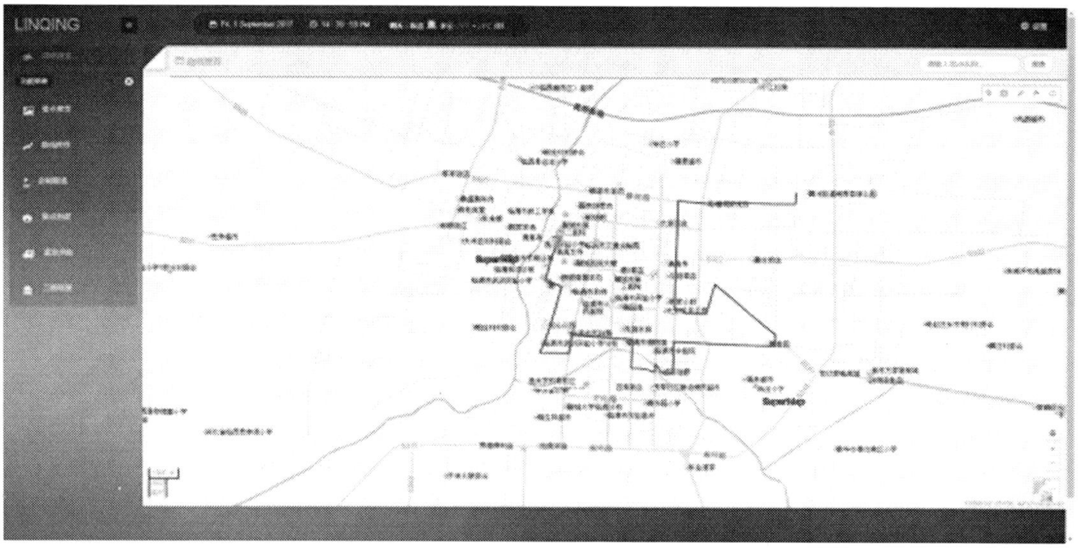

图6.9　系统旅游模块路线推荐

①路线模块点击路线推荐模块，可以看到地图中缓慢运行的蓝色路线及系统经过多条信息筛选所得的最佳景点推荐，点击图中标记即可查看景点详情。

点击路线推荐，我们利用GIS分析功能将系统推荐的最佳旅游路线更加生动形象的展示在用户面前，使用户更加了解路线，提高用户的旅游体验。

用户也可以根据自己的喜好，在地图上选取感兴趣点，点击提交系统将自动解析景点的位置信息并进行最佳路线分析，生成路径，为用户出行提供优化建议。

②景点热度模块，通过滑动时间轴获取四个季度的景点热度情况，我们以2016年全年各季度各景点旅游人数及各景点年容客量为基础数据，得出景区的热度情况，用户可根据各季度景区热度情况更加合理科学的制定旅行路线。

③紧急救助功能，当用户旅途或者自由活动时遇到意外事故，如交通事故，疾病等，用户可在地图上点选自己的位置，系统捕获事故点后将自动获取附近医院与事故点并进行路径解析，获取附近医院，生成一条最短路径。点击标记，可获取医院和事故点的详情。

旅游模块源代码如下所示:

旅游代码：

```
<meta charset="utf-8">
<title>临清旅游服务平台</title>
  <meta name="viewport" content="width=device-width, initial-scale=1.0">
  <meta name="description" content="">
```

```
<meta name="author" content="">
<!-- Le styles -->
<link rel="stylesheet" href="assets/css/style.css">
<link rel="stylesheet" href="assets/css/loader-style.css">
<link rel="stylesheet" href="assets/css/bootstrap.min.css">
<link rel="stylesheet" href="assets/css/main.css">
<!-- HTML5 shim, for IE6-8 support of HTML5 elements -->
<!--[if lt IE 9]>
<script src="http://html5shim.googlecode.com/svn/trunk/html5.js"></script>
<![endif]-->
<!-- Fav and touch icons -->
<link rel="shortcut icon" href="assets/ico/minus.png">
<link rel="stylesheet" type="text/css" href="assets/css/loader.css">
<script type="text/javascript" src="assets/js/jquery.js"></script>
<!--页面加载start-->
<link rel="stylesheet" type="text/css" href="loader.css">
<script type="text/javascript">
    // 等待所有加载
    $(window).load(function(){
        $('body').addClass('loaded');
        $('#loader-wrapper .load_title').remove();
    });
    $(function(){
        $('.input_test').bind({
            focus:function(){
                if (this.value == this.defaultValue){
                    this.value="";
                    $("#sp").text( "地图");
                    controlLayer();
                    closeInfoWin1();
                    $('#fenlei').css("display","block");
                    $(document).keypress(function(e) {
```

```
                    if(e.which == 13) {
                        ab();
                    }
                });
            }
        },
        blur:function(){
            if (this.value == ""){
                this.value = this.defaultValue;
                var timer = setTimeout(function(){
                    $('#fenlei').css("display","none")
                },500)
            }
        }
    });
})
function a(){ $('#putong').css("display","none");
    $('#weixing').css("display","block");
    layer.setVisibility(true);
    layer2.setVisibility(false);
    map.setBaseLayer(layer);
    map.setCenter(new SuperMap.LonLat(12881935.94508, 4417392.65508), 2); }
function b(){
    $('#weixing').css("display","none");
    $('#putong').css("display","block");
    layer.setVisibility(false);
    layer2.setVisibility(true);
    map.setBaseLayer(layer2);
    map.setCenter(new SuperMap.LonLat(4690.71485, 7291.7185), 4);
}
</script>
```

（三）管理模块

1. 基本信息模块

首页包含了此模块的基本信息，进入管理模块此条目可更改或添加基本模块的内容或信息（图6.12）。

①机构概况：可查看领导简介和机构职能使用户了解临清管理系统的人员信息。

②新闻资讯：可以查看工作动态，党建工作。

③政务公开：可查看政务，使政府信息透明化。

④服务信息：可查看游客中心免费服务项目，公众留言及其他游客服务，游客留言与文化模块留言类似在此不再赘述。

2. 管理模块

点击管理员登录进入管理模块，登录系统。

本模块包括新闻管理、留言管理、文物管理、旅游新闻（图6.10）。

①新闻管理模块：点击工作动态，管理员可以通过新闻标题及内容进行搜索，点击添加按钮，输入标题及内容点击保存即可对新闻进行添加更新下方为新闻列表，点击查看按钮可对新闻进行查看，修改按钮可对本条新闻进行修改，对于一些不必要的新闻进行删除。

②党建工作，政务公开与工作动态模块类似，不做赘述。

图6.10　系统管理模块

③留言管理模块是对游客留言进行管理和及时回复。

④文物管理是可以对文物信息进行储存、查询、修改。

⑤旅游新闻模块是对旅游新闻的添加查询修改。

临清运河遗产健康监测系统由传感器、数据采集装置、信号接收及处理装置、机房及计算机管理系统、信号传输装置组成。监测项目可开展变形监测、风及风致响应监测、地震影响监测、漳渭河及地下水位影响监测。通过数据或波形进行数值监测。当达到不同级别预警指标时进行报警。

管理代码：

```
<meta http-equiv="Content-Type" content="text/html; charset=utf-8" />
    <title>临清运河管理系统</title>
    <link rel="stylesheet" type="text/css" href="style/index.css">
    <script type="text/javascript">

<div class="top" style="margin:0 auto;">
    <div style="width:1002px; height:34px; margin:0 auto;">
        <div class="top_title" style="width:210px; height:34px; float:left;">
            <script src="js/01.js" language="javascript"></script>
            <script language="javascript"></script>
        </div>
        <div style="width:792px; height:34px; float:left; line-height:34px; text-align:right;">

onclick=\"this.style.behavior=\'url(#default#homepage)\’;this.setHomePage(\'http://www.sach.gov.cn/\');\" href='index.html'>设为首页</a></td>");
            document.writeln("    <td width=\"85\" align=\"left\"><a href=\"javascript:window.external.AddFavorite(\'http://test.cchonline.com.cn/\',\'国家文物局\')\" class=\"ww_top2\">加入收藏</a></td>");
            document.writeln("    <td width=\"60\" align=\"left\"><a href=\"http://weibo.com/u/3896555376\" class=\"ww_top3\" target=\"_blank\">微博</a></td>");
            document.writeln("    <td width=\"60\" align=\"left\"><a href=\"http://weibo.com/u/3896555376\" class=\"ww_top3\" target=\"_blank\">管理员登录</a></td>");

        <table cellspacing="0" cellpadding="0" border="0" align="right">
            <tbody>
```

```
<tr>
    <td width="85" align="left">
        <a class="ww_top1" href="index.html" onclick="this.style.behavio
r='url(#default#homepage)';this.setHomePage('http://localhost:65129/yunhe/index.html');">设
为首页</a>
    </td>
    <td width="85" align="left">
        <a class="ww_top2" href="javascript:window.external.
AddFavorite('http://test.cchonline.com.cn/','国家文物局')">加入收藏</a>
    </td>
    <td width="60" align="left">
        <a class="ww_top3" target="_blank" href="http://weibo.com/
u/3896555376">微博</a>
    </td>
    <td width="120" align="left">
        <a class="ww_top4" target="_blank" href="http://weibo.com/
u/3896555376">管理员登录</a>
    </td>

</tr>
</tbody>
</table>
</div>
</div>
</div>
```

参考书目

［1］ 李德楠.2014.后申遗时代运河研究的思考[J].中原文化研究,5:19～25

［2］ 魏水华.2014.圆梦以后的大运河[J].文化交流,8:21～25

［3］ 李永乐,杜文娟.2011.申遗视野下运河非物质文化遗产价值及其旅游开发～以大运河江苏段为例[J].中国名城,10:42～45

［4］ 杨艳艳,卢卫,朱江.2012.运河杭州段30年水质变化趋势研究[J].浙江水利技,4:24～26

［5］ 柳德明.2013.通州区水文化遗产调查与保护研究[J].水利发展研究,11:24～28

［6］ 郭文娟.2014.京杭大运河济宁段文化遗产构成和保护研究[D].山东大学硕士学位论文

［7］ 柳之茂.2013.法哲学视野下的非物质文化遗产保护[J].青海社会科学,4:46～51

［8］ 王晓峰.2010.新疆国家级非物质文化遗产旅游开发研究[D].新疆师范大学硕士学位论文

［9］ 蔡胜华.2009.大城市内河航运管理改革研究——以上海浦东新区内河航运管理为例[D].复旦大学硕士学位论文

［10］ 王娟.2010.论非物质文化遗产的行政法保护及其完善[D].苏州大学硕士学位论文

［11］ 工先胜.2011.再论非物质文化遗产的相对性[J].河南教育学院学报:哲学社会科学版,4:18～24,85

［12］ 宋飞波.2010.浦东文化遗产保护管理研究[D].复旦大学硕士学位论文

［13］ 曾文婷.2004.反对生态中心主义的人类中心主义生态学-马克思主义的基本原则[J].社会科学家,1:103～105

［14］ 刘娟.2012.线性遗产与大运河保护——以安徽段隋唐大运河为例[J].黑龙江史志,23:53～54

［15］ 万婷婷, 王元.法国米迪运河遗产保护管理解析［EB/OL］

［16］ 钟鹏鹏.2010.论美国妇女在西进运动中的作用[D].南京师范大学硕士学位论文

［17］ 蔡守秋.2005."人与自然和谐共处"是环境资源法学的基本理念[J].中州学刊, 3:84～86

［18］ 钟行明.2015.山东运河遗产廊道的旅游协作策略与路径[J].中国名城,4:69～72

［19］ 万婷婷, 王元.2011.法国米迪运河遗产保护管理解析-兼论中国大运河申遗与保护管理的几点建议[J].中国名城,7:53～57

［20］ 万婷婷.2011.法国米迪运河的遗产保护和管理研究[D].东南大学硕士学位论文

［21］ 康敬亭.2014.京杭大运河(无锡城区段)文化遗产构成与价值研究-兼谈无锡城区文化遗产保护与城市发展[D].山东大学硕士学位论文

［22］ 王元.2012.申遗视野下中国大运河的保护管理模式研究[D].东南大学博士学位论文

［23～24］ 《国务院关于加强文化遗产保护的通知》(国发(2005)42号)

[25] 范传猛, 刘沛竹.2013.京杭大运河沿岸“运河之都”的遗产保护现状综述[J].科技致富向导,8:1

[26] 李伟.2012.可识别性滨水空间营造方法初探—以京杭大运河（淮安段）滨水空间设计为例[D].长安大学硕士学位论文

[27] 昝丽娟, 疏良仁, 颜剑英.2011.构建多样性的城市文化旅游区-以江苏运河文化城整体规划为例[J].规划师,8:52～58

[28] 基于文化线路视野的大运河线性文化保护研究-以安徽段隋唐大运河为例.朱晗.百度文库.［EB/OL］ http://wenku.baidu.com/view/27f0aeb426fff705cd170a32.html

[29] 张璐璐.2012.莱茵河治理过程中的立法及体制运作研究[J].华章,24:36

[30] 王金根.2012.隋唐大运河通济渠与沿岸聚落空间关系研究[D].郑州大学硕士学位论文

[31] 舒亮.2008.京杭大运河空间演变及沿岸开放空间现状的遥感研究——以杭州段为例[D].浙江大学硕士学位论文

[32] 《京杭大运河与早期城市同质化现象_网易新闻中心》［EB/OL］

[33] 张志辉.2011.京杭运河（济宁段）沿岸景观保护与更新的研究[D].青岛理工大学硕士学位论文

[34] 《京杭大运河济宁段18公里将换新颜 济宁正式“西跨”_济州府吧_百度贴吧》

[35] 陈昕,章科锋.2009.绍兴市水资源污染状况及综合治理对策[J].浙江水利水电专科学校学报.1:63～64,67

[36] 高琳.2010.旅游景区智能化系统研究——以黔西北景区和浙江方岩景区为例[D].华东师范大学硕士学位论文

[37] 王德明.2014.申遗成功：京杭大运河保护再起航[J].广东教育（高中版）,10:40～41

[38] 周丽.2008.湖南古代桥梁结构类型和特点研究[D]. 湖南大学硕士论文

[39] 李燕,束有春. 2006.远离古桥建新桥：江苏古桥保护模式[J].东南文化.(4):85～88

[40] 龚涛.2006.古石拱桥地基加固方案探讨[J].城市道桥与防洪.(4):103～104

[41] 唐家俊.2007.单跨石拱桥的加固保护研究[D].西安:西安建筑科技大学硕士学位论文

[42] 龚晓进.2007.石拱桥病害分析及维修加固方法研究[D].成都:西南交通大学硕士学位论文

[43] 刘永涛.2008.三峡库区石拱桥的加固保护[D].西安:西安建筑科技大学硕士学位论文

[44] Brencich A，Sabia D. 2008.Experimental identification of a multi-span masonry bridge:The Tanaro Bridge[J].Construction and Building Materials,22(10):2087～2099

[45] 李秋萍.2011.古桥结构体系及石拱桥的分析、监测评估与保护[D].杭州:浙江大学硕士论文

[46] Lubowiecka I，Armesto J，Arias P，et al. 2009.Historic bridge modelling using lasers canning，ground penetrating radar and finite element methods in the context of structural dynamics[J]. Engineering Structures, 31(11)：2667～2676

[47] Solla M，Lorenzo H，Novo A,et a1. 2010.Ground—penetrating Radar Assessment ofthe

Medieval Arch Bridge of SanAnton,Galicia,Spain[J].Archaeological Prospection,l7(4):223 ~ 232
[48] Soila M，Lorenzo H，Riveiro B，et a1. 2011.Non-destructive methodologies in the assessment of the masonry arch bridge of Traba,Spain[J].Engineering Failure Analysis,18(3):828 ~ 835
[49] 井润胜.2007.新型中承式钢拱桥设计与体系转换研究[D].天津:天津大学硕士论文
[50] 仝秋果.2011.现役石拱桥病害分析与加固技术研究[D].长沙:中南林业科技大学硕士论文
[51] 蒋海飞.2010.公路危旧石拱桥病害分析及加固方法的研究[D].重庆:重庆交通大学硕士论文
[52] 杨莹浩.2009.桥梁结构挠度测量方法研究[D].长安:长安大学硕士论文
[53] 尹海涛.2013.建筑结构动力性能检测与评价研究[D].青岛:青岛理工大学硕士论文
[54] 张凯旋.2010.安远庙的保护与维修概述[M].中国紫禁城学会论文集（第七辑）.北京:故宫出版社
[55] 历史古迹建筑师及技师国际会议.1964.国际古迹保护与修复宪章
[56] 联合国教科文组织.1976.关于历史地区的保护及其当代作用的建议
[57] 国际古迹遗址理事会.2015.中国文物古迹保护准则
[58] 国际古迹遗址理事会.2003.建筑遗产分析、保护和结构修复准则
[59] 联合国教科文组织.1972.保护世界文化和自然遗产公约
[60] 联合国教科文组织.2005.实施保护世界文化与自然遗产公约的操作指南
[61] 国际古迹遗址理事会中国国家委员会.2015.中国文物古迹保护准则
[62] 中华人民共和国.2013.中华人民共和国文物保护法
[63] 中华人民共和国.2016.中华人民共和国环境影响评价法
[64] 中华人民共和国.2003.中华人民共和国文物保护法实施条例
[65] 中华人民共和国国家文物局.2013.突发事件应急工作管理办法
[66] 中华人民共和国国家文物局.2008.中国世界文化遗产监测巡视管理办法
[67] 中华人民共和国国家文物局.2012.中国世界文化遗产监测预警体系建设规划（2012 ~ 2020）.
[68] 中华人民共和国文化部.2006.世界文化遗产保护管理办法
[69] 中华人民共和国国家文物局.008.中国世界文化遗产专家咨询管理办法
[70] 中华人民共和国建设部.2005.GB50357-2005.历史文化名城保护规划规范[S].北京：中国建筑工业出版社
[71] 文物办发[2003]87号.国家文物局关于发布《国家文物局突发事件应急工作管理办法》的通知
[72] 国家文物局文物博发[2000]020 号.文物系统安全保卫人员上岗条件暂行规定
[73] 陈志华.1992.保护文物建筑和历史地段的国际文献[M].台北:博远出版公司
[74] 国家文物局.2007.国际文化遗产保护文件选编[M].北京:文物出版社
[75] Abbot J, Guijt I.1997.Changing Views on Change: A Working Paper on Participatory Monitoring of the Environment.London:International Institute for Environment and Development(IIED)

[76] 周云,李伍平,浣石.2007.防灾减灾工程学[M].北京:中国建筑工业出版社，

[77] 刘钧.2008.风险管理概论[M].北京:清华大学出版社

[78] 陈允适.2007.古建筑木结构与木质文物保护[M].北京:中国建筑工业出版社

[79] 梁思成.2006.清工部《工程做法则例》图解[M].北京:清华大学出版社

[80] 罗哲文.2003.罗哲文历史文化名城与古建筑保护文集[M].北京:中国建筑工业出版社

[81] 阮仪三.2005.城市遗产保护论[M].上海:上海科学技术出版社

[82] 单霁翔.2006.城市化发展与文化遗产保护[M].天津:天津大学出版社

[83] 杨巨平.2005.保护遗产，造福人类:世界文化遗产的保护与管理[M].北京:世界知识出版社